Gakken

高校入試の最重要問題 社会

改訂版

SOCIAL STUDIES

目次

高校入試の最重要問題【社会】

地理分野

歴史分野

公民分野

この本の使い方

この本は，ムダなく，効率よく高校入試対策をしたい受験生のための
過去問題集です。学習進度やレベルに合わせて，解く問題が選べます。
自分に合った使い方で効率よく力をつけて，合格を勝ち取ってください。
応援しています!

本書の構成

本書は，分野ごとに

弱点チェック ＋ **項目別「まとめページ＋実戦トレーニング」**

で構成されています。
以下，本書のおすすめの使い方を紹介していきます。

1 出る順に解く。

この本は，出題頻度順に項目を配列してあります。よく出る項目を優先して解くことができるので，効率よく力がつきます。各項目の始めには，重要点や重要例題をまとめた「まとめページ」があります。問題を解く前に読んでおくと効果的です。

●各項目の出題率です。
●よく出る問題形式など，入試情報がのっています。

2 ニガテな項目を確認する。

各分野の始めには，一問一答の「弱点チェック」があります。
まずこのページで，自分のニガテな項目はどこかをチェックしましょう。ニガテな項目があったら，優先的にその項目を勉強して，ニガテを克服しておきましょう。

☑ 弱点チェック

次の問題を解いて，自分の弱点項目をみつけよう!

1 近世の日本
- □ ① 免罪符の販売に抗議して，ドイツで宗教改革を始めたのは誰?
- □ ② アフリカ南端を回ってインドに着く航路を開いた航海者は誰?
- □ ③ 1549年に，日本にキリスト教を伝えたのは誰?
- □ ④ 織田信長が行った，市場の税を免除し，座の特権を廃止した政策は?
- □ ⑤ 豊臣秀吉が，百姓や寺社から武器を取り上げた政策を何という?
- □ ⑥ 1603年に江戸幕府を開いたのは誰?
- □ ⑦ 大名が，江戸と領地を1年おきに往復する制度を何という?
- □ ⑧ 元禄文化が栄えたころ，木版画による浮世絵を始めたのは誰?
- □ ⑨ 杉田玄白らがオランダ語の解剖書を翻訳して出した本を何という?
- □ ⑩ 寛政の改革を行ったのは誰?
- □ ⑪ 水野忠邦が天保の改革で解散を命じた商人の組合を何という?

2 古代までの日本
- □ ① メソポタミア文明で使われた文字を何という?
- □ ② 新石器時代に使われるようになった，表面が磨かれた石器は何?
- □ ③ 弥生時代に，収穫した稲などの保存に使われた建物を何という?
- □ ④ 魏に使いを送った邪馬台国の女王は誰?
- □ ⑤ 聖徳太子が，役人の守るべき心構えを示したものを何という?
- □ ⑥ 中大兄皇子・中臣鎌足らが蘇我氏を倒して始めた改革を何という?
- □ ⑦ 701年，唐の律令にならってつくられた法令を何という?
- □ ⑧ 新しく開墾した土地の永久私有を認めた法令を何という?
- □ ⑨ 国ごとに国分寺・国分尼寺を，都に東大寺を建てさせた天皇は誰?
- □ ⑩ 藤原氏が摂政・関白を独占して行った政治を何という?
- □ ⑪「源氏物語」を著したのは誰?

3 開国と近代日本のあゆみ
- □ ① 1789年にフランスの国民議会が出した宣言を何という?
- □ ② 1861年にアメリカで起こった内戦を何という?
- □ ③ 1854年，幕府がペリーとの間で結んだ条約を何という?
- □ ④ 明治新政府が，藩を廃止して府と県を置いた政策を何という?
- □ ⑤ 欧米の文化により，伝統的な生活が変化したことを何という?
- □ ⑥ 大日本帝国憲法の草案作成の中心となったのは誰?
- □ ⑦ 日清戦争の講和条約を何という?
- □ ⑧ 1901年に開業した，日本の重工業発展の基礎となった官営工場は?

4 中世の日本
- □ ① 白河天皇が上皇となったあとも実権を握り行った政治を何という?
- □ ② 平治の乱に勝って政治の実権を握った武士は誰?
- □ ③ 本格的な武士の政権である鎌倉幕府を開いたのは誰?
- □ ④ 北条泰時が，御家人に対して裁判の基準を示すために制定した法は?
- □ ⑤ 浄土真宗を開いたのは誰?
- □ ⑥ モンゴルの襲来(元寇)のときの鎌倉幕府の執権は誰?
- □ ⑦ 日明貿易で，倭寇と貿易船とを区別するために使われた証明書は何?
- □ ⑧ 1467年から，京都を中心に約11年間も続いた戦乱を何という?

5 二度の世界大戦と日本
- □ ① 1914年，サラエボ事件がきっかけで起こった戦争を何という?
- □ ② 1918年，米の急激な値上がりに対し富山県から起こったできごとは?
- □ ③ アメリカで株価が大暴落し，世界に広がった不況を何という?
- □ ④ 関東軍が南満州鉄道を爆破して始めた軍事行動を何という?
- □ ⑤ 犬養毅首相が海軍の将校らに暗殺された事件を何という?
- □ ⑥ 1939年，ドイツのポーランド侵攻で始まった戦争を何という?
- □ ⑦ 1945年，日本は何という宣言を受諾して降伏した?

6 現代の日本と私たち
- □ ① 1945年の選挙法改正で，満何歳以上の男女に選挙権が与えられた?
- □ ② 国際連合の中心機関で，常任理事国が拒否権を持つ理事会は何?
- □ ③ 米ソを中心とする東西両陣営の厳しい対立を何という?
- □ ④ 1951年，日本は何という条約を結んで独立を回復した?
- □ ⑤ 1950年代~1970年代の日本のめざましい経済成長を何という?
- □ ⑥ 1989年しベルリンの壁がこわされ，まもなく統一を達成した国は?
- □ ⑦ 近年起こっている，地球の気温が上昇する地球環境問題は何?

弱点チェックシート

1	近世の日本	62ページ
2	古代までの日本	70ページ
3	開国と近代日本のあゆみ	78ページ
4	中世の日本	86ページ
5	二度の世界大戦と日本	93ページ
6	現代の日本と私たち	100ページ

3 「お急ぎ」マークを解く。

特によく出る重要な問題には，お急ぎ！マークがついています。時間のない人や，入試直前に総復習をするときは，優先的にこの問題に取り組むと効率よく学習できます。

4 正答率の高い問題から解く。

正答率 75.0%

正答率が高い問題は，多くの受験生が正解している基礎的な問題です。みんなが解ける問題は，確実に解けるようにしておきましょう。

5 正答率の低い問題から解く。

正答率 30.0%

基礎が定着してきたら，低正答率の問題や，ハイレベル問題〔HIGH LEVEL〕に挑戦すればレベルアップ！みんなに差をつけよう。

6 まとめページを再確認する。

問題についている マークは，「まとめページ」の番号とリンクしています。わからない問題があったらこのページにもどって復習しましょう。

別冊 解答解説

別冊の解答解説は巻末から取り外して使います。
詳しい解説やミス対策が書いてあります。
間違えた問題は解説をよく読んで，確実に解けるようにしましょう。

高校入試問題の掲載について
- 問題の出題意図を損なわない範囲で，解答形式を変更したり，問題の一部を変更・省略したりしたところがあります。
- 問題指示文，表記，記号などは全体の統一のため，変更したところがあります。
- 解答・解説は，各都道府県発表の解答例をもとに，編集部が制作したものです。
- 出題率や正答率は，各都道府県発表の情報をもとに，編集部が制作したものです。

ダウンロード特典について

1 「リアル模試」で本番さながらに解いてみよう！

本書の巻末には模擬試験が２回分ついていますが，「まだ解き足りない！」「最後の仕上げをしたい！」という人のために，「本番形式」（本番に近いサイズ，解答用紙つき）の模試１回分をダウンロードできるようになりました。
静かな場所で，時間を計って，本番さながらの環境で取り組んでみましょう。解答解説もあります。

2 他教科の「弱点チェック」ができる！

「高校入試の最重要問題」シリーズの各教科（英語・数学・理科・国語）の「弱点チェック」問題をダウンロードして解いてみることができます（英語は文法編のみ）。
解いてみて不安な部分があれば，他教科の「最重要問題」シリーズで学習しましょう！

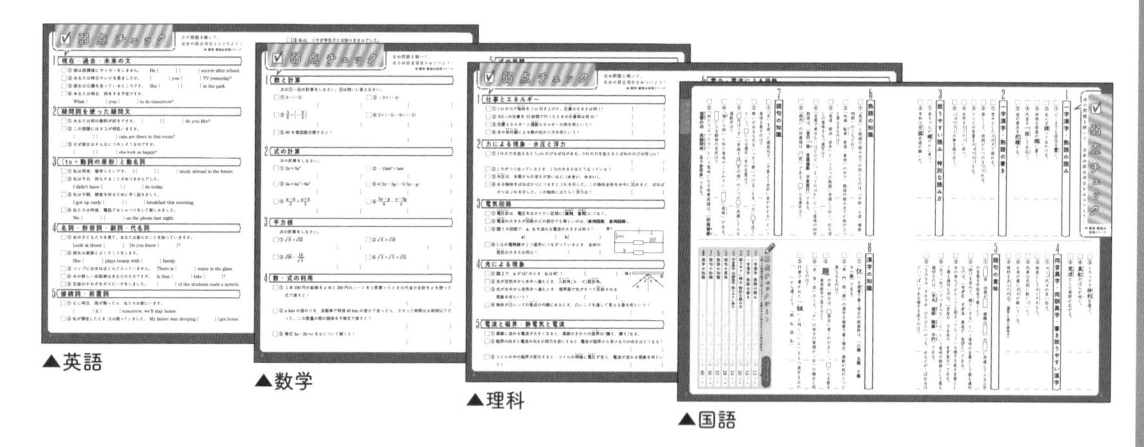

▲英語　▲数学　▲理科　▲国語

URL **https://gbc-library.gakken.jp/**

上記URLにアクセスして，GakkenIDでログイン後（お持ちでない方はGakkenIDの取得が必要になります），以下のID，PWを登録すると上記特典（リアル模試，他教科弱点チェック）をご覧になれます。

【ID】weks4　【PW】etyks8hm

※IDとパスワードの無断転載・複製を禁じます。サイトアクセス・ダウンロード時の通信料はお客様のご負担になります。サービスは予告なく終了する場合があります。

地理分野

☑ 弱点チェック

次の問題を解いて，
自分の弱点項目をみつけよう！

➡ 解答・解説は別冊2ページ

1 世界の諸地域

- □ ① 中国で外国企業を誘致するために，設置した地区は何？ [　　　]
- □ ② ヨーロッパ連合(EU)の共通通貨を何という？ [　　　]
- □ ③ アフリカ州北部に広がる，世界最大の砂漠を何という？ [　　　]
- □ ④ アメリカで近年増えている，スペイン語を話す移民を何という？ [　　　]
- □ ⑤ 南アメリカ州の西側に連なる山脈を何という？ [　　　]
- □ ⑥ オーストラリアの先住民を何という？ [　　　]

2 日本の諸地域

- □ ① 九州南部に広がる，火山の噴出物が積み重なってできた地層は何？ [　　　]
- □ ② 本州と四国を結ぶ３つのルートにかかる橋をまとめて何という？ [　　　]
- □ ③ 大阪湾に面した地域に発達した工業地帯を何という？ [　　　]
- □ ④ 濃尾平野に広がる集落や耕地を堤防で囲んだ地域を何という？ [　　　]
- □ ⑤ 大都市向けにその周辺で野菜や花を栽培する農業を何という？ [　　　]
- □ ⑥ 三陸海岸にみられる，小さな岬と湾が入り組んだ海岸地形を何という？ [　　　]
- □ ⑦ 根釧台地ではどのような農業がさかん？ [　　　]

3 日本の地域的特色

- □ ① 太平洋を取り巻くように連なる造山帯を何という？ [　　　]
- □ ② ほぼ半年ごとに向きが変わり，気候に大きな影響を与える風を何という？ [　　　]
- □ ③ 夏の低温により作物の生育が悪くなる自然災害を何という？ [　　　]
- □ ④ 発展途上地域の急激な人口増加を何という？ [　　　]
- □ ⑤ 日本の三大都市圏は，東京大都市圏，大阪大都市圏とどこ？ [　　　]
- □ ⑥ 日本の発電量の最も多くを占めている発電方法は何？ [　　　]
- □ ⑦ 温暖な気候を利用して，収穫時期を早めて栽培する方法を何という？ [　　　]
- □ ⑧ 工業原料を輸入し，それを製品にして輸出する貿易を何という？ [　　　]

4 世界各地の人々の生活と環境

- □ ① 熱帯のうち雨季と乾季がはっきり分かれている気候区を何という？ [　　　]
- □ ② 西ヨーロッパの西岸海洋性気候に影響を与えている風は何？ [　　　]
- □ ③ 地中海沿岸の伝統的な家の壁は何でできている？ [　　　]
- □ ④ 亜寒帯のシベリアに広がる針葉樹林を何という？ [　　　]
- □ ⑤ １日５回の礼拝を欠かさず，豚肉を食べないきまりがある宗教は何？ [　　　]
- □ ⑥ ヒンドゥー教で神の使いとされ，大切に扱われる動物は何？ [　　　]

5 世界の姿

- □ ① 緯度０度の緯線をとくに何という？ [ ]
- □ ② 経度０度の経線をとくに何という？ [ ]
- □ ③ 三大洋のうち，最も面積が大きい大洋は何？ [ ]
- □ ④ 六大陸のうち，最も面積が小さい大陸は何？ [ ]
- □ ⑤ 世界で最も面積が大きい国はどこ？ [ ]
- □ ⑥ 国土が全く海に面していない国を何という？ [ ]

6 身近な地域の調査

- □ ① 実際の距離を地図上に縮めて表した割合を何という？ [ ]
- □ ② 方位記号が示されていない場合，地図の上の方位は？ [ ]
- □ ③ 地形図で同じ高さのところを結んだ線を何という？ [ ]
- □ ④ ☼の地図記号は何を表している？ [ ]

7 日本の姿

- □ ① 国家の主権がおよぶ陸地の範囲を何という？ [ ]
- □ ② 日本の排他的経済水域は，沿岸から何海里以内か？ [ ]
- □ ③ 日本の西端の島はどこ？ [ ]
- □ ④ 択捉島・国後島・色丹島・歯舞群島をまとめて何という？ [ ]
- □ ⑤ 日本の固有の領土だが，韓国が不法に占拠している島を何という？ [ ]

8 地域のあり方

- □ ① 調査を行う前に立てる，結論の予測を何という？ [ ]
- □ ② 地域のあるべき姿について，考えを組み立てることを何という？ [ ]
- □ ③ 地図や統計資料を使った調査を何という？ [ ]

弱点チェックシート

正解した問題の数だけ塗りつぶそう。
正解の少ない項目があなたの弱点部分だ。

弱点項目から取り組む人は，このページへGO！

	項目									
1	世界の諸地域	1	2	3	4	5	6			→ 10ページ
2	日本の諸地域	1	2	3	4	5	6	7		→ 18ページ
3	日本の地域的特色	1	2	3	4	5	6	7	8	→ 25ページ
4	世界各地の人々の生活と環境	1	2	3	4	5	6			→ 33ページ
5	世界の姿	1	2	3	4	5	6			→ 38ページ
6	身近な地域の調査	1	2	3	4					→ 44ページ
7	日本の姿	1	2	3	4	5				→ 49ページ
8	地域のあり方	1	2	3						→ 54ページ

出題率 95%

1 世界の諸地域

1 アジア州

1 地形…**ヒマラヤ山脈**，**長江**（ちょうこう（チャンチアン））（中国南部を流れる），**アラビア半島**，東・東南アジアは**季節風（モンスーン）**（時期によって吹く向きを変える風）の影響で多雨

2 産業…**石油**（ペルシア湾岸の国々で産出），**経済特区**（中国沿海部），稲の二期作（東南アジア）

3 結びつき…**ASEAN**（東南アジア諸国連合），**OPEC**（石油輸出国機構）

2 ヨーロッパ州

1 地形…**フィヨルド**（スカンディナビア半島），**アルプス山脈**，**ライン川**（国際河川）

2 産業…**航空機**生産の国際分業（各国が技術協力を行いフランスなどで組み立てる），**酪農**や**混合農業**

3 結びつき…**EU**（ヨーロッパ連合）➡加盟国間の**経済格差**が問題

3 アフリカ州

1 地形…**サハラ砂漠**（世界最大），**ナイル川**（世界最長）

2 農業…**プランテーション**（カカオやコーヒーなどの輸出用の農産物を栽培），**カカオ**（ギニア湾岸諸国），茶（ケニア）

3 鉱工業…金（南アフリカ共和国），ダイヤモンド（ボツワナなど），**レアメタル**（希少金属）

→ **モノカルチャー経済**

4 北アメリカ州

1 地形…**ロッキー山脈**，**ミシシッピ川**，五大湖

2 アメリカ
- ①**農業**…**適地適作**，企業的な農業
- ②**工業**…**先端技術（ハイテク）産業**（シリコンバレー，サンベルト）
- ③**民族**…ネイティブアメリカン（先住民），**ヒスパニック**（スペイン語を話す中南米からの移民）

5 南アメリカ州

1 地形…**アンデス山脈**（ベネズエラ，エクアドル），**アマゾン川**（世界最大の流域面積），**パンパ**（温帯の草原）

2 鉱工業…**石油**，**鉄鉱石**（ブラジル），銅（チリ），レアメタル

3 環境問題…**バイオ燃料**（バイオエタノール）の原料であるさとうきびを増産➡**熱帯雨林**（熱帯林）の減少

6 オセアニア州

1 地形…**大鑽井**（グレートアーテジアン）**盆地**（掘り抜き井戸を利用）

2 歩み…アボリジニが先住民。**白豪主義**⇨**多文化主義**

3 産業…**羊**・肉牛の放牧（乾燥地域），小麦栽培（比較的雨の多い地域），**石炭**（オーストラリア東部），**鉄鉱石**（オーストラリア西部）

図・写真でつかむ！必出ポイント

▶中国の地域別国内総生産（1人当たり）

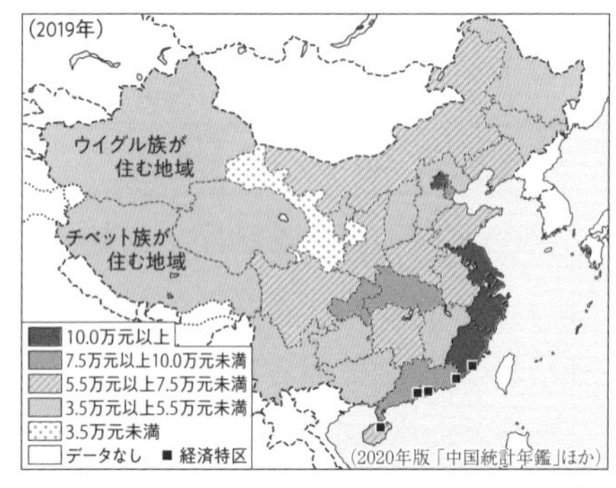

経済の発達した沿海部と人々の所得の少ない内陸部の間に経済格差がある。経済特区はシェンチェン，チューハイ，アモイ，スワトウ，ハイナン省の5か所。

▶ヨーロッパ州の農業地域

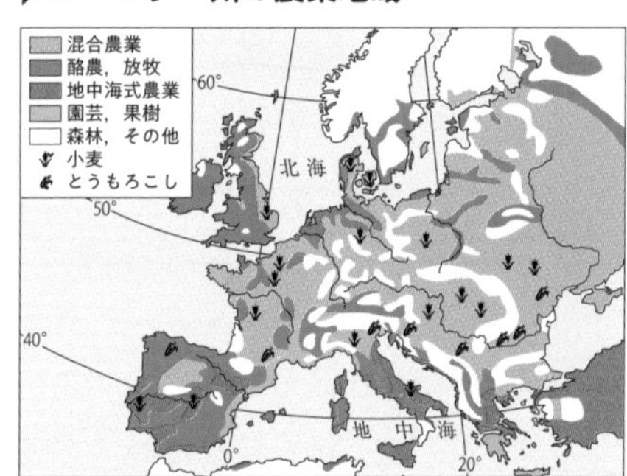

ヨーロッパでは，酪農や食料・飼料作物の栽培と家畜の飼育を組み合わせた混合農業，地中海性気候に合った農産物を栽培する地中海式農業が行われている。

▶アメリカの農業地域

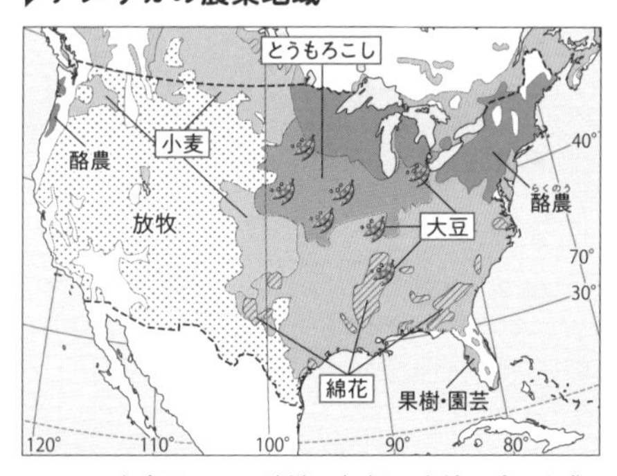

アメリカ合衆国では，地域の気候や土壌に合った農産物を栽培する「適地適作」が行われている。

入試データ ヨーロッパやアメリカの農業についての問題がよく出る。

実戦トレーニング

➡ 解答・解説は別冊2ページ

1 右の地図を見て，次の問いに答えなさい。↩4,5 愛知県

お急ぎ！

(1) 次の文章は，生徒が地図について説明したメモの一部です。文章中の［①］に当てはまる最も適当な言葉を，カタカナ4字で書きなさい。また，［②］に当てはまる言葉として最も適当なものを，あとの**ア**～**エ**から1つ選び，記号で答えなさい。

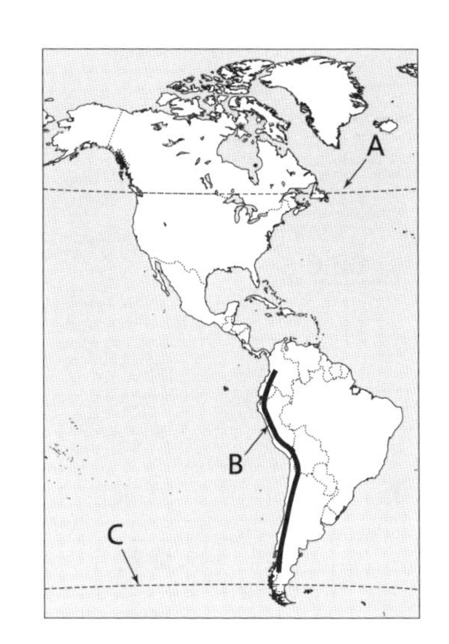

> Aは北緯(ほくい)49度の緯線で，アメリカとカナダの国境の一部になっています。Bは［①］山脈を表しており，この山脈には6000m級の山々が連なり，高度によって異なる自然環境(かんきょう)がみられます。南アメリカ大陸の南端(なんたん)付近を通るCは，［②］の緯線を表しています。

ア 南緯20度　　**イ** 南緯30度
ウ 南緯40度　　**エ** 南緯50度

①［　　　　　］　②［　　　］

(2) **資料**のとうもろこしや(X)は，アメリカやブラジルなどで石油に代わるエネルギー源であるバイオ燃料(バイオエタノールなど)の原料として利用されています。(X)に当てはまる最も適当な農作物の名称を，ひらがなまたはカタカナ5字で書きなさい。

資料　とうもろこしと(　X　)の生産量上位5国とその生産量

	とうもろこし		(X)	
順位	国名	生産量(万t)	国名	生産量(万t)
1位	アメリカ	36,025	ブラジル	75,712
2位	中国	26,067	インド	37,050
3位	ブラジル	10,396	中国	10,812
4位	アルゼンチン	5,840	パキスタン	8,101
5位	ウクライナ	3,029	タイ	7,497

(2020年)(2022/23年版「世界国勢図会」)

［　　　　　］

次の問いに答えなさい。↩1

大阪府改

(1) 中国では，外国の資本や技術を積極的に導入するための地域として，1980年から1988年までに5つの地域が指定されました。1980年に指定されたシェンチェンなど，外国企業をよい条件で受け入れるために開放された地域は何と呼ばれていますか。漢字4字で書きなさい。　[　　　　　]

(2) 東南アジアの工業化による経済成長は，東南アジアの国どうしの協力によっても支えられています。次の問いに答えなさい。

正答率 82.6%

① 次のア～エのうち，東南アジアの経済成長や社会的・文化的発展の促進を目的として1967年に結成され，2023年においてミャンマーやカンボジアなど東南アジアの10か国が加盟している国際組織の略称を1つ選び，記号で答えなさい。　[　　　]

ア EU　　**イ** APEC　　**ウ** ASEAN　　**エ** MERCOSUR

② **資料Ⅰ**，**資料Ⅱ**は，1984年と2020年における，タイとマレーシアの輸出品と輸出総額に占める割合とをそれぞれ示したものです。次の**ア**～**カ**のうち，**資料Ⅰ**，**資料Ⅱ**中のX，Yに当てはまる輸出品の組み合わせとして最も適しているものを1つ選び，記号で答えなさい。

資料Ⅰ　1984年と2020年におけるタイの輸出品　(%)

1984年		2020年	
X	15.1	機械類	31.4
野菜	11.2	自動車	9.9
魚介類	7.8	金(非貨幣用)	5.8
衣類	7.6	プラスチック	4.1
その他	58.3	その他	48.8

(1988/89，2022/23年版「世界国勢図会」)

資料Ⅱ　1984年と2020年におけるマレーシアの輸出品　(%)

1984年		2020年	
Y	22.6	機械類	43.4
機械類	17.4	石油製品	6.1
パーム油	11.7	パーム油	4.2
木材	10.3	衣類	4.2
その他	37.9	その他	42.1

(1988/89，2022/23年版「世界国勢図会」)

ア X－米　Y－原油(石油)　　**イ** X－米　Y－羊毛

ウ X－綿花　Y－羊毛　　**エ** X－綿花　Y－小麦

オ X－ボーキサイト　Y－小麦

カ X－ボーキサイト　Y－原油(石油)

[　　　]

3 次の問いに答えなさい。 ↻4

群馬県

(1) 翔平(しょうへい)さんは，アメリカ合衆国(がっしゅうこく)の工業の発展について，**資料Ⅰ**を用いて次のように説明しました。翔平さんが説明した内容の［　　］に当てはまる文を，**資料Ⅰ**を参考にして，簡潔に書きなさい。

［　　　　　　　　　　　　　　　　］

資料Ⅰ　採掘される鉱産資源

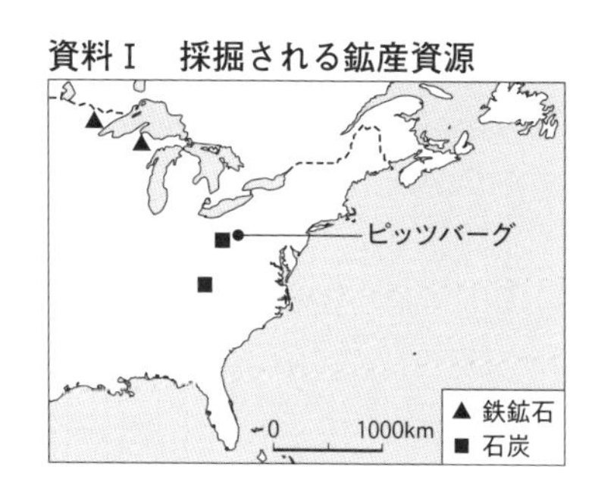

> アメリカ合衆国は，19世紀に重工業がさかんになり，世界有数の工業国へ成長しました。なかでもピッツバーグは，水上交通も利用できたことにより，［　　］ため，鉄鋼業の街として栄えました。その後，外国産の安い鉄鋼が国内に流入してきたため，新たな産業の開発に力を入れ，現在はハイテク産業都市として発達しています。

(2) 翔平さんは，アメリカ合衆国，カナダ，メキシコの移民の現状や労働環境(かんきょう)について，**資料Ⅱ**～**資料Ⅳ**を用いて発表しました。この3か国において，これらの資料から読み取れることとして適切なものを，次の**ア**～**オ**からすべて選び，記号で答えなさい。

資料Ⅱ　3か国間の移民（2019年）

		移民の出身地		
		アメリカ合衆国	カナダ	メキシコ
移住先	アメリカ合衆国		825,040人	11,489,684人
	カナダ	270,217人		85,825人
	メキシコ	762,290人	9,914人	

（国際連合ホームページにより作成）

資料Ⅲ　3か国の失業率

	2017年	2018年	2019年
アメリカ合衆国	4.4%	3.9%	3.7%
カナダ	6.3%	5.8%	5.6%
メキシコ	3.4%	3.3%	3.4%

資料Ⅳ　3か国の時間当たり賃金

	2016年
アメリカ合衆国	29.65ドル
カナダ	23.99ドル
メキシコ	2.74ドル

※製造業従事者1時間あたりの平均（アメリカドル）

（資料Ⅲ，資料Ⅳは，2020/21年版「世界国勢図会」）

ア 他の2か国からの移民の数が最も多いのは，アメリカ合衆国である。

イ 他の2か国へ流出する移民の数が最も多いのは，メキシコである。

ウ アメリカ合衆国では，失業率が年々上昇している。

エ カナダは，いずれの年も，失業率が3か国で最も高い。

オ メキシコは，労働賃金が3か国で最も高い。

［　　　　　　　　］

4 右の地図を見て，次の問いに答えなさい。 ⮐1

兵庫県

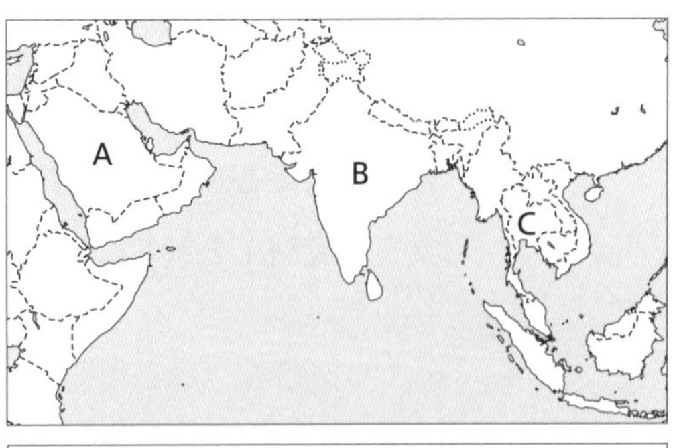

船でアフリカ東岸から南アジアへ向かう場合，［ i ］ごろであれば追い風を受けて航海することができる。この地域の風は，夏と冬で向きを変える特徴があり，この風を［ ii ］という。

(1) 地図に関して述べた右下の文中の i，ii に入る語句の組み合わせとして適切なものを，次の**ア**～**エ**から1つ選び，記号で答えなさい。

ア i－1月　ii－モンスーン
イ i－7月　ii－モンスーン
ウ i－1月　ii－ハリケーン
エ i－7月　ii－ハリケーン

［　　　］

正答率 78.1%

(2) **資料**中のX～Zは，それぞれ地図中のA～Cいずれかの国の宗教別人口構成を示しています。そのうちA，BとX～Zの組み合わせとして適切なものを，次の**ア**～**カ**から1つ選び，記号で答えなさい。

資料

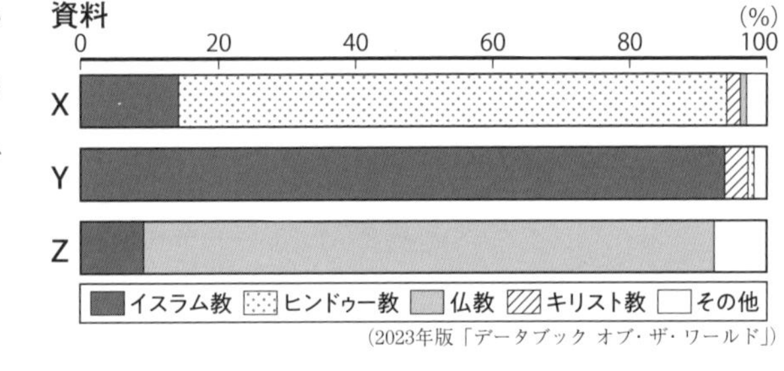

（2023年版「データブック オブ・ザ・ワールド」）

ア A－X　B－Y
イ A－X　B－Z
ウ A－Y　B－X　　**エ** A－Y　B－Z
オ A－Z　B－X　　**カ** A－Z　B－Y

［　　　］

正答率 38.9%

(3) 地図中のBの産業について述べた次の文X，Yについて，その正誤の組み合わせとして適切なものを，あとの**ア**～**エ**から1つ選び，記号で答えなさい。

X 理数教育の水準の高さなどを背景とし，ベンガルールを中心にIT産業が発展している。

Y 自動車産業の分野では，日本をはじめとする外国の企業が進出している。

ア X－正　Y－正　　**イ** X－正　Y－誤
ウ X－誤　Y－正　　**エ** X－誤　Y－誤

［　　　］

5 右の地図を見て，次の問いに答えなさい。 ➡2

三重県

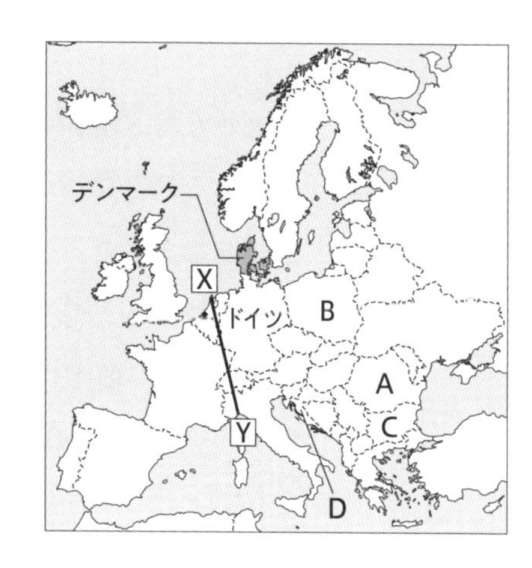

(1) デンマークでよくみられる，乳牛を飼い，バターやチーズを生産する農業を何というか，次の**ア**～**エ**から1つ選び，記号で答えなさい。

ア 遊牧　　**イ** 混合農業

ウ 酪農（らくのう）　　**エ** 地中海式農業

［　　　］

(2) 地図に示した X－Y 間の断面図はどれか，右下の**ア**～**エ**から1つ選び，記号で答えなさい。

［　　　］

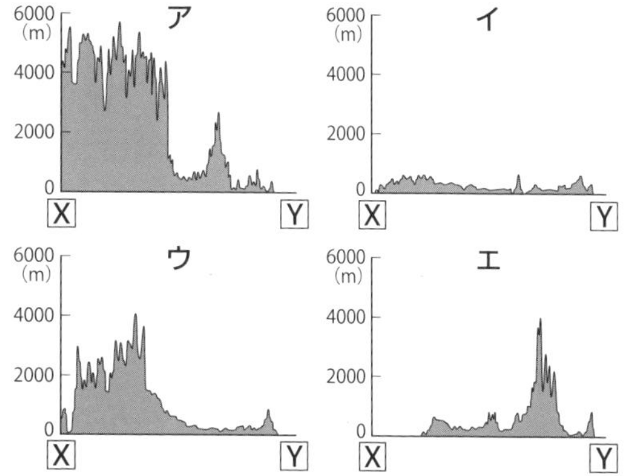

HIGH LEVEL (3) **資料Ⅰ**は，地図にA～Dで示したそれぞれの国からドイツへの移住者数を示したもの，また，**資料Ⅱ**は，各国の1人当たりの工業出荷額（しゅっかがく）を示したものです。**資料Ⅰ**に示した国からドイツへ移住するのはなぜですか。その理由の1つとして考えられることを，**資料Ⅱ**から読み取れることにふれて，「仕事」という言葉を用いて，書きなさい。

資料Ⅰ

	ドイツへの移住者数（万人）
A	25.2
B	14.4
C	8.6
D	5.8

（注：数値は2018年のもの）
（International Migration Outlook）

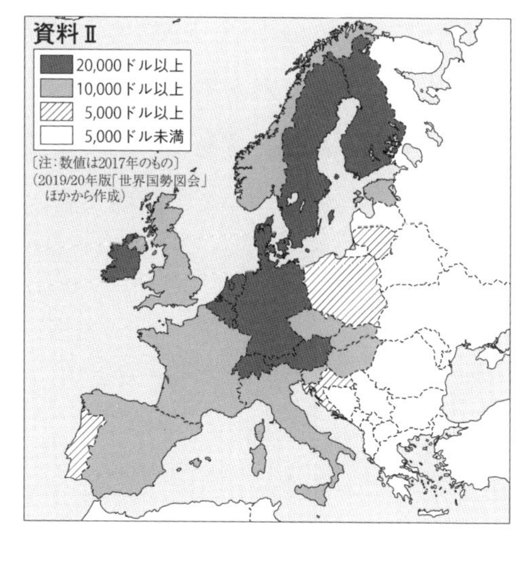

［　　　　　　　　　　　　　　　　　　］

6 大悟さんは，オーストラリアについて調べたことをまとめ，発表しました。次の資料は，そのときに使用したものの一部です。次の問いに答えなさい。

⮎6 群馬県

HIGH LEVEL (1) 大悟さんは，現在のオーストラリアが築こうとしている社会について説明するために，**資料Ⅱ**を作成しました。オーストラリアはどのような社会を築こうとしているか，**資料Ⅰ**，**資料Ⅱ**を参考にして，簡潔に書きなさい。

資料Ⅰ　外国生まれのオーストラリア人の出身地域

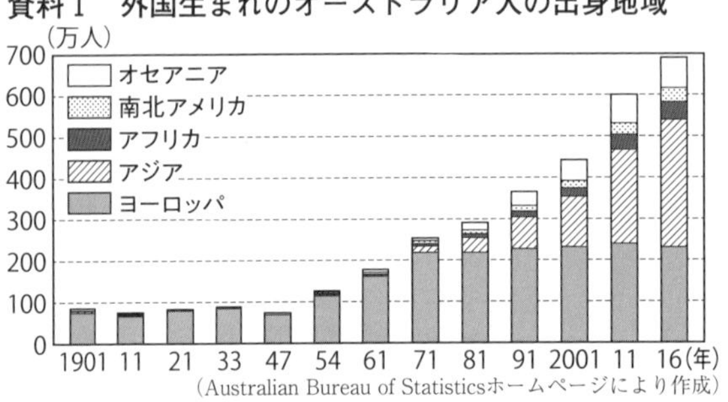

(Australian Bureau of Statisticsホームページにより作成)

資料Ⅱ　オーストラリアの取り組み

言語に関する国の政策によって，学校では，英語と英語以外の言語を教えています。英語以外の言語には日本語や中国語，フランス語やドイツ語などがあり，一人が複数の言語を学ぶことができます。

また，先住民の先住権が認められ，もともと住んでいた土地の所有権も認められるようになりました。

[　　　　　　　　　　　　　　　　]

HIGH LEVEL (2) **資料Ⅲ**，**資料Ⅳ**は，オーストラリアの輸出品目と貿易相手国について，1961年と2010年を比較(ひかく)して示したものです。1961年と2010年を比較してわかる，オーストラリアの輸出品目と貿易相手国の変化について，簡潔に書きなさい。

[　　　　　　　　]

資料Ⅲ　オーストラリアの輸出品目

(%) 0 20 40 60 80 100

1961年：羊毛／小麦／牛肉／砂糖／果実・野菜／その他

2010年：鉄鉱石／石炭／金(非貨幣用)／石油・石油製品／天然ガス／その他

資料Ⅳ　オーストラリアの貿易相手国

	輸入		輸出	
	国名	割合(%)	国名	割合(%)
1961年	イギリス	31.3	イギリス	23.9
	アメリカ	20.0	日本	16.7
	西ドイツ	6.1	アメリカ	7.5
	日本	6.0	ニュージーランド	6.4
	カナダ	4.2	フランス	5.3
2010年	中国	18.7	中国	25.3
	アメリカ	11.1	日本	18.9
	日本	8.7	韓国	8.9
	シンガポール	5.1	インド	7.1
	ドイツ	5.0	アメリカ	4.0

(資料Ⅲ，資料Ⅳは「国際連合貿易統計年鑑」により作成)

7

右の表は，健さんが農産物についてまとめたものです。これを見て，次の問いに答えなさい。↩1, 3

栃木県

農産物	主な生産国	農産物からつくられる飲料の例
ぶどう	中国 イタリア スペイン フランス	ⓐワイン
大麦	ロシア スペイン ドイツ カナダ	ⓑビール
ⓒカカオ豆	コートジボワール ガーナ インドネシア ナイジェリア	ココア

(2020年)

正答率 78.2%

(1) 北アフリカや西アジアでは，下線部ⓐや下線部ⓑの一人当たりの消費量が他の地域に比べ少なくなっています。このことに最も関連のある宗教を次の**ア**～**エ**から1つ選び，記号で答えなさい。

ア イスラム教　　**イ** キリスト教

ウ ヒンドゥー教　　**エ** 仏教

[　　　　]

HIGH LEVEL　正答率 19.7%

(2) 下線部ⓒについて，健さんは，**資料Ⅰ**，**資料Ⅱ**をもとに下のまとめを作成しました。Xに当てはまる文を，「依存（いぞん）」の語を用いて簡潔に書きなさい。また，Yに当てはまる文を，簡潔に書きなさい。

X[　　　　]

Y[　　　　]

資料Ⅰ

コートジボワールの輸出上位品目（2019年）	輸出額に占める割合（%）
カカオ豆	28.1
石油製品	8.8
金(非貨幣用)	8.5
野菜・果実	8.1
天然ゴム	7.1

(2022/23年版「世界国勢図会」)

資料Ⅱ

順位	カカオ豆生産国（2020年）	生産量（千t）	順位	カカオ豆輸出国（2020年）	輸出量（千t）
1	コートジボワール	2,200	1	コートジボワール	1,636
2	ガーナ	800	2	ガーナ	520
3	インドネシア	739	3	エクアドル	323
4	ナイジェリア	340	4	カメルーン	313
5	エクアドル	328	5	ベルギー	223
6	カメルーン	290	6	ナイジェリア	217
7	ブラジル	270	7	インドネシア	211
	世界計	5,757		世界計	4,117

(2022/23年版「世界国勢図会」)

【資料Ⅰから読み取ったコートジボワールの課題】
・コートジボワールの輸出における課題は，[X]。
【資料Ⅱのカカオ豆の生産量と輸出量を比較して生じた疑問】
・なぜベルギーは，[Y]。
【資料Ⅱから生じた疑問を調べた結果】
・ベルギーは，輸入したカカオ豆を選別して付加価値をもたせ，輸出している。

出題率 89%

2 日本の諸地域

1 西南日本

1 九州地方…**カルデラ**，**シラス台地**，さんご礁

① **農業**…**促成栽培**，**畜産**，さとうきび
（└宮崎平野　└宮崎県，鹿児島県　└沖縄県）

② **工業**…**八幡製鉄所**➡**北九州工業地帯（地域）**
（└機械工業がさかん）

2 中国・四国地方…**山陰**・**瀬戸内**・南四国に区分
（中国地方の北側─┘）

① **農水産業**…**促成栽培**，**養殖業**，**栽培漁業**
（└高知平野）

② **工業**…**瀬戸内工業地域**に石油化学コンビナート
（金属・化学工業がさかん─┘）

③ **結びつき**…**本州四国連絡橋**
（└児島－坂出ルートには瀬戸大橋）

④ **過疎化**…山間部や離島で深刻

2 中央日本

1 近畿地方…紀伊半島，**琵琶湖**，**リアス海岸**
（日本最大の湖─┘　└若狭湾岸，志摩半島）

① **農林業**…**近郊農業**，吉野すぎ，尾鷲ひのき

② **工業**…**阪神工業地帯**
（└中小工場が多い）

③ **大阪（京阪神）大都市圏**…大阪・京都・神戸

2 中部地方…**北陸**・**中央高地**・**東海**に区分，**日本アルプス**，**信濃川**，**濃尾平野**
（日本最長─┘　└堤防で囲まれた「輪中」）

① **農業**…**水田単作地帯**，**果樹栽培**，**高原野菜**の栽培，**施設園芸農業**
（└越後平野　└甲府盆地　└野辺山原　└渥美半島の電照菊）

② **工業**…**中京工業地帯**，**東海工業地域**，**伝統産業**・**地場産業**
（└日本最大の工業生産額，豊田市で自動車工業　└機械工業，製紙・パルプ工業がさかん）

3 関東地方…首都東京，**関東平野**，**利根川**
（└関東ローム）

① **農業**…**近郊農業**，**高原野菜**
（└嬬恋村のキャベツ）

② **工業**…**京浜工業地帯**，**北関東工業地域**，**京葉工業地域**
（機械工業，印刷業がさかん─┘　└内陸に発達，機械工業がさかん　└化学工業がさかん）

③ **東京大都市圏**…日本の人口の約4分の1が集中

3 東北日本

1 東北地方…**奥羽山脈**，**三陸海岸**，**やませ**
（└リアス海岸　└冷たい北東風）

① **農業**…**銘柄米**の開発，**果樹栽培**

② **工業**…**伝統的工芸品**，**工業団地**で半導体など

2 北海道地方…冷帯（亜寒帯），**知床**，**濃霧**
（世界遺産─┘　└太平洋側）

① **農業**…**十勝平野**，**根釧台地**，**石狩平野**
（└畑作と酪農　└酪農　└稲作）

② **漁業**…**北洋漁業**➡**養殖業**，**栽培漁業**へ
（└排他的経済水域の設定などで衰退）

③ **工業**…食料品工業が発達

図・写真でつかむ！必出ポイント

▶中国・四国地方の季節風のようす

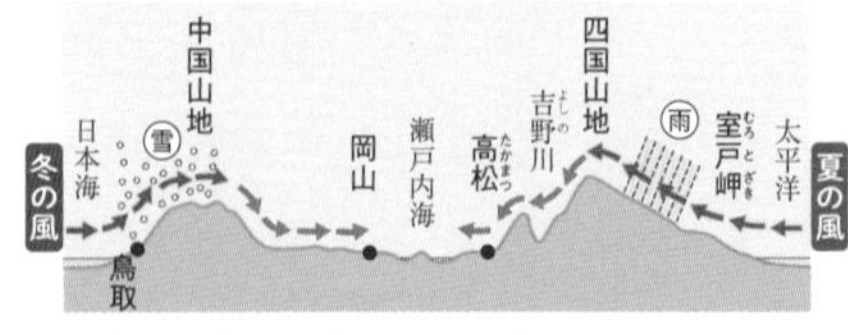

瀬戸内は，中国山地と四国山地にはさまれていることから，季節風の影響を受けにくく，年間を通じて降水量が少ないため，水不足になりやすい。

▶高原野菜の栽培（野辺山原）

(Cynet Photo)

▶東京都への通勤・通学者数

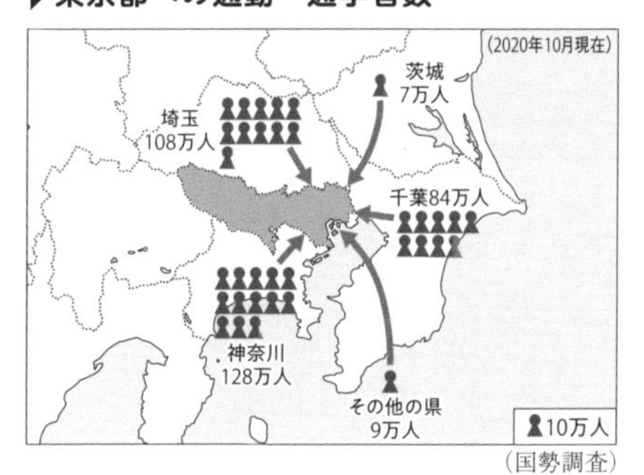

（国勢調査）

東京都には会社や学校が多いため，郊外や他の県から通勤・通学する人が多い。

▶北海道地方の農業地域

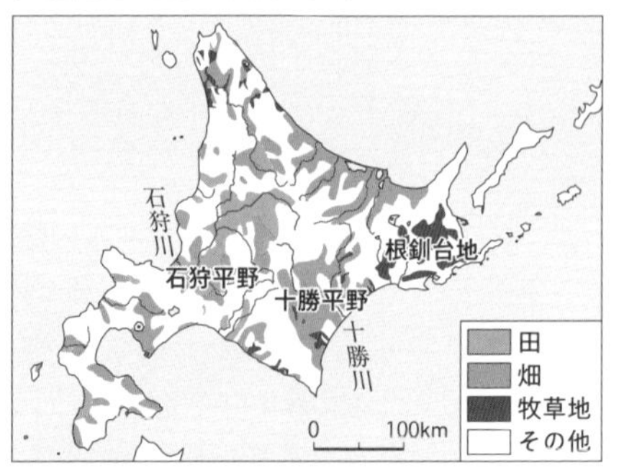

北海道地方では，広大な耕地で大型機械を使った大規模な農業が行われている。

入試データ　地方ごとの工業生産額や農業生産額の特色についての問題がよく出る。

実戦トレーニング

➡ 解答・解説は別冊4ページ

1 右の地図を見て，次の問いに答えなさい。↩1

静岡県

正答率 98.2%

(1) Cの県庁所在地には，世界文化遺産に登録された原爆（げんばく）ドームがあります。Cの県名を書きなさい。

[　　　　　]

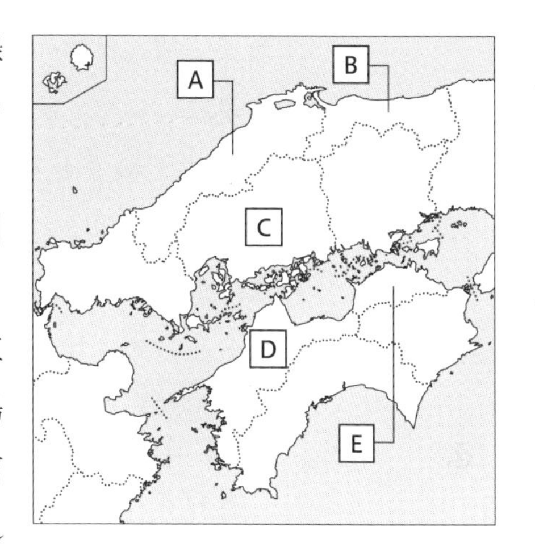

正答率 61.4%

(2) **資料Ⅰ**は2021年における，日本の原油の，生産量と輸入量を示しています。瀬戸内（せとうち）工業地域の臨海部には，石油化学工業の工場群が形成されています。日本において，石油化学工業の工場群が，臨海部に形成されるのはなぜですか。その理由を，**資料Ⅰ**から読み取れることに関連づけて，簡単に書きなさい。

資料Ⅰ

	生産量（千 kL）	輸入量（千 kL）
2021 年	490	144,663

（2022/23 年版「日本国勢図会」）

[　　　　　　　　　　]

正答率 66.3%

(3) **資料Ⅱ**は，2021 年における，A～Eの，総人口，65 歳（さい）以上の人口，総面積，総面積に占（し）める過（か）疎（そ）地域の面積の割合を示しています。**資料Ⅱ**から読み取れることとして正しいものを，次の**ア**～**エ**から1つ選び，記号で答えなさい。

資料Ⅱ

	総人口（千人）	65 歳以上の人口（千人）	総面積（km²）	過疎地域の面積の割合（%）
A	665	229	6,708	86.4
B	549	180	3,507	73.0
C	2,780	826	8,479	64.7
D	1,321	444	5,676	62.5
E	942	304	1,877	41.0

（2023 年版「データでみる県勢」）

ア 総面積が小さい県ほど，過疎地域の面積の割合が低い。
イ 総人口が少ない県ほど，過疎地域の面積の割合が低い。
ウ 総面積が大きい県ほど，65 歳未満の人口が多い。
エ 総人口が多い県ほど，65 歳未満の人口が多い。

[　　　]

春さんは，日本の総人口の約３分の１が集中している関東地方に興味をもって調べました。次の問いに答えなさい。⮐2

長野県

(1) 春さんは，**資料**をもとに，東京都および埼玉県，千葉県，神奈川県の人の移動について，次のようにまとめました。［あ］〜［う］に当てはまる最も適切な語句を，あとの**ア〜カ**から１つずつ選び，記号で答えなさい。

資料　東京都と隣接県との比較（2015年）
※民営事業所数は2016年の数値

地域＼項目		夜間人口を100とした時の昼間人口の割合(%)	隣接県の県外通勤・通学者のうち23区へ通勤・通学する割合(%)	大学数(校)	民営事業所数	住宅地平均価格(万円/m^2)
東京都	23区	129.8		93	494,337	49.1
	23区外	91.6		44	127,334	18.3
埼玉県		88.9	78.6	30	240,542	10.5
千葉県		89.7	84.1	27	188,740	7.2
神奈川県		91.2	81.4	30	287,942	17.4

（国勢調査等より作成）

> 東京都の23区では，夜間人口を100とした時の昼間人口の割合は，129.8%となっている。その理由として，東京都の23区には大学や民営事業所が［あ］ことから，隣接(りんせつ)県から［い］に人が集まることが考えられる。また，住宅地平均価格が東京都より隣接県の方が［う］ことから，隣接県に住宅を求める人が多いことも考えられる。

ア 昼間　**イ** 夜間　**ウ** 多い
エ 少ない　**オ** 高い　**カ** 安い

あ［　　］ **い**［　　］
う［　　］

(2) 春さんは，関東地方のものや人の動きを次のようにまとめました。**え〜か**に当てはまる最も適切な語句を，あとの**ア〜カ**から１つずつ選び，記号で答えなさい。

> 関東地方では，［え］の整備により東京の中心部への移動が容易になり，遠くからの農産物などの輸送や［お］をする人が多く，面積の限られた東京の中心部では，人口や産業などの過度な集中が起こっている。そのため，都市機能の［か］が図られ，また，都市の再開発が計画的に進められている。今後はテレワークなどの普及(ふきゅう)により，東京から離(はな)れた地方へ生活の拠点(きょてん)を移す人も多くなることが考えられる。

ア 通勤・通学　**イ** 分散　**ウ** 空洞化(くうどうか)
エ 交通網(もう)　**オ** 集中　**カ** 労働環境(かんきょう)

え［　　］ **お**［　　］ **か**［　　］

3 右の地図を見て，次の問いに答えなさい。1, 3 鹿児島県

正答率 76.6%

(1) 地図中の**あ**で示した火山がある地域には，火山の大規模な噴火（ふんか）にともなって形成された大きなくぼ地がみられます。このような地形を何といいますか。

[　　　　　]

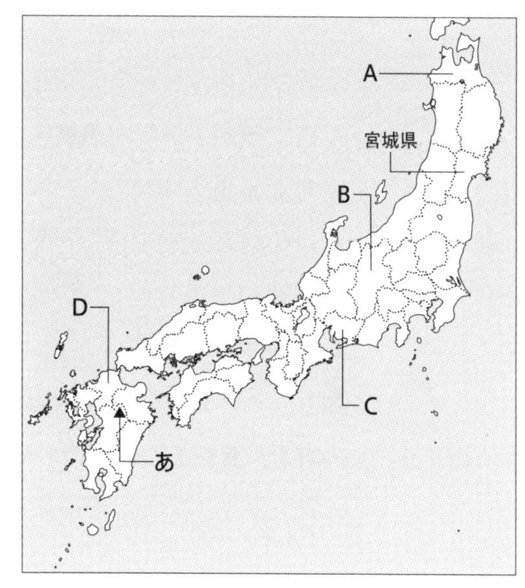

正答率 84.2%

(2) 地図中のA～Dの県にみられる，産業の特色について述べた次の**ア**～**エ**の文のうち，Dについて述べた文として最も適当なもの1つを選び，記号で答えなさい。

ア 標高が高く夏でも涼（すず）しい気候を生かし，レタスなどの高原野菜の生産がさかんである。

イ 涼しい気候を利用したりんごの栽培（さいばい）がさかんで，国内の生産量の半分以上を占（し）めている。

ウ 明治時代に官営の製鉄所がつくられた地域では，エコタウンでのリサイクルがさかんである。

エ 自動車の関連工場が集まっており，自動車を含（ふく）む輸送用機械の生産額は全国1位である。

[　　　]

(3) 地図中の宮城県ではさけやあわびなどの「育てる漁業」が行われています。「育てる漁業」に関してまとめた**資料**について，次の問いに答えなさい。

① aについて，このような漁業を何といいますか。

[　　　　　]

正答率 77.8%

② □に当てはまる最も適当な語句を書きなさい。

[　　　　　　　　]

資料

【「育てる漁業」の種類】
・魚や貝などを，いけすなどを利用して大きくなるまで育てて出荷する。
・a 魚や貝などを卵からふ化させ，人工的に育てたあとに放流し，自然の中で成長したものを漁獲（ぎょかく）する。
【日本で「育てる漁業」への転換（てんかん）が進められた理由の一つ】
・他国が200海里以内の□を設定したことにより，「とる漁業」が難しくなったから。

4

ある中学校の社会科の授業で,「北海道地方にはどのような特色があるのだろうか」という課題で，班ごとにテーマを設定し，学習しました。次の問いに答えなさい。➡3

茨城県

正答率 25.9%

(1) A班は，**資料Ⅰ**から，同じ北海道の中でも，札幌と比較して釧路の夏の日照時間が短いことを知り，その要因を調べ，次の〈メモ〉を作成しました。〈メモ〉の［　　］に当てはまる内容を，**資料Ⅱ**の海流の名称にふれながら書きなさい。

資料Ⅰ　札幌，釧路の8月の平均気温と日照時間

	気温(℃)	日照時間(時間)
札幌	22.3	168.1
釧路	18.2	117.6

(2023年版「理科年表」)

資料Ⅱ　北海道地方の地図

〈メモ〉

釧路の夏の日照時間が短い要因として，濃霧の発生があげられます。夏，釧路で濃霧が発生しやすいのは，釧路付近に向けて吹く南東からの湿った季節風が，**資料Ⅱ**にある［　　］ためであると考えられます。

[　　　　　　　　　　]

(2) 良子さんは，2016年に北海道新幹線が開業したことを知り，北海道と東北地方の産業を比較するため，**資料Ⅲ**を見つけました。**資料Ⅲ**のうち宮城県に当てはまるものを**ア**～**エ**から１つ選び，記号で答えなさい。また，宮城県の県庁所在地名を書きなさい。

資料Ⅲ　北海道と東北地方の各県の人口と産業の比較

道県名	人口(千人)	農業産出額(億円)	漁業産出額(億円)	製造品出荷額等(億円)	年間商品販売額*(十億円)
北海道	5,225	12,667	2,021	55,872	15,720
青森	1,238	3,262	454	16,765	3,008
山形	1,068	2,508	22	28,323	2,404
ア	2,302	1,902	718	43,580	9,050
イ	1,211	2,741	306	24,943	2,996
ウ	960	1,898	27	13,078	2,200
エ	1,833	2,116	99	47,670	4,457

注)製造品出荷額等とは，製造品出荷額，加工賃収入額，その他の収入額等の合計である。
*は2019年，ほかは2020年　(2023年版「データでみる県勢」)

記号[　　　]　県庁所在地名[　　　　]

「日本の諸地域の学習」において麻衣(まい)さんが中部地方を調べた内容について，次の問いに答えなさい。↩2

群馬県

(1) 日本海側の気候に関して，**資料Ⅰのア～ウ**は，地図中のA～Cのいずれかの地点の気温と降水量のグラフです。Aの地点に当たるものを，**資料Ⅰのア～ウ**から１つ選び，記号で答えなさい。また，そのように判断できるのはどうしてですか。「季節風」という語を用いて，簡潔に書きなさい。

記号［　　　　］

理由［　　　　　　　　　　　　　　　　　　　　］

HIGH LEVEL (2) 麻衣さんは，中部地方では，地域の特徴(とくちょう)を生かした産業が発達していることを知り，**資料Ⅱ**，**資料Ⅲ**を見つけました。**資料Ⅱ**，**資料Ⅲのア～ウ**は，新潟県，長野県，愛知県のいずれかを示しています。新潟県と長野県に当たるものを，**ア～ウ**から１つずつ選び，記号で答えなさい。ただし，**資料Ⅱ**と**資料Ⅲのア～ウ**には，それぞれ同じ県名が共通して当てはまるものとします。

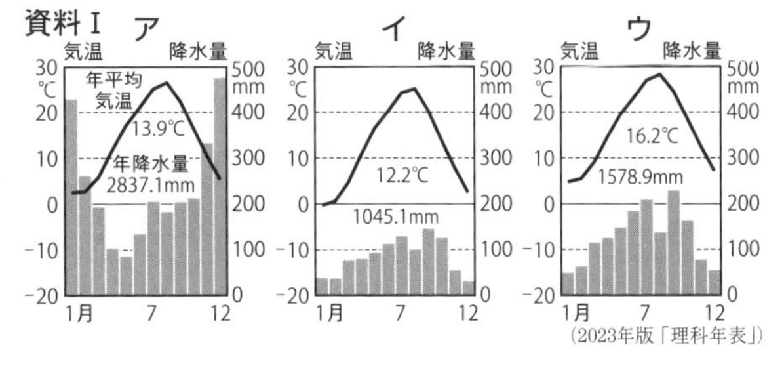

(2023年版「理科年表」)

資料Ⅱ　県別の主な業種別製造品の出荷額（2019年）

県名	食料品（億円）	金属製品（億円）	輸送用機械器具（億円）
ア	17,437	16,953	266,844
イ	5,916	3,581	4,040
ウ	8,185	5,748	2,450

資料Ⅲ　県別の主な農産物の農業産出額に対する割合（2020年）

県名	米（%）	野菜（%）	果実（%）
ア	9.5	34.9	6.7
イ	15.3	33.0	33.1
ウ	59.5	12.7	3.6

(2023年版「データでみる県勢」)

新潟県［　　　　］　長野県［　　　　］

6 右の表を見て，次の問いに答えなさい。⮌2

青森県

	近畿地方
産業	戦後，阪神工業地帯では，沿岸部の製鉄所や石油化学コンビナートなどが生産の中心になった。
他地域との結びつき	大阪，あ京都，神戸などを中心にい大都市圏が形成され，人や物の移動がさかんである。
人口，都市・村落	海と山にはさまれ，都市の発展に限界のあった神戸市では，う海と山との一体的な開発が行われた。

正答率 82.1%

(1) 下線部**あ**では，店の看板，建物の高さ，デザインなどを規制する条例が定められています。このような条例が定められている理由を，景観という語を用いて書きなさい。

[　　　　　　　　]

正答率 50.8%

(2) 下線部**い**について，**資料Ⅰ**は，日本の総人口に占める三大都市圏の人口の割合を表しています。京都市を含む大都市圏を表しているものを，**資料Ⅰ**中のX～Zから1つ選び，記号で答えなさい。また，その大都市圏名を書きなさい。

資料Ⅰ

総人口 1億2605万人	X	Y	Z	その他
(2021年)	27.2%	13.2	7.4	52.2

（2022/23年版「日本国勢図会」）

記号[　　　]　大都市圏名[　　　　　]

正答率 22.1%

HIGH LEVEL

(3) 下線部**う**について，**資料Ⅱ**は，神戸市の主なニュータウンと埋め立て区域を表しています。神戸市ではどのような開発が行われましたか。**資料Ⅱ**を参考にして，次の2語を用いて書きなさい。

資料Ⅱ

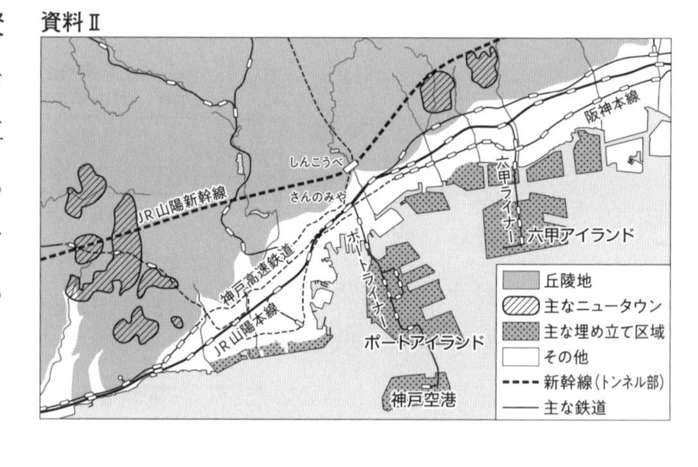

丘陵地　**埋め立て**

[　　　　　　　　]

3 日本の地域的特色

1 日本の自然環境の特色

1 **不安定な大地**…日本は**環太平洋造山帯**に位置するため地震，火山が多い
（環太平洋造山帯：太平洋を取り巻くように連なる）

2 **地形**…**日本アルプス**（**飛驒・木曽・赤石山脈**）。日本の川は一般に長さが短く，傾斜が急
（日本アルプス：日本の屋根）

3 **日本の気候**…**温帯**で**四季**がある。**季節風**（**モンスーン**）の影響，**海流**の影響➡日本では**梅雨**・**台風**などで降水量が多い
（温帯：温暖湿潤気候，西岸海洋性気候，地中海性気候／梅雨：6月～7月／台風：夏から秋）

4 **日本の自然災害**…**風水害**，**冷害**や**干害**（**干ばつ**），**高潮**
（冷害：夏に気温が上がらず作物が育たなくなる）

2 世界と日本の人口

1 **人口爆発**…南アジア・アフリカなどの**発展途上国**で急激な人口増加➡食料不足
（医療の発達などにより子どもの死亡率が下がったため）

2 **過密地域**…三大都市圏（**東京・大阪・名古屋**）

3 **過疎地域**…若年層の流出で**高齢化・少子化**

3 日本の資源・産業の特色

1 **発電の種類**…水力発電・**火力発電**・原子力発電・**再生可能エネルギー**➡**地球温暖化**への対策
（水力発電：山間部／火力発電：大都市近くの臨海部／原子力発電：海沿い／再生可能エネルギー：風力・太陽光・地熱発電など）

2 **農業**…大都市周辺で**近郊農業**，ビニールハウスなどで**促成栽培**・**抑制栽培**
（促成栽培：出荷時期を早める／抑制栽培：出荷時期を遅らせる）

3 **工業**…軽工業から重化学工業，先端技術産業へ

4 **漁業**…**育てる漁業**（**養殖業**・**栽培漁業**）へ
（栽培漁業：ある程度育ててから放流する）

5 **第3次産業**…商業・運輸業・金融業・観光業など

4 世界と日本の結びつき

1 **貨物輸送**…**航空輸送**はICなど軽く高価なもの，**海上輸送**は鉱産資源や自動車など，**自動車**による輸送量が増加⇨**交通渋滞**・**大気汚染**
（IC：集積回路／自動車：高速道路の整備による）

2 貿易…**加工貿易**➡貿易摩擦➡**産業の空洞化**

3 情報通信網…**情報通信技術**（**ICT**）が発達

図・写真でつかむ！必出ポイント

▶日本の気候区分と海流

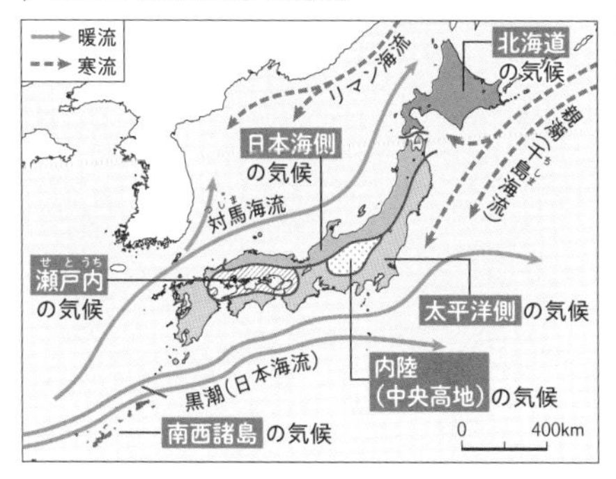

▶日本の人口構成（人口ピラミッド）

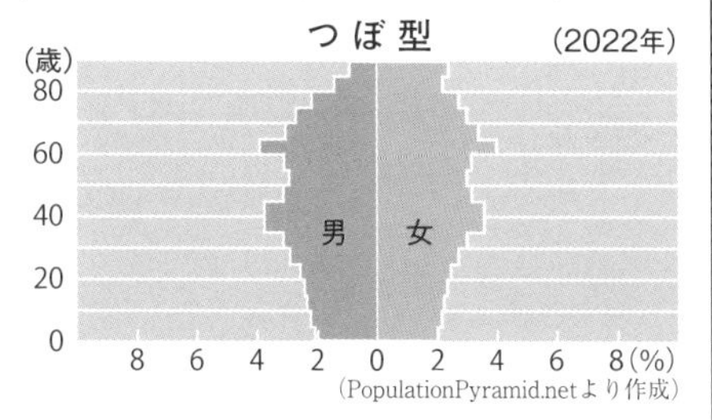

(PopulationPyramid.netより作成)

▶日本の主な工業地帯・地域と太平洋ベルト

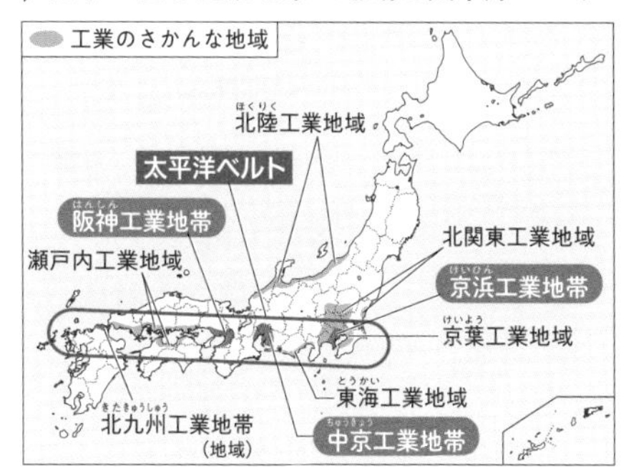

日本では，燃料や原料の輸入や製品の輸送の便がよい臨海部に工業地帯・地域が発達した。近年は，交通網の発達などにより，内陸部にも進出している。

▶日本の輸送手段の変化

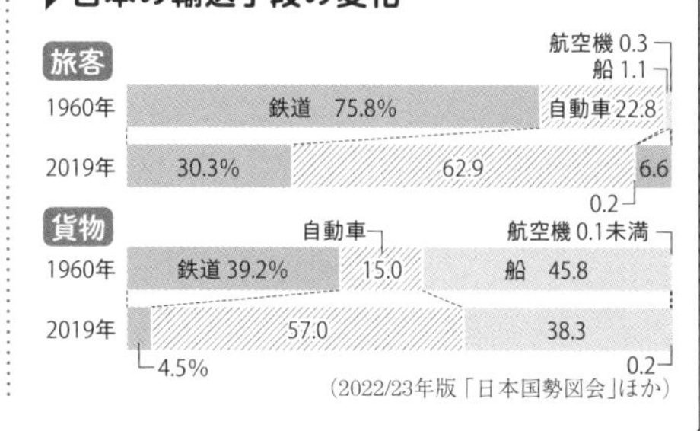

(2022/23年版「日本国勢図会」ほか)

入試データ　世界の自然・産業と比べた日本の特色についてよく問われる。

実戦トレーニング

➡解答・解説は別冊5ページ

右の資料を見て，次の問いに答えなさい。↻2

(1) **資料Ⅰ**中の**ア**～**ウ**は，ヨーロッパ州，アフリカ州，南アメリカ州のいずれかです。アフリカ州に当たるものを**ア**～**ウ**から1つ選び，記号で答えなさい。また，考えた理由を20字以内で説明しなさい。島根県

資料Ⅰ　世界の地域別人口の変化と将来人口予測

	1950年	2000年	2050年	2100年
アジア州	13億7900万人	37億3600万人	52億9300万人	46億7400万人
北アメリカ州	2億1700万人	4億8600万人	6億7900万人	6億7000万人
オセアニア州	1300万人	3100万人	5800万人	6900万人
ア	2億2800万人	8億1900万人	24億8500万人	39億2400万人
イ	1億1400万人	3億5000万人	4億9100万人	4億2600万人
ウ	5億5000万人	7億2700万人	7億300万人	5億8700万人

(2023年版「データブック・オブ・ザ・ワールド」)

記号[　　　　]

理由[　　　　]

(2) **資料Ⅱ**は，エチオピアと日本における2022年の人口ピラミッドであり，次の文は**資料Ⅱ**について述べたものです。正しい文になるように，文中の①・②について，**ア**・**イ**のいずれかを1つずつ選び，記号で答えなさい。

徳島県

資料Ⅱ

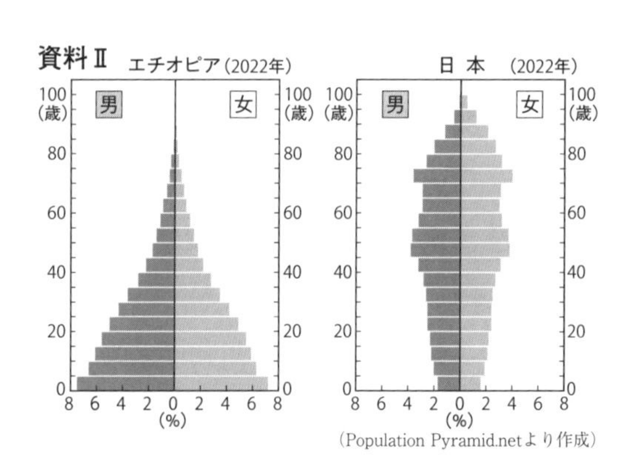

(Population Pyramid.netより作成)

エチオピアの人口ピラミッドは，発展途上国に多くみられる①[**ア** 富士山型　**イ** つぼ型]となっている。そのため，エチオピアは日本より，出生率，死亡率とも②[**ア** 低い　**イ** 高い]といえる。

①[　　　　]　②[　　　　]

2 次の問いに答えなさい。1

お急ぎ!

(1) 次の文を読んで，あとの問いに答えなさい。 岐阜県

地図中に示された都市の周辺では，魚介類の養殖(ようしょく)がさかんである。舞鶴(まいづる)市や宮古(みやこ)市の周辺には，沈水(ちんすい)海岸の一つで奥行きのある湾(わん)と岬(みさき)が連続する［あ］海岸があり，岡山市を含(ふく)む瀬戸内(せとうち)地方には，多くの島が点在している。一方で，これらの地域は海流や季節風などの影響(えいきょう)から，A降水量や気温に違(ちが)いがみられ，宮古市では，寒流の影響を受けたやませが吹(ふ)いてくることにより冷夏となることがある。

表 1991～2020年における宮古市，舞鶴市，岡山市の平均降水量 (単位：mm)

	X	Y	年降水量
宮古市	177.9	63.4	1370.9
B	97.2	36.2	1143.1
C	149.6	183.4	1941.2

(気象庁調べ)

① ［あ］にあてはまる言葉を書きなさい。

[ ]

② 下線部Aについて，**表**のB，Cは舞鶴市，岡山市，X，Yは1月，8月のいずれかです。岡山市と1月の降水量の正しい組み合わせを，次の**ア**～**エ**から1つ選び，記号で答えなさい。

ア 岡山市＝B 1月＝X　　**イ** 岡山市＝C 1月＝X

ウ 岡山市＝B 1月＝Y　　**エ** 岡山市＝C 1月＝Y

[ ]

正答率 78.2%

(2) 次の文の①～③の｛ ｝に当てはまる語句を，**ア**，**イ**から1つずつ選び，記号で答えなさい。 北海道

日本列島は，①｛**ア** アルプス・ヒマラヤ造山帯　**イ** 環(かん)太平洋造山帯｝に位置しており，標高の高い山が多い。山地を削(けず)る河川によって山間部から平野や盆地(ぼんち)に運ばれた土砂により，②｛**ア** 扇状地(せんじょうち)　**イ** 三角州｝がつくられる。また，河川によって河口まで運ばれた細かい土砂や泥(どろ)により，③｛**ア** 扇状地　**イ** 三角州｝がつくられる。

①[ ] ②[ ] ③[ ]

3 右の資料を見て，次の問いに答えなさい。⮌4

正答率 78.0%

(1) **資料Ⅰ**は，1960年と2019年における日本国内の旅客輸送と貨物輸送における各交通機関の占める割合の変化を表したものであり，A～Dは，自動車，鉄道，船舶，航空のいずれかの交通機関を表しています。また，**資料Ⅱ**は，みのりさんが，**資料Ⅰ**中のBの交通機関の特徴についてまとめたノートの一部です。**資料Ⅰ**中のBの交通機関を，あとの**ア**～**エ**から1つ選び，記号で答えなさい。　高知県

資料Ⅰ　（単位　%）

交通機関	旅客輸送		貨物輸送	
	1960年	2019年	1960年	2019年
A	0.3	6.6	0.0	0.2
B	1.1	0.2	45.8	38.3
C	22.8	62.9	15.0	57.0
D	75.8	30.3	39.2	4.5

(注)割合の数値は，旅客輸送については旅客人数と輸送距離をもとに，貨物輸送については貨物の重量と輸送距離をもとに算出している。

（2022/23年版「日本国勢図会」ほか）

資料Ⅱ

この交通機関は，原油や石炭などの燃料，鉄鉱石などの原料，重くてかさばる大型の機械類などを運ぶのに適している。国内輸送においては，1960年と2019年を比較すると，旅客輸送と貨物輸送のどちらも割合が減少しているが，貨物輸送では2019年も一定の役割を果たしている。

ア　自動車　　**イ**　鉄道　　**ウ**　船舶　　**エ**　航空

[　　　]

記号 正答率 90.0%
理由 正答率 55.0%

(2) **資料Ⅲ**は，2020年にわが国で貿易が行われた主な港または空港(**あ**～**え**)において，輸出額上位3品目とそれぞれが輸出総額に占める割合を示したものです。**資料Ⅲ**のA，Bは，輸出に利用する交通機関である船舶または航空機のいずれかが当てはまります。航空機が当てはまるのは**資料Ⅲ**のA，Bのどちらですか。また，そのように判断した理由を，輸出額上位3品目の主な特徴にふれながら簡潔に書きなさい。　長崎県

資料Ⅲ

港または空港	輸出額上位3品目			交通機関
あ	半導体等製造装置	金	半導体等電子部品	A
	7.8%	7.0%	6.8%	
い	半導体等電子部品	電気回路等の機器	科学光学機器	
	26.2%	6.5%	6.4%	
う	自動車	自動車部品	原動機(内燃機関など)	B
	24.6%	16.6%	4.3%	
え	自動車	原動機(内燃機関など)	プラスチック	
	15.9%	5.3%	4.7%	

（財務省「貿易統計」）

記号[　　　]　理由[　　　　　　　　　　　　]

4 右の資料を見て，次の問いに答えなさい。⮌3

静岡県

正答率 64.5%

(1) **資料Ⅰ**は，1960年度から2010年度における，野菜と果実の，国内自給率の推移を示しています。**資料Ⅱ**は，1960年度から2010年度における，野菜と果実の，国内生産量と輸入量の推移(すいい)を示しています。**資料Ⅱ**の**ア**～**エ**は，野菜の国内生産量，野菜の輸入量，果実の国内生産量，果実の輸入量のいずれかを表しています。**資料Ⅰ**を参考にして，果実の国内生産量と，果実の輸入量に当たるものを，**資料Ⅱ**の**ア**～**エ**から1つずつ選び，記号で答えなさい。

国内生産量[　　　　　]　輸入量[　　　　　]

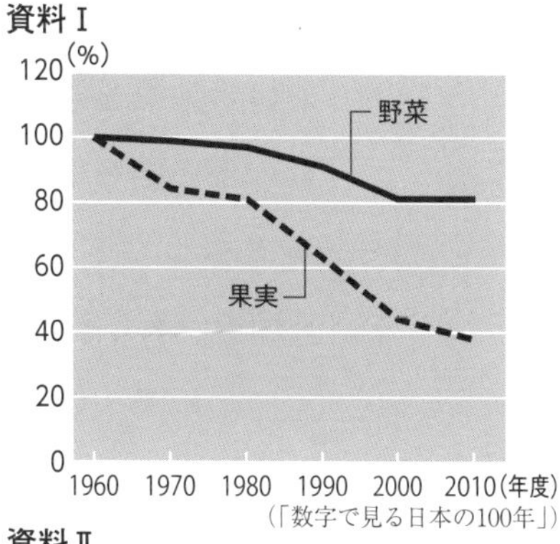

（「数字で見る日本の100年」）

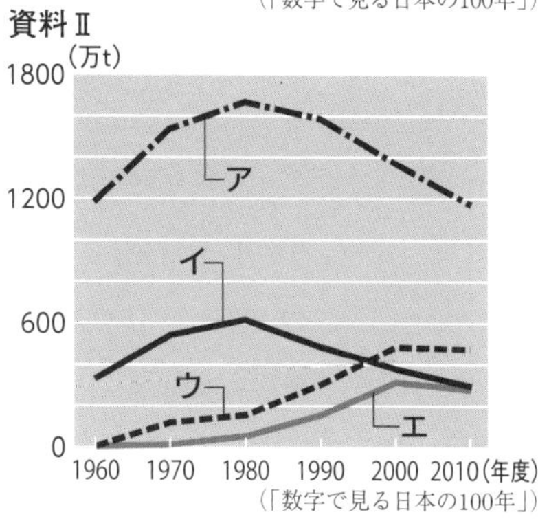

（「数字で見る日本の100年」）

HIGH LEVEL

記号 正答率 73.0%

理由 正答率 49.6%

(2) 農産物は，気候や需要量(じゅよう)などの影響(えいきょう)を受け，生産量が変化します。穀物(こくもつ)は，主に食用や飼料用などに用いられますが，新たな用途(ようと)が開発されると生産量が増加することがあります。**資料Ⅲ**は，1990年から2015年における，米，小麦，とうもろこしの，世界全体の生産量の推移を示しています。地球環境(かんきょう)問題に関係して生産量が増えている，**資料Ⅲ**のⒶに当たるものは何ですか。次の**ア**～**ウ**から1つ選び，記号で答えなさい。また，Ⓐの生産量が増えている理由として考えられることを，地球環境問題に関係する新たな用途に着目して，簡単に書きなさい。

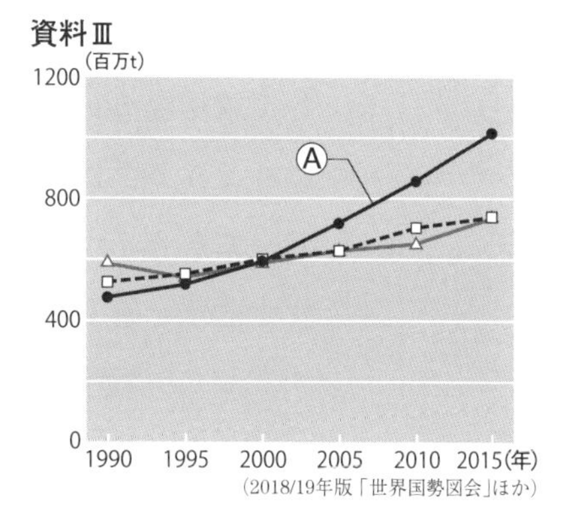

（2018/19年版「世界国勢図会」ほか）

ア 米　　**イ** 小麦　　**ウ** とうもろこし

記号[　　　　]

理由[　　　　　　　　　　　　　　　　　　　　]

5 右の地図を見て，次の問いに答えなさい。↩3

正答率 48.9%

(1) **資料Ⅰ**は，2019年における地熱発電の発電量の多い国を上位7位まで示したものです。地図中の▲を参考にし，[　　　]に当てはまる国を次の**ア**～**エ**から1つ選び，記号で答えなさい。 北海道

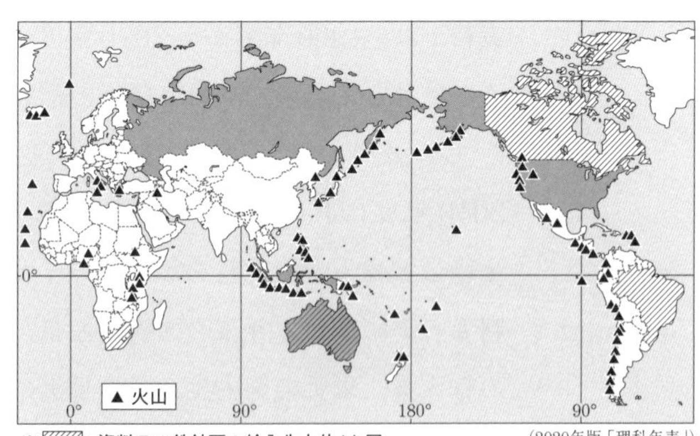

※ [斜線]：資料Ⅱの鉄鉱石の輸入先上位4か国
※ [灰色]：資料Ⅱの石炭の輸入先上位4か国
(2020年版「理科年表」)

ア ブラジル
イ イギリス
ウ 南アフリカ共和国
エ イタリア

資料Ⅰ

順位	1位	2位	3位	4位	5位	6位	7位
国名	アメリカ	インドネシア	フィリピン	トルコ	ニュージーランド	[　　]	メキシコ
発電量(億kWh)	184	141	107	90	80	61	54

(2022/23年版「世界国勢図会」)

[　　　　]

正答率 70.4%

(2) **資料Ⅱ**，地図から読み取れることとして適切なものはどれですか。次の**ア**～**エ**から1つ選び，記号で答えなさい。 滋賀県

資料Ⅱ　日本の鉄鉱石・石炭の輸入先上位4か国と輸入量(万t)(2020年)

鉄鉱石		石炭	
国名	輸入量	国名	輸入量
オーストラリア	5,761	オーストラリア	10,349
ブラジル	2,674	インドネシア	2,754
カナダ	596	ロシア	2,168
南アフリカ共和国	311	アメリカ	933
その他	601	その他	1,169
合計	9,943	合計	17,373

(2022/23年版「日本国勢図会」)

ア 鉄鉱石の輸入先上位4か国は，いずれも大西洋に面している。

イ 石炭の輸入先上位4か国のうち，東経135度の経線が通るのはロシアだけである。

ウ 鉄鉱石・石炭のいずれも，輸入量の合計に占めるオーストラリアの割合は50%以下である。

エ 鉄鉱石・石炭のいずれも，輸入量の合計に占める輸入先上位4か国の割合は90%以上である。

[　　　　]

6

日本の総人口の約3分の1が集中している関東地方について，次の問いに答えなさい。➡2

(1) 日本を7つの地方(九州，中国・四国，近畿，中部，関東，東北，北海道)に区分したとき，**資料Ⅰ**から，次の□内の2つの条件に当てはまる地方を2つ選び，地方名を書きなさい。［福岡県］

条件1：2020年の人口が1980年から増加している都道府県の数が，減少している都道府県の数より多い地方
条件2：人口が100万人以上の都市が2つ以上ある地方

資料Ⅰ　都道府県の人口の変化
1980年と比較した2020年の人口の増減

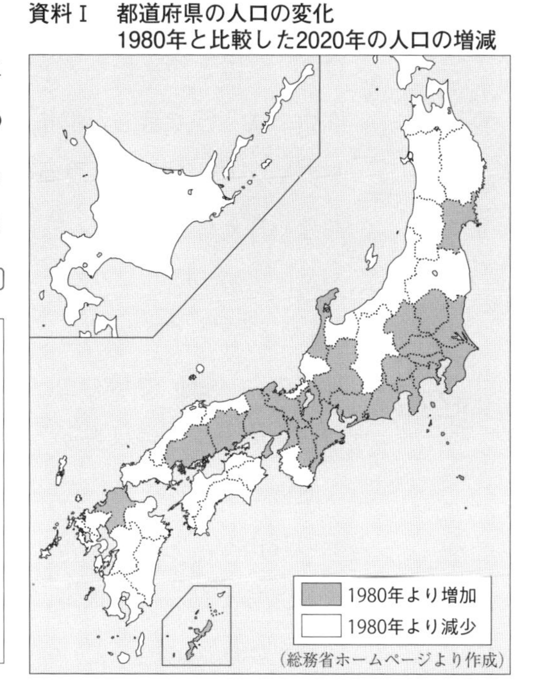

(総務省ホームページより作成)

[　　　　] [　　　　]

正答率 28.3%

(2) **資料Ⅱ**は，1955年から2020年までの日本の総人口と出生数，死亡数の推移(すいい)を示したものです。**資料Ⅱ**から読み取れることをまとめた次の文の Y に当てはまる内容を簡潔に書きなさい。ただし，出生数と死亡数についてふれること。なお，具体的な数値を示す必要はありません。［長崎県］

グラフによると，日本ではXの期間において，Y ため総人口が増加している。その後，2015年になると，総人口は減少している。

資料Ⅱ

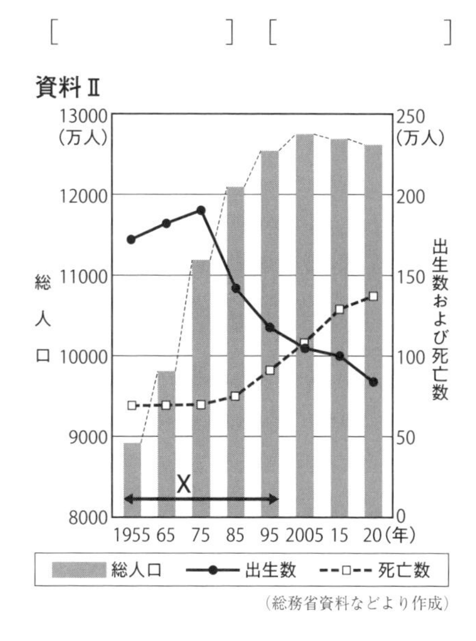

(総務省資料などより作成)

[　　　　　　　　　　　　]

7 右の地図を見て，次の問いに答えなさい。 ➡1，2，3

高知県

正答率 66.4%

(1) 右下のア～ウのグラフはそれぞれ，地図中の●印あ～うで示したいずれかの都市における，気温と降水量を表したものです。地図中のあ～うで示した都市の気温と降水量を表したグラフを，ア～ウから1つずつ選び，記号で答えなさい。

あ[　　　　]

い[　　　　]　う[　　　　]

正答率 37.7%

(2) 地図中の（楕円）で示した東日本の太平洋沖は豊かな漁場となっていますが，その理由を，関係する海流の名称を使って，簡潔に書きなさい。

（令和5年版「理科年表」）

[　　　　　　　　　　　　　　　　　　　　　　　　]

(3) 右の**資料**は，全国を北海道，東北，関東，中部，近畿，中国・四国，九州の7つの地方に区分し，2020年の人口，農業産出額，2019年の製造品出荷額等について，各地方が占める割合をそれぞれ表したものです。**資料**中の a ～ c に当てはまる地方の組み合わせとして正しいものを，次のア～エから1つ選び，記号で答えなさい。

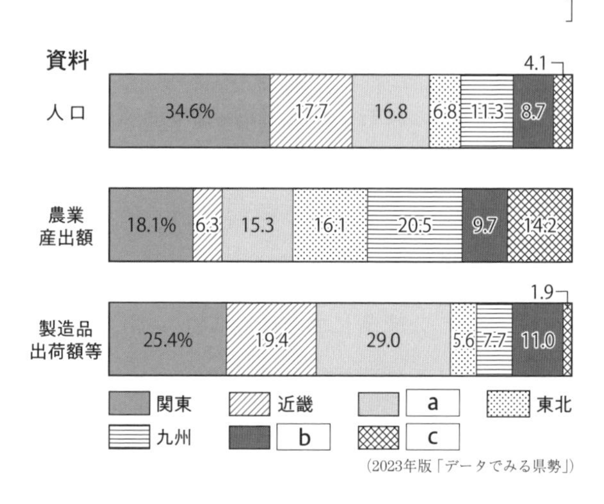

（2023年版「データでみる県勢」）

ア a－北海道　b－中部　c－中国・四国

イ a－中部　b－北海道　c－中国・四国

ウ a－中部　b－中国・四国　c－北海道

エ a－中国・四国　b－北海道　c－中部　[　　　　]

出題率 70%

4 世界各地の人々の生活と環境

1 世界の気候と人々の生活

1 熱帯…高床の家，いも類などが主食

① **熱帯雨林気候**…一年中暑くて降水量が多い
　└スコールという激しい雨

② **サバナ気候**…雨季と乾季に分かれる

2 乾燥帯…**遊牧**，日干しれんがの家

① **砂漠気候**…一年を通して雨がとても少ない
　└オアシス周辺では農業も

② **ステップ気候**…たけの短い草原が広がる

3 温帯…温暖で四季の変化が明確

① **温暖湿潤気候**…冬と夏の気温の差が大きく，一年を通して降水量が多い
　└季節風（モンスーン）の影響

② **西岸海洋性気候**…**偏西風**と**暖流**の影響で，一年を通して気温と降水量の差が小さい

③ **地中海性気候**…夏は乾燥し冬に雨が多い
　└石づくりの窓が小さい家

4 亜寒帯（冷帯）…寒さが厳しいが，夏は気温が上がる。**タイガ**という針葉樹林が広がる。**永久凍土**の上に高床の家

5 寒帯…カナダ北部の先住民**イヌイット**が，あざらしや**カリブー**（トナカイ）の狩りをしてきた
　└肉は食料，毛皮は衣服に

① **ツンドラ気候**…短い夏に草やこけが生える

② **氷雪気候**…一年中雪や氷におおわれる

6 高山気候…気温が低い。アンデス山脈の高地ではリャマを輸送に，アルパカを衣服に利用

図・写真でつかむ！必出ポイント

▶世界の気候

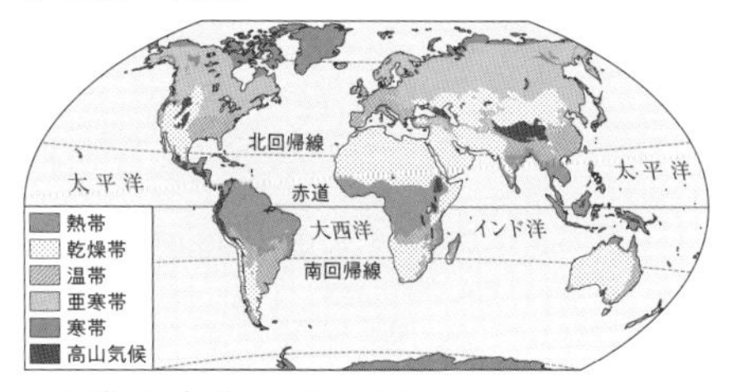

乾燥帯は回帰線の周辺に広がる。

▶住居の工夫

（ピクスタ）

高床（熱帯）

（アフロ）

高床（亜寒帯）

日干しれんが（乾燥帯）

テント（乾燥帯）

（写真3点ともPPS通信社）

石の壁（地中海沿岸）

2 世界の宗教・言語

1 三大宗教…世界的に広がっている

① **キリスト教**…「聖書」が教典，日曜日には教会へ礼拝に行く

② **イスラム教**…「コーラン（クルアーン）」が教典，1日5回の礼拝，豚肉・酒を飲食しない
　└メッカが最大の聖地

③ **仏教**…「経」が教典，僧侶に寄付
　タイの風習┘

2 ヒンドゥー教…インドの8割の人が信仰。**牛**は神の使い，聖なる川である**ガンジス川**で沐浴

3 言語…**英語**，フランス語，スペイン語，アラビア語を**公用語**とする国が多い。

▶宗教の分布

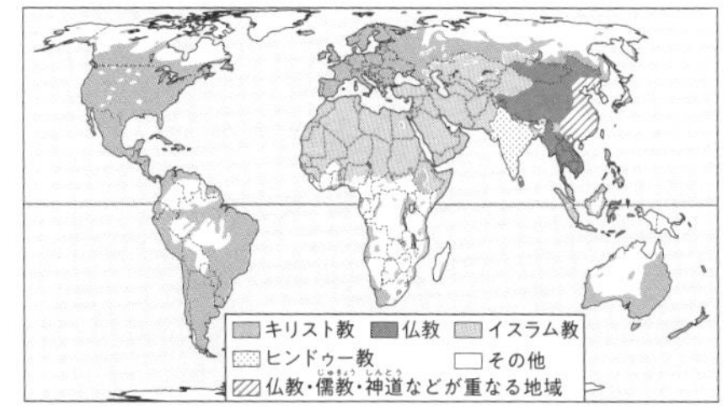

イスラム教を信仰する人は西アジアや北アフリカに多い。

入試データ　雨温図と人々の生活を関連づけた問題がよく出る。

実戦トレーニング

➡ 解答・解説は別冊7ページ

1 お急ぎ！ 右の地図を見て，次の問いに答えなさい。↩1, 2

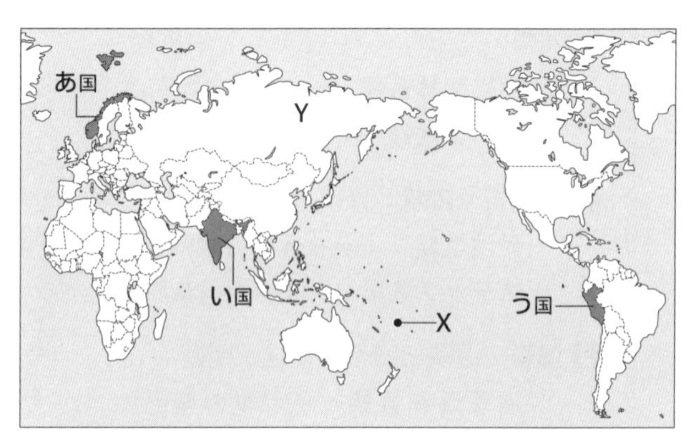

(1) 右下のA・Bは，地図中のあ国～う国の写真と説明です。A・Bに当てはまる国をあ～うから1つずつ選び，記号で答えなさい。 〔沖縄県・改〕

A［　　　］

B［　　　］

A

（PPS通信社）

この国に住む多くの人々は，「聖なる川」で体を清め，祈(いの)りをささげます。

B

（Cynet Photo）

アルパカの毛は，この地域に暮らす人々にとって欠かせない衣服の素材です。

正答率 67.0%

(2) 右の**資料Ⅰ**は，地図中のX島の写真です。X島の伝統的な料理の説明として最も適当なものを，次の**ア**～**エ**から1つ選び，記号で答えなさい。 〔岡山県〕

［　　　］

資料Ⅰ

（Alamy/PPS通信社）

ア 乾(かわ)かしたじゃがいもを水でもどして煮(に)込み，スープにする。

イ タロいもや肉をバナナの葉で包み，蒸(む)し焼きにする。

ウ 野菜やチーズを小麦粉の薄い生地で包み，オーブンで焼く。

エ とうもろこし粉のパンに肉や野菜をのせ，とうがらしのソースをかける。

(3) 右の**資料Ⅱ**の建物は，地図中のY（シベリア）の地域にみられます。この建物が高(たか)床(ゆか)式になっている理由を，「永久凍土(とうど)」という用語を用いて次の文に合わせて答えなさい。 〔沖縄県〕

建物から［　　　　　　］建物が傾くのを防ぐため。

［　　　　　　　　　　　　］

資料Ⅱ

（アフロ）

2 次の問いに答えなさい。↩1

正答率 81.8%

(1) 右の地図中のロシア連邦(れんぽう)の北部に広がる針葉樹の森林を何と呼ぶか，書きなさい。 青森県

[　　　　]

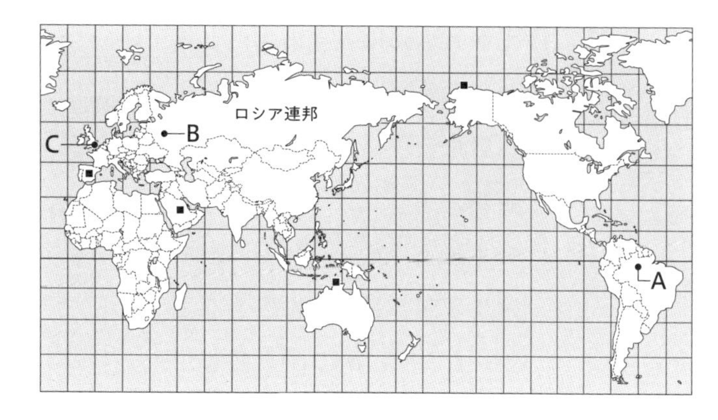

正答率 76.0%

(2) 次の**資料**は，地図中に■で示した4つの都市のいずれかでみられる伝統的な衣服についての説明です。**資料**の衣服がみられる都市の雨温図を，次の**ア**～**エ**から1つ選び，記号で答えなさい。

岡山県 [　　　　]

資料

写真の衣服は，この地域の気候に応じた伝統的な衣服であり，強い日差しや砂ぼこりから身を守る役割があります。

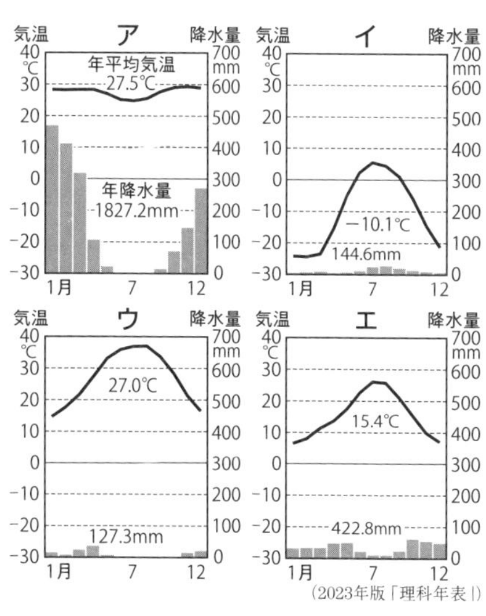

正答率 67.4%

(3) 右の**ア**～**ウ**の雨温図はそれぞれ，地図中の●印**A**～**C**で示したいずれかの都市のものです。地図中の●印**A**～**C**で示した都市の雨温図を，**ア**～**ウ**から1つずつ選び，記号で答えなさい。 高知県・改

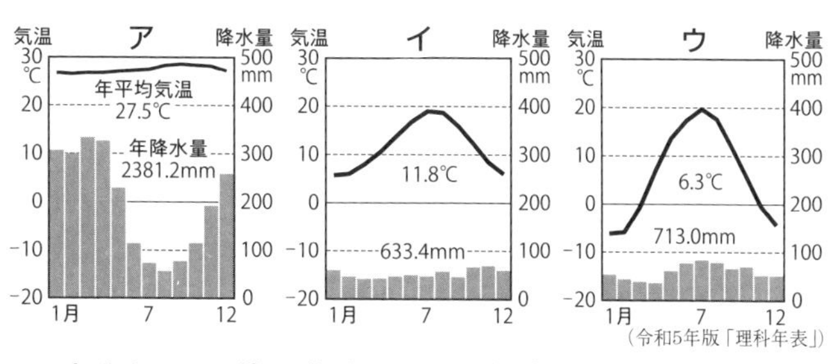

A[　　　　] B[　　　　] C[　　　　]

3 次の問いに答えなさい。 ↩1, 2

正答率 61.4％ HIGH LEVEL

(1) たかしさんは人々の生活と環境(かんきょう)の学習で，世界の伝統的な住居をテーマに調べた結果を**レポート1**にまとめました。**レポート1**の［あ］に当てはまる内容を簡潔に書きなさい。ただし，次の語を必ず用いること。 〔長崎県〕

語：地域

［　　　　　　　　］

レポート1

テーマ	世界の伝統的な住居
疑問に思ったこと	世界の伝統的な住居には，どのような工夫がされているのだろうか。
予想した答え	住みやすく，つくりやすい工夫がされている。
調べたこと	雪や氷でできたブロック カナダ北部など雪と氷が広がる地域に見られる 木の枝や葉など 木や竹の皮など 東南アジアなど熱帯雨林が広がる地域にみられる
調べてわかったこと	① 雨や風，暑さや寒さなどから身を守るための工夫がされている。 ② ［あ］を加工して利用している。
まとめ	伝統的な住居は，人々が自然環境に適応しやすいようにつくられている。

正答率 75.6％

(2) **レポート2**中の［い］に当てはまる宗教の名称(めいしょう)X，Yと，その宗教についての下の説明文a，bの組み合わせとして最も適するものを，次の**ア**～**エ**から1つ選び，記号で答えなさい。 〔神奈川県・改〕

［　　　］

ア Xとa　　**イ** Xとb

ウ Yとa　　**エ** Yとb

レポート2

メキシコ，アメリカ，イタリア，ロシアなどでは，多くの人々が［い］を信仰しています。例えば，メキシコでは，スペインによって植民地がつくられたという歴史的な背景からこの宗教を信仰する人々が多く，また，イタリアのローマ市内には，この宗教に関係が深いバチカン市国があります。

宗教の名称	X キリスト教　　Y イスラム教
説明文	a 聖典の「コーラン」に，生活上の細かいきまりが記されている。 b 日曜日に，礼拝(れいはい)のために教会を訪れる習慣がある。

4 次の問いに答えなさい。 ↩1,2

HIGH LEVEL (1) **資料Ⅰ**は，世界にみられる，伝統的な住居についてまとめたものです。**資料Ⅰ**中の [ ] に適当な言葉を書き入れて表を完成させなさい。ただし，[ ] には，「**降水量**」「**樹木**」の２つの言葉を含めること。 愛媛県

資料Ⅰ

地域	主な材料	共通点
熱帯雨林が広がる地域	木や葉	地域の気候に合わせて，手に入りやすい材料を使用している。
[ ] 地域	日干しれんが	

[ ]

正答率 61.7% (2) **資料Ⅱ**中のa，b，cには，韓(かん)国(こく)，タイ，ドイツのいずれかが当てはまります。a，b，cに当てはまる国の組み合わせとして正しいものを，次の**ア**～**エ**から１つ選び，記号で答えなさい。 栃木県

資料Ⅱ

	主な宗教の人口割合(%)	
a	キリスト教 49.7	イスラム教 3.6
b	仏教 94.6	イスラム教 4.3
c	キリスト教 27.6	仏教 15.5

注)韓国，タイは2015年，ドイツは2021年
(「The World Fact Book」)

ア a－韓国　b－タイ　c－ドイツ
イ a－韓国　b－ドイツ　c－タイ
ウ a－ドイツ　b－韓国　c－タイ
エ a－ドイツ　b－タイ　c－韓国

[ ]

(3) **資料Ⅲ**は，恵さんが，2007年のエチオピアにおけるキリスト教，イスラム教，その他の宗教を信仰(しんこう)している人口をそれぞれ調べてまとめたものです。また**資料Ⅳ**は，**資料Ⅲ**をもとに，2007年のエチオピアで信仰されている宗教の割合を，小数第１位を四捨五入して求め，その他の部分を [斜線] で示したうえで，キリスト教の部分を [灰色] ，イスラム教の部分を [白] で円グラフに示そうとしている途中のものです。図中に，キリスト教の部分をすべて [灰色] で塗(ぬ)って示し，円グラフを完成させなさい。 京都府・改

資料Ⅲ　エチオピアにおける宗教別人口　(万人)

キリスト教	4,629
イスラム教	2,504
その他	242
合計	7,375

(国際連合ホームページより作成)

資料Ⅳ

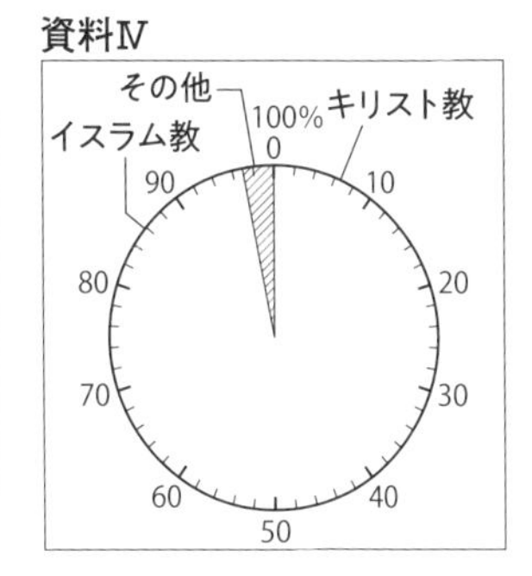

出題率 68%

5 世界の姿

1 地球の姿

1 陸地と海洋の比率…陸地３：海洋７

2 六大陸…ユーラシア大陸など

3 三大洋…太平洋，大西洋，インド洋

4 地球儀…地球をほぼ正確に縮小した模型

5 地球上の位置

① **緯度**…緯度０度の緯線（同じ緯度を結んだ横の線）＝**赤道**，**南緯**と**北緯**それぞれ90度まで

② **経度**…経度０度の経線（同じ経度を結んだ縦の線）＝**本初子午線**（イギリスのロンドンを通る），**東経**と**西経**それぞれ180度まで

図・写真でつかむ！必出ポイント

▶緯度と経度

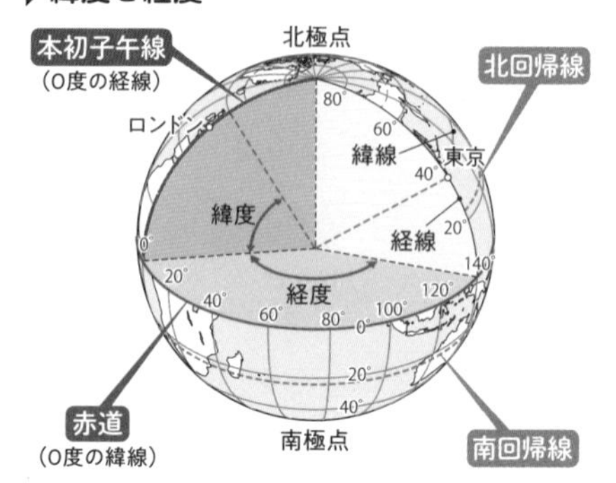

2 世界地図

1 地図…球体の地球を平面にえがく➡すべてを１つの地図に正確に表すことはできない

2 種類…緯線と経線が直角に交わる地図，中心からの距離と方位が正しい地図など

▶六大陸と三大洋

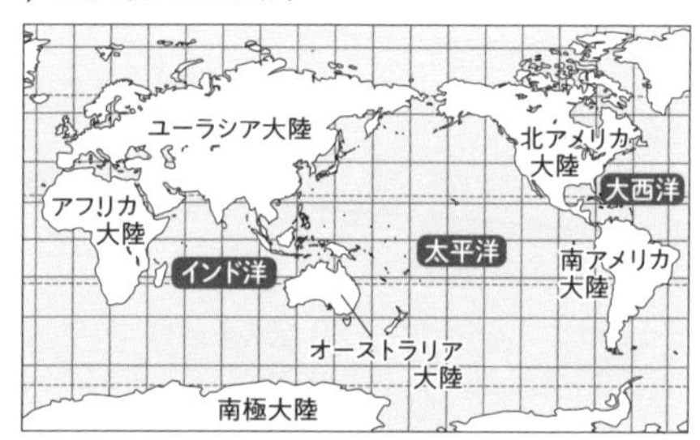

ユーラシア大陸・北アメリカ大陸・南アメリカ大陸・アフリカ大陸・オーストラリア大陸・南極大陸を六大陸，**太平洋・大西洋・インド洋**を三大洋と呼ぶ。

3 世界の国々

1 世界の地域区分…６つの州に区分（アジア・アフリカ・ヨーロッパ・南北アメリカ・オセアニア州）

2 世界の国の数…200か国近く

3 面積・人口…ロシア連邦（世界最大の国），中華人民共和国，インド（人口が多い国）

4 国境線…地形を利用（河川や山脈など），**経線や緯線**を利用（直線的な国境）

5 島国（海洋国）➡周りを海で囲まれた国（日本，フィリピン，ニュージーランドなど）

6 内陸国➡海に面していない国（モンゴル，スイス，ボリビアなど）

▶面積が正しい地図

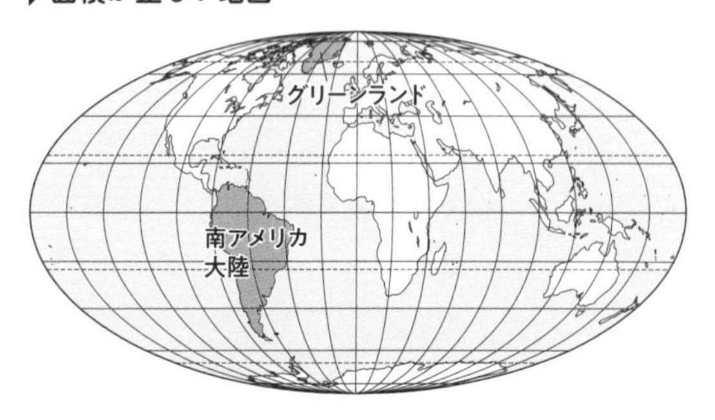

▶中心からの距離と方位が正しい地図

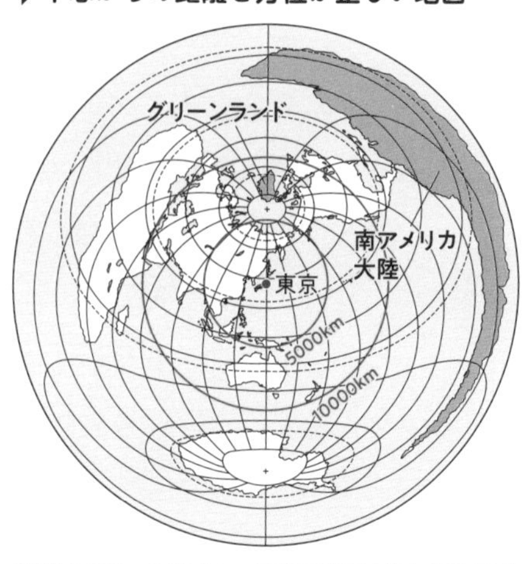

東京から東へ向かうと，最初に南アメリカ大陸に到達する。

入試データ　緯度や経度，緯線や経線についての問題がよく出る。

実戦トレーニング

➡ 解答・解説は別冊8ページ

1 右の地図を見て，次の問いに答えなさい。↱1,3

正答率 97.8%

(1) 地図中のXの大陸名を書きなさい。 青森県

[　　　　　]

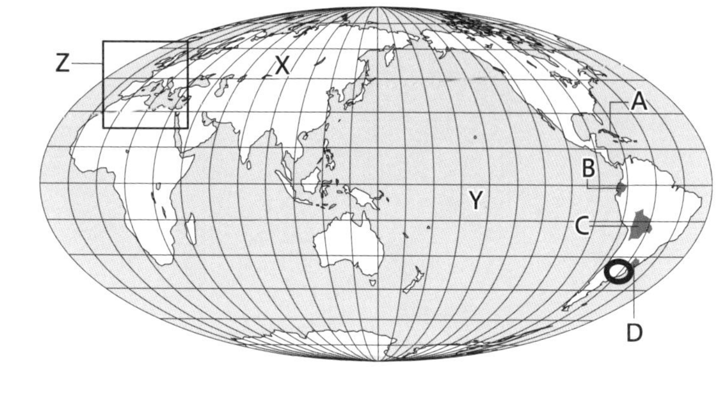

正答率 70.4%

(2) 地図中の⬭の位置を表している緯度と経度の組み合わせとして適切なものを，次のア～エから1つ選び，記号で答えなさい。 青森県

ア 北緯と西経　　**イ** 北緯と東経

ウ 南緯と西経　　**エ** 南緯と東経

[　　　]

正答率 80.3%

(3) 地図中のYの海洋名を書きなさい。 秋田県

[　　　　　]

正答率 69.1%

(4) 地図中のA～Dで示した国のうち，領土内を赤道が通る国を1つ選び，記号で答えなさい。 長崎県

[　　　]

(5) 右の**図**は，地図中のZの地域を拡大したものです。経線を利用して決められた国境として最も適切なものを，**図**中の**ア**～**エ**から1つ選び，記号で答えなさい。 宮崎県

[　　　]

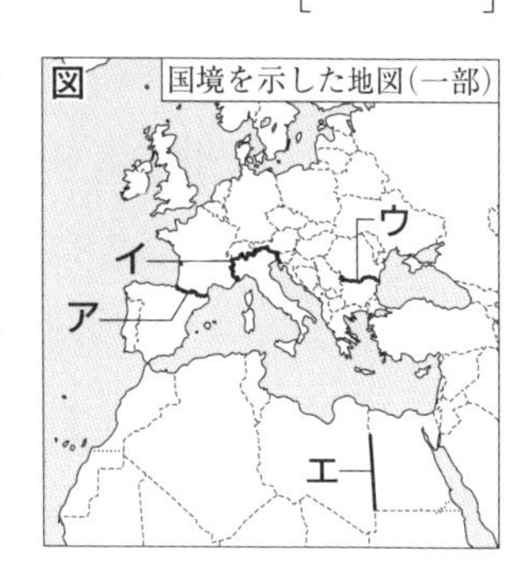

2 次の略地図の a～f は世界の６つの州を示したものです。これを見て，あとの問いに答えなさい。⇨3

お急ぎ！　　福岡県

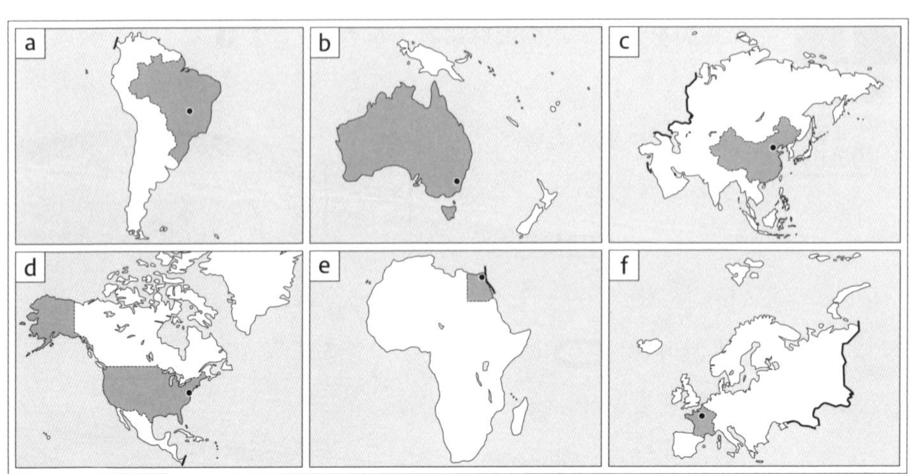

a～f の図法，縮尺は同じではない。 ━ は州境を示す。a～f の • は，それぞれの ● で示す国の首都を示す。

(1) 右の**図**の 1～6 は，略図中の ▬ の６か国の首都の位置を示しています。ブラジルとフランスの首都の位置を，1～6 から１つずつ選び，番号で答えなさい。

ブラジル[　　　　]

フランス[　　　　]

図

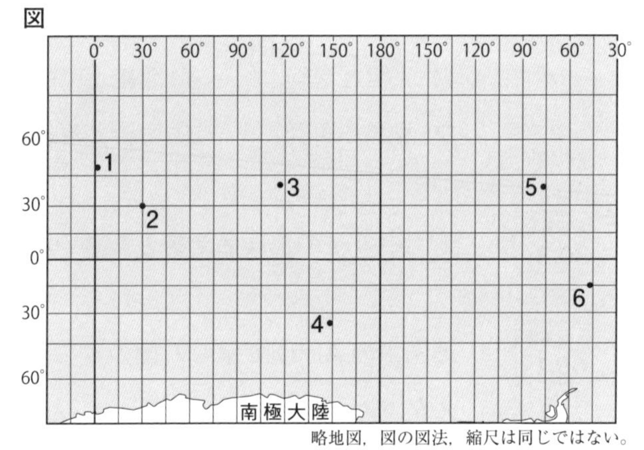

略地図，図の図法，縮尺は同じではない。

(2) 右の**資料**中の W～Z には，a～f の州のうちヨーロッパ州と南アメリカ州以外の州が当てはまります。b の州に当てはまるものを，W～Z から１つ選び，記号で答えなさい。

資料　人口，面積の州別の割合（2021年）

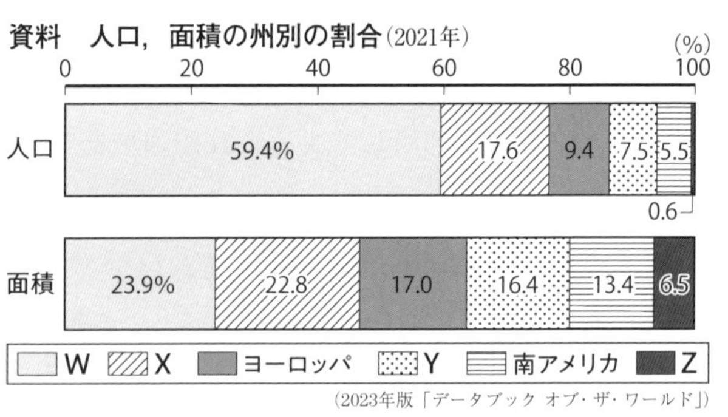

（2023年版「データブック オブ・ザ・ワールド」）

[　　　　]

3 右の図を見て，次の問いに答えなさい。 1, 2, 3

正答率 81.9%

(1) **模式図**のXは，世界の三大洋のうちの1つである。Xの海洋名を書きなさい。また，Xと同じ海洋を，**地図**の**あ**～**う**から1つ選び，記号で答えなさい。 秋田県

海洋名［　　　　　　］

記号［　　　］

模式図

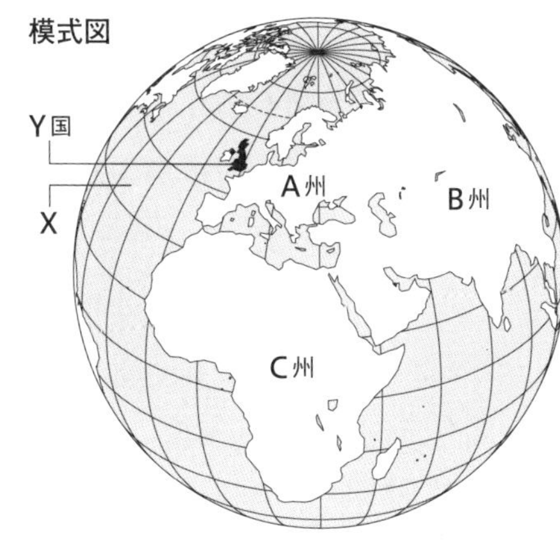

(2) **模式図**に示したY国の位置から，地球の中心を通り，正反対にある州を**模式図**と**地図**のA～F州から1つ選び，記号で答えなさい。 秋田県

［　　　］

地図

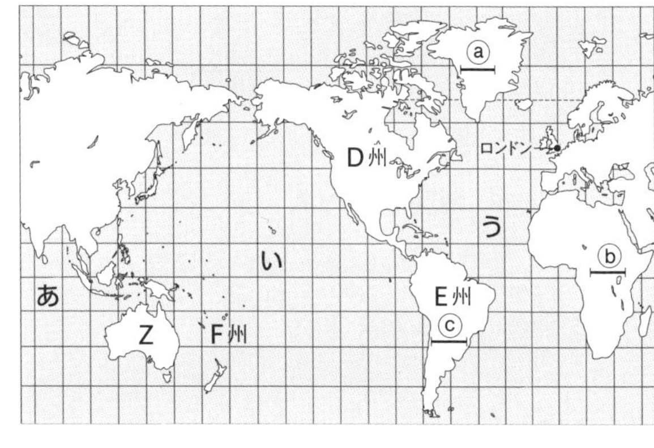

(3) **地図**中にⓐ～ⓒで示した ⟼ は，地図上では同じ長さですが，実際の地球上での距離（きょり）は異なっています。ⓐ～ⓒで示した ⟼ を，実際の地球上での距離が長い順に並べると，どのようになりますか。次の**ア**～**カ**から1つ選び，記号で答えなさい。 三重県

ア ⓐ→ⓑ→ⓒ　　**イ** ⓐ→ⓒ→ⓑ

ウ ⓑ→ⓐ→ⓒ　　**エ** ⓑ→ⓒ→ⓐ

オ ⓒ→ⓐ→ⓑ　　**カ** ⓒ→ⓑ→ⓐ

［　　　］

(4) **地図**中にZで示した大陸は，六大陸の1つです。この大陸は何と呼ばれるか，その呼び名を書きなさい。 香川県

［　　　　　　］

4

右の**地図Ⅰ**は，緯線(いせん)と経線が直角に交わる地図であり，**地図Ⅱ**は，東京からの距離(きょり)と方位が正しい地図です。**地図Ⅰ**，**Ⅱ**を見て，次の問いに答えなさい。➡1，2

(1) **地図Ⅰ**では，［　　　　］ほど，面積がより大きく表されています。［　　　　］に適当な言葉を書き入れて文を完成させなさい。ただし，［　　　　］には，「**赤道**」の言葉を含(ふく)めること。 愛媛県

地図Ⅰ

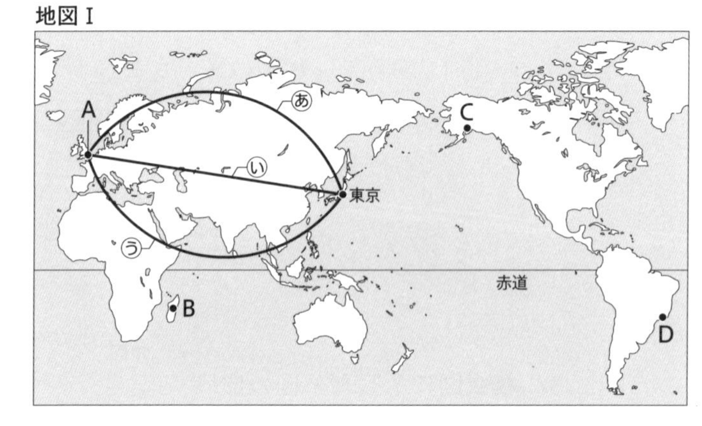

［　　　　　　　　　　　　　　　　］

(2) **地図Ⅰ**中のA～Dの都市を，東京からの実際の距離が近い順に左から並べ，記号で答えなさい。 愛媛県

［　　→　　→　　→　　］

地図Ⅱ

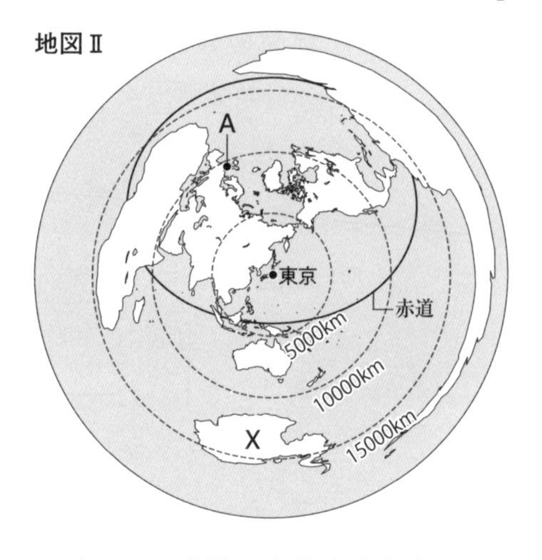

正答率 68.0%

(3) 航空機を利用して東京からAに行くときの最短経路を示したものとして最も適切なものを，**地図Ⅰ**中のあ～うから1つ選び，記号で答えなさい。 静岡県

［　　　］

正答率 73.1%

(4) **地図Ⅱ**中のXは，世界の六大陸のうちの1つです。Xの大陸の名称を書きなさい。 静岡県

［　　　　　］

(5) **地図Ⅰ**において，赤道は直線で示されていますが，**地図Ⅱ**において，赤道は曲線で示されています。**地図Ⅱ**において，直線ですべて示される線を，次の**ア**～**エ**から1つ選び，記号で答えなさい。 静岡県

ア 東京を通る緯線　　**イ** Aを通る緯線

ウ 東京を通る経線　　**エ** Aを通る経線

［　　　］

5 次の問いに答えなさい。 1

(1) 本初子午線(経度0度)を表す経線を，右の地図中に太くなぞり示しなさい。 島根県

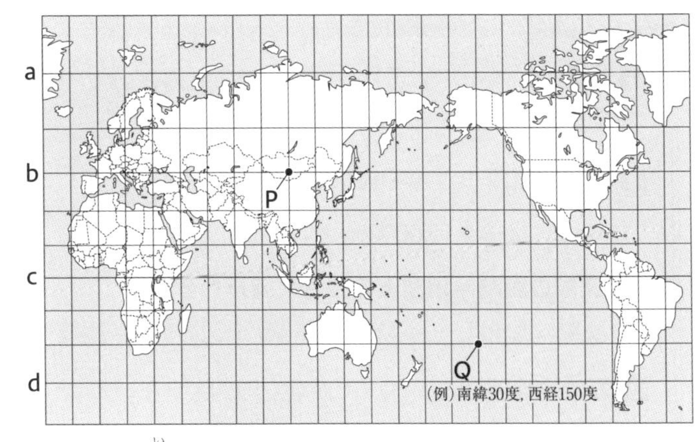

(2) 右の**写真**の現象がみられる地域の緯度として最も適当なものを，地図中のa～dから1つ選び，記号で答えなさい。 島根県

[　　　]

写真　夏にしずまない太陽の動き

(フォト・オリジナル)

正答率 61.4%

(3) 地図中のP点の緯度と経度を，Q点の例を参考に書きなさい。 青森県

[　　　　　　]

HIGH LEVEL

正答率 72.7%

(4) 右の**図**は，世界の6つの大陸(六大陸)について，北半球にあるもの，南半球にあるもの，両方にまたがるものがわかるように示したものです。A～Cに当てはまる大陸の名を，次の**ア**～**ウ**から1つずつ選び，記号で答えなさい。 北海道

図

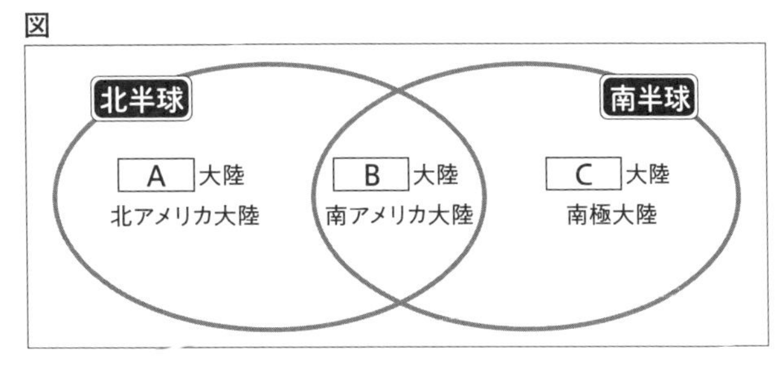

ア アフリカ　　**イ** オーストラリア　　**ウ** ユーラシア

A[　　　] B[　　　] C[　　　]

出題率 54%

6 身近な地域の調査

1 地形図の決まり

1 地形図…国土地理院が発行➡2万5000分の1，5万分の1など

2 縮尺…実際の距離を地図上に縮小した割合
➡$\frac{1}{25000}$，1：50000など

実際の距離＝地図上の長さ×縮尺の分母

(実際の面積は，一辺の実際の距離×一辺の実際の距離)

3 方位…地図はふつう，上が北(上が北でない場合，方位記号で示す)

2 等高線と地図記号

1 等高線…等高線の間隔が**広い**➡傾斜が**ゆるやか**，等高線の間隔が**狭い**➡傾斜が**急**
(└高さが等しいところを結んだ線)

2 尾根と谷…等高線が低い方へつき出たところが尾根，高い方へくい込んだところが谷

3 地図記号…道路・鉄道・建物・施設・土地利用・境界などを記号で表す

3 地域の調査の方法

1 調査の手順…調査テーマの決定➡**仮説**を立てる➡調査方法を考える

2 テーマの決定…地域の特色の中から大きなテーマを決め，いろいろな視点で調べる

3 野外調査(フィールドワーク)…**野外観察**で調べた場所を**ルートマップ**に記録。**聞き取り調査**で質問

4 文献調査…役所で統計資料を閲覧。ウェブサイトで情報を検索。新旧地図の比較

4 調査結果のまとめ方

1 情報の整理　統計資料を分析➡数値をグラフや地図に加工➡地域の特色を考察し仮説を検証

2 レポート…グラフや**主題図**にまとめる

図・写真でつかむ！ 必出ポイント

▶等高線の種類

線の種類＼縮尺		1/25000	1/50000
計曲線	(太い実線)	50mごと	100mごと
主曲線	(細い実線)	10mごと	20mごと
補助曲線	(破線)	5mか2.5mごと	10mごと
補助曲線	(点線)	—	5mごと

すべての等高線に標高の数字が示されているわけではないので，その太さと本数をもとに各地点の標高を読み取る。

▶等高線から読み取る山地の地形

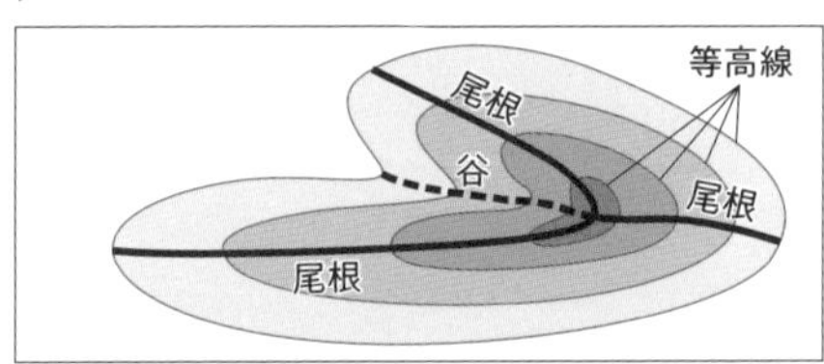

▶主な地図記号

土地利用	建物・施設
田	消防署
畑	郵便局
果樹園	発電所・変電所
茶畑	小・中学校
広葉樹林	病院
針葉樹林	神社
建物・施設	寺院
市(区)役所	城跡
町・村役場	漁港
警察署	老人ホーム
	自然災害伝承碑

▶グラフの種類

帯グラフ…全体に占める割合

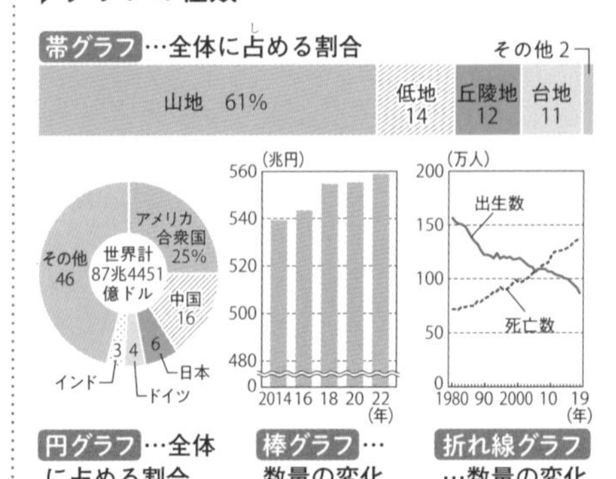

円グラフ…全体に占める割合　棒グラフ…数量の変化　折れ線グラフ…数量の変化

入試データ　縮尺や等高線の間隔についての問題がよく出る。

実戦トレーニング

➡ 解答・解説は別冊9ページ

1

お急ぎ！

次の地形図は，旅行で秋田県を訪れた中学生の太郎さんが，大潟（おおがた）村で地域調査を行った際に使用した，国土地理院発行の２万5000分の１の地形図（大潟）の一部です。これに関して，あとの問いに答えなさい。↩1，2，3

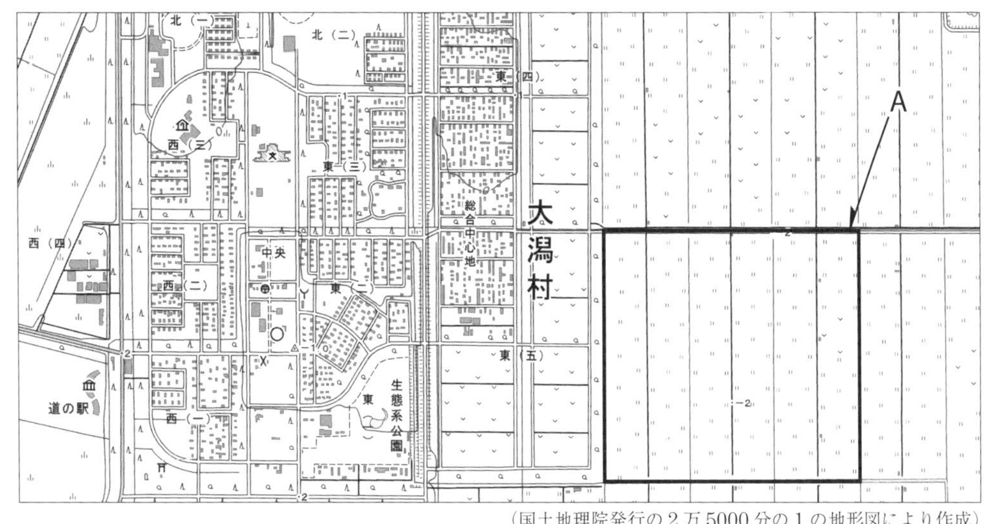

（国土地理院発行の２万5000分の１の地形図により作成）
（注：実際の試験で使われた地形図を86%に縮小）

(1) 地形図中にAで示した範囲（はんい）を，この地図上で縦約3.9cm，横約4.1cmの長方形とするとき，Aで示した範囲の周囲の実際の距離は約何mですか。その数字を書きなさい。 香川県

［約　　　　m］

(2) 次の**ア**～**エ**のうち，地形図中にみられないものを１つ選び，記号で答えなさい。 香川県

ア 寺院　　**イ** 消防署　　**ウ** 老人ホーム　　**エ** 交番

［　　　］

(3) 右の**ア**～**エ**は，社会科の授業で，身近な地域の調査をしたときの，調査項目が書かれたカードの一部である。国土地理院発行の２万5000分の１地形図に表されていることが書かれたカードとして適当なものを，**ア**～**エ**から１つ選び，記号で答えなさい。 愛媛県

ア	イ
土地の起伏	中学校の生徒数
ウ	**エ**
バス停留所の位置	果樹園で栽培（さいばい）されている果樹の種類

［　　　］

お急ぎ！

次の地形図は，長野県の軽井沢町周辺のものです。これについて，あとの問いに答えなさい。↩1,2

島根県・改

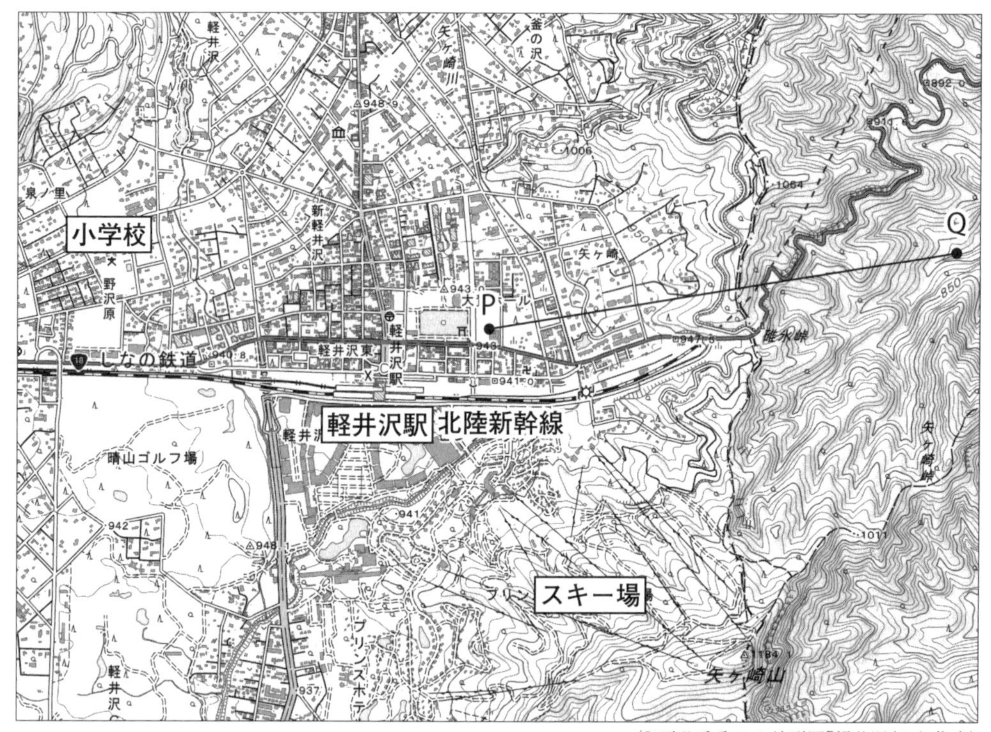

(2万5千分の1地形図「軽井沢」より作成)
(注：実際の試験で使われた地形図を92%に縮小)

(1) 地形図から読み取れることを説明した次の**ア**～**エ**の文のうち，下線部が適当でないものを1つ選び，記号で答えなさい。

ア 軽井沢駅の北側には，交番がある。

イ スキー場のゲレンデ斜面は，南東から北西に向かって下っている。

ウ 軽井沢駅の東側の線路ぞいには，変電所がある。

エ 軽井沢駅から小学校までは地図上で約4cmとすると，実際の距離は約2000mである。

[　　　]

(2) 地形図中P－Qの断面を，模式的に示した図として最も適当なものを，次の**ア**～**ウ**から1つ選び，記号で答えなさい。

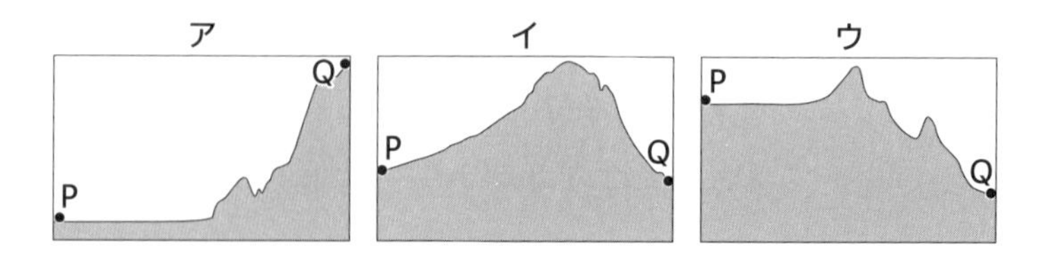

[　　　]

3 次の問いに答えなさい。➡2, 3

HIGH LEVEL (1) 右の文は，優樹(ゆうき)さんが，身近な地域の調査で作成したものです。避難(ひなん)方向を，避難地図の案に示すX，Yから1つ選び，記号で答えなさい。また，そう判断した理由を，避難地図の案から読み取れることをもとに書きなさい。 福岡県

記号[　　　　]

理由[　　　　]

身近な地域の防災

〈学級への提案課題〉

あなたは，略地図のaの都市の海水浴客向けの，避難地図を作成することになった。2011年3月の大災害をもとに，避難地図の案に避難方向を矢印で描くとき，最も適切なものを1つ選びなさい。

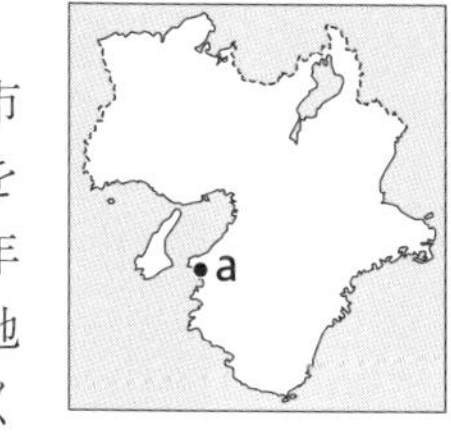

〈避難地図の案〉

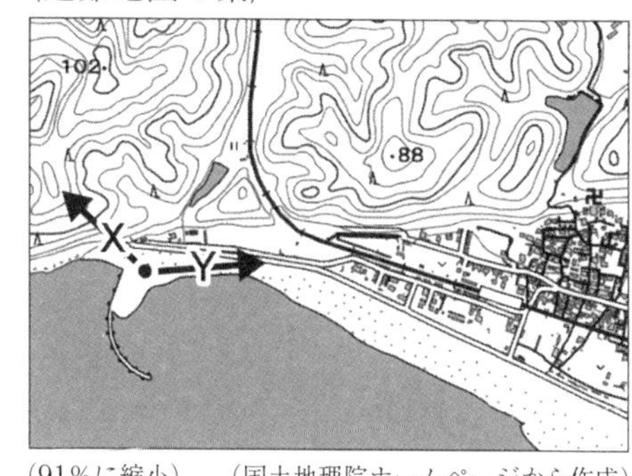

(91%に縮小)　(国土地理院ホームページから作成)

正答率 68.6% (2) 下は，中学生のAさんが右の**資料**を参考に自宅周辺の防災についてまとめたレポートです。Aさんのレポートを完成させなさい。ただし，Xには，←で示した経路ⓐか経路ⓘのいずれかを選択(せんたく)し，YにはAさんがそのように判断した理由として考えられることを**資料**から読み取って書きなさい。 鹿児島県

資料

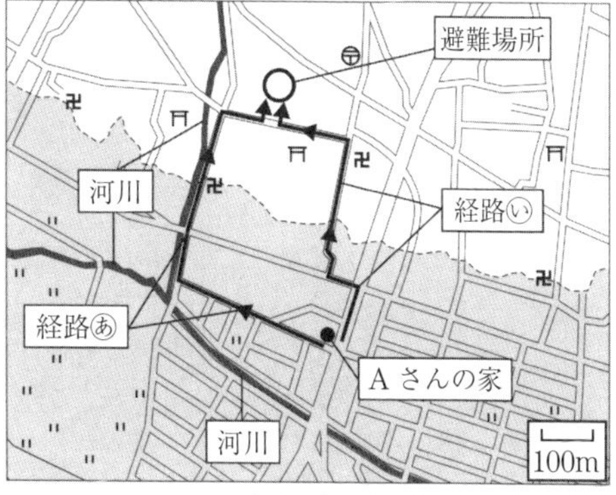

(国土地理院の資料などから作成)

X[　　　　]

Y[　　　　]

右上の**資料**の中には，洪水(こうずい)のときに浸水(しんすい)する可能性がある地域が示されており，これによると，私の家も浸水予想地域に含(ふく)まれています。大雨などにより洪水のおそれがあり避難場所に避難しなければならなくなったときの経路としては，この**資料**で考えると［X］を選ぶべきです。それは，［Y］からです。

※Aさんの家から経路ⓐ，経路ⓘを通って避難する際には，障害物や交通遮断(しゃだん)などはないものとして考えること。※**資料**中の----線は，浸水予想地域の境界線を示す。

次の地形図を見て，あとの問いに答えなさい。⮐2,3　沖縄県・改

（国土地理院電子地形図２万５千分の１「沖縄県内某所の地形図」を拡大して作成，一部改変）
（注：実際の試験で使われた地形図を 84％に縮小）

(1) 次の**ア**～**エ**は，地形図にみられる海岸や河川周辺の地形について説明しています。ここから読み取れる内容として，最も適当なものを**ア**～**エ**から１つ選び，記号で答えなさい。

ア 海岸線を見ると，埋め立て等で直線的に整備された人工の海岸があることがわかる。

イ 河川が，谷に土砂を堆積させた典型的な扇状地であり，中央部には果樹園があることがわかる。

ウ 張り出した岸壁が複雑な海岸線をつくるリアス海岸であり，いくつも港があることがわかる。

エ 河川の河口部に土砂が堆積し，大規模な三角州になっていることがわかる。

［　　　］

HIGH LEVEL (2) 土砂災害および高潮・洪水の危険を避けるため，地形図中の★印から全員を避難させる訓練を行う場合，地形図中①～④のいずれの地点に移動するのが最も適当であると考えられますか。適当な地点を１つ選び，番号で答えなさい。

［　　　］

出題率 45%

7 日本の姿

1 日本の位置と時差

1 日本の位置…ユーラシア大陸の**東**，**東経**約122〜154度，**北緯**約20〜46度
└世界最大の大陸

2 時差…標準時のずれ➡360度÷24時間＝15度➡**経度15度で1時間の時差**
└日本は兵庫県明石市を通る東経135度を標準時の基準としている

図・写真でつかむ！必出ポイント

▶日本と同緯度・同経度の地域

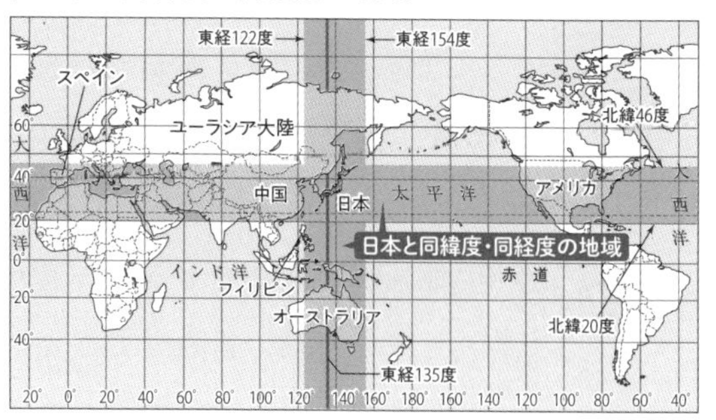

日本と同緯度にはアメリカや中国，スペインなど，日本と同経度にはフィリピンやオーストラリアなどがある。

2 国の領域

1 国の領域
①**領土**…国家の主権がおよぶ範囲の**陸地**の部分
②**領海**…国家の主権がおよぶ**海域**➡日本は海岸線から**12海里**
③**領空**…領土と領海の**上空**(大気圏内)

2 排他的経済水域…沿岸から**200海里**以内の海域。水産資源・鉱産資源は沿岸国が管理
└日本の場合は国土面積の約12倍　領海の外側┘

▶日本の端と排他的経済水域

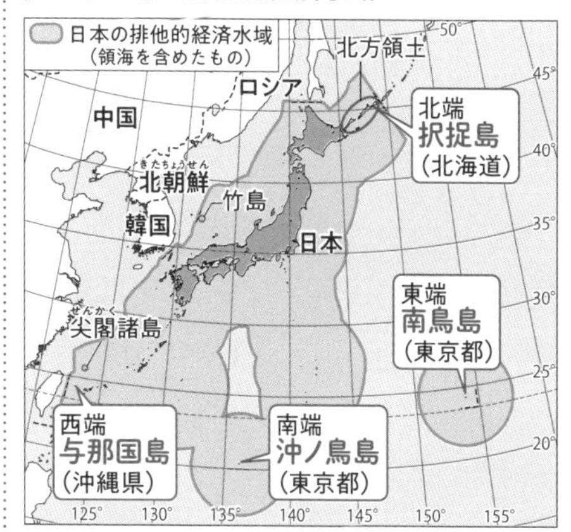

3 日本の領域

1 日本列島…**北海道・本州・四国・九州**と周辺の多くの島々⇨南北の長さ**約3000km**
└面積は約38万km²

2 日本の端…北端➡**択捉島**，南端➡**沖ノ鳥島**，東端➡南鳥島，西端➡**与那国島**
政府が護岸工事を行った┘

3 北方領土…1945年にソ連が占領し，ソ連解体後は**ロシア**が引き続き占拠している
└択捉島，国後島，色丹島，歯舞群島

4 竹島…日本固有の領土であるが**韓国**が不法に占拠

5 尖閣諸島…日本固有の領土に対して**中国**が領有を主張

4 日本の都道府県・地域区分

1 都道府県…1都，1道，2府，43県

2 7地方区分…**北海道**，**東北**，**関東**，**中部**，**近畿**，**中国・四国**，**九州地方**
└8地方区分のときは中国地方・四国地方と分ける

3 細かい地域区分…**中部地方**➡**北陸**・**中央高地**・**東海**，**中国・四国地方**➡**山陰**・**瀬戸内**・**南四国**
└日本海側　└内陸　└太平洋側　中国山地の南側は山陽とも呼ばれる┘

▶7地方区分

入試データ　時差についての問題がとくによく出る。

実戦トレーニング

➡ 解答･解説は別冊10ページ

1 次の問いに答えなさい。↱4

お急ぎ！

(1) 近畿(きんき)地方で海に面していない府県の数を，地図を参考に答えなさい。 鹿児島県

[　　　　　]

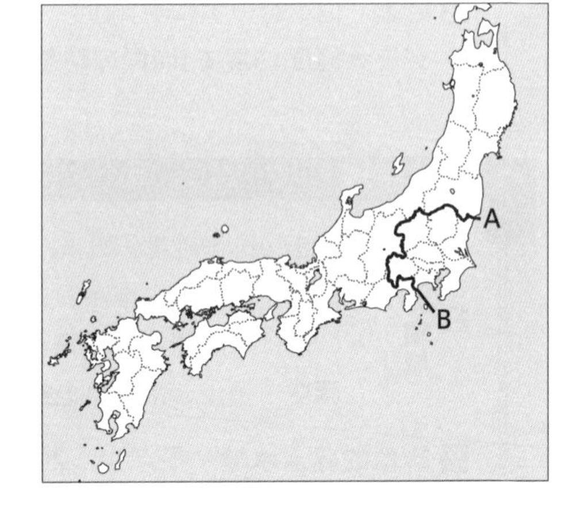

正答率 74.1％

(2) 地図中のAからBを結ぶ線(――)で接している県の組み合わせとして，正しいものを次のア～エから1つ選び，記号で答えなさい。 長崎県

ア 秋田県と新潟県

イ 山形県と埼玉県

ウ 宮城県と茨城県　　**エ** 福島県と栃木県

[　　　　　]

(3) 山梨県について述べた文として最も適当なものを，次の**ア**～**エ**から1つ選び，記号で答えなさい。 京都府

ア 日本海に面している。　　**イ** 7地方区分では関東地方に属している。

ウ 東京都に隣接(りんせつ)している。

エ 県庁所在地の都市名と県名が同じである。 [　　　　　]

(4) 次の地図**ア**～**ウ**のうち，日本を7地方区分で区分した場合，最も多くの地方が含(ふく)まれるのは，地図［　　］です。［　　］にあてはまる記号を答えなさい。 宮崎県

地図ア

地図イ

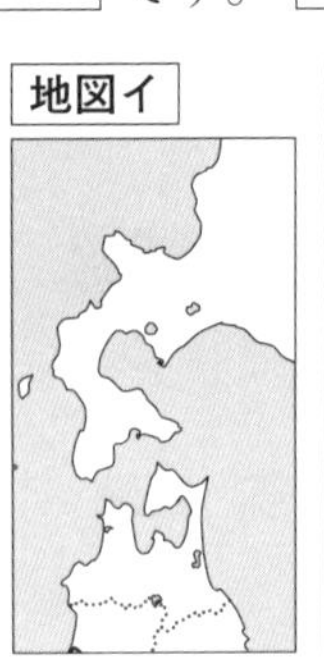

地図ウ

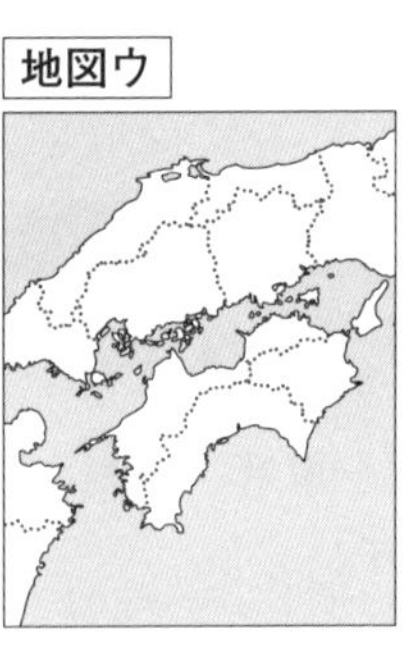

[　　　　　]

2 次の問いに答えなさい。 2, 3, 4

正答率 67.3%

(1) 右下の**資料Ⅰ**は，地図中のA～Dを含む日本の主な島の面積を示したものです。Bの島を，次の**ア**～**エ**から1つ選び，記号で答えなさい。 茨城県

ア 国後島(くなしりとう)　**イ** 択捉島(えとろふとう)
ウ 淡路島(あわじしま)　**エ** 佐渡島(さどしま)　[　　　]

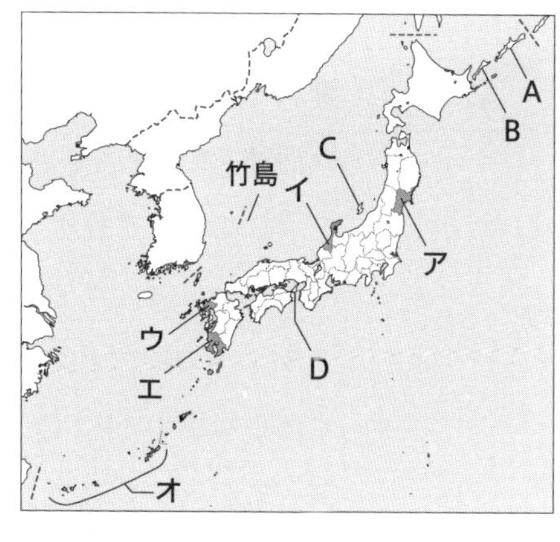

(2) 島根県の竹島(たけしま)は日本固有の領土ですが，韓国に不法に占拠(せんきょ)されています。関連した次の文が示す日本固有の領土を何というか，答えなさい。

> 北海道の択捉島，国後島，色丹島(しこたんとう)，歯舞群島(はぼまい)はロシアが不法に占拠している。日本はロシアに対して返還(へんかん)を求め続けているが，1992年からは「ビザなし交流」が始まり，日本人のもと島民やその家族と現島民のロシア人との相互(そうご)訪問が行われるようになった。

資料Ⅰ　日本の主な島の面積

島	面積(km²)
A	3167
B	1489
沖縄島	1208
C	855
大島(奄美大島(あまみおおしま))	712
対馬(つしま)	696
D	592

(2022年)　(2022/23年版「日本国勢図会」)

[　　　]

(3) 地図中の**ア**～**オ**について，県名と県庁所在地名が異なるものを，すべて選び，記号で答えなさい。 秋田県

[　　　]

(4) **資料Ⅱ**は，日本の南端(なんたん)に位置する島を表した写真です。これに関する次の問いに答えなさい。 静岡県

正答率 82.4%

① 日本の南端に位置する島の名称(めいしょう)を，次の**ア**～**エ**から1つ選び，記号で答えなさい。

ア 南鳥島(みなみとりしま)　**イ** 沖ノ鳥島(おきのとりしま)
ウ 与那国島(よなぐにじま)　**エ** 択捉島

資料Ⅱ

(毎日新聞社)

[　　　]

正答率 82.1%

② **資料Ⅱ**の島には護岸工事が施(ほどこ)され，領海の外側で，海岸線から200海里以内と定められた範囲(はんい)を確保しています。領海の外側で，海岸線から200海里以内と定められた，沿岸国が水産資源や鉱産資源を利用する権利をもつ範囲は何と呼ばれるか，その名称を書きなさい。 [　　　]

3 次の問いに答えなさい。 1,2,3

正答率 71.0%
(1) 資料Ⅰは，排他的経済水域の面積(領海を含む)について示したものであり，P，Q，Rには，日本，アメリカ，ブラジルのいずれかが当てはまります。P，Q，Rに当てはまる国の組み合わせとして正しいものを，次のア～エから1つ選び，記号で答えなさい。 栃木県

資料Ⅰ

国名	排他的経済水域の面積(万 km^2)	領土の面積を1とした場合の排他的経済水域の面積
P	762	0.78
Q	447	11.76
R	317	0.37

(「地理統計要覧」ほか)

ア P－日本　Q－アメリカ　R－ブラジル
イ P－日本　Q－ブラジル　R－アメリカ
ウ P－アメリカ　Q－日本　R－ブラジル
エ P－ブラジル　Q－日本　R－アメリカ
[　　　]

正答率 67.9%
(2) 資料Ⅱは，みさきさんが日本の国土と標準時についてまとめたノートの一部です。資料中のa～cに当てはまる言葉の組み合わせとして正しいものを，次のア～エから1つ選び，記号で答えなさい。 高知県

資料Ⅱ 【日本の国土と標準時について】
日本では，兵庫県明石市を通る東経 [a] の経線を基準として国内の時刻を定めている。日本の国土は，東西の経度の差が約 [b] あるため，国土の東端に位置する南鳥島の日の出の時刻は，国土の西端に位置する [c] の日の出よりも約2時間早い。

ア a－140度　b－30度　c－沖ノ鳥島
イ a－140度　b－15度　c－与那国島
ウ a－135度　b－30度　c－与那国島
エ a－135度　b－15度　c－沖ノ鳥島
[　　　]

正答率 83.8%
(3) 日本は，北海道，[　　]，四国，九州の面積の大きな4つの島と周辺の島々で構成されています。[　　] に当てはまる語を書きなさい。 秋田県
[　　　]

正答率 63.9%
(4) 日本の標準時子午線上に国土を有する国のうち，最も面積の大きい国の名称を書きなさい。 秋田県 [　　　]

4 次の問いに答えなさい。↩1

(1) 地図中のⓐは，ⓑと16時間の時差があります。ⓐの現地時間が8月3日午前10時のとき，ⓑの現地時間は何月何日何時であるかを，午前，午後の区別をつけて書きなさい。なお，サマータイム(夏に時間を標準時より一定時間進める制度)は考えないものとします。〔静岡県〕

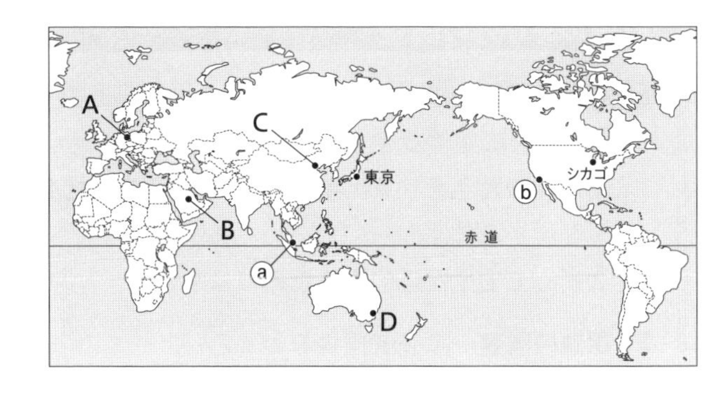

［　　　　　　　　　　　　　　　　　］

HIGH LEVEL (2) 右の**表**は，地図中の東京－シカゴ間の航空便の運航スケジュールで，経度は現地の標準時子午線，出発と到着は現地の時刻です。**表**のⅰ，ⅱと，これについて述べた右の文のⅲに入る語句の組み合わせとして適切なものを，次の**ア**～**カ**から1つ選び，記号で答えなさい。〔兵庫県〕

表

東京 東経 135度	出発 1月29日 午前10：40	所要時間 11時間55分 →	到着 1月29日 ⅰ	シカゴ 西経 90度
	到着 ⅱ 午後2：55	所要時間 13時間25分 ←	出発 1月31日 午前10：30	

この航空路は上空の ⅲ 風の影響(えいきょう)で，シカゴから東京に向かう方が所要時間が長くなる。

ア ⅰ－午前7時35分　ⅱ－2月1日　ⅲ－西
イ ⅰ－午前7時35分　ⅱ－1月30日　ⅲ－西
ウ ⅰ－午前7時35分　ⅱ－2月1日　ⅲ－東
エ ⅰ－午後1時35分　ⅱ－2月1日　ⅲ－東
オ ⅰ－午後1時35分　ⅱ－1月30日　ⅲ－西
カ ⅰ－午後1時35分　ⅱ－1月30日　ⅲ－東

［　　　］

(3) 東京が12月1日の正午のとき，12月1日の午前6時である都市は，地図中のA～Dのどれですか，記号で答えなさい。なお，日時は現地時間とします。〔栃木県〕

［　　　］

出題率 7%

8 地域のあり方

1 地域のあり方の調査

1 課題の把握…各地域の課題を振り返り，追究するテーマを決定する

①地域の特色をいかしながら，**持続可能な社会**を実現するには？
（持続可能な社会：現在・将来の両方の世代の必要性を満たす）

②安心で安全な町にするためには？

2 課題の調査…調査計画書をつくる

①テーマに対する**仮説**を立てる

②調査方法を考える…「何を，いつ，どこで，どのように」調査するか

③**野外調査**，**聞き取り調査**，**文献調査**

3 課題の要因の考察…課題が生まれた原因は何かを**考察**する

①調査結果を分析…地元の人の話や統計資料の中に，課題の要因をみつける

②類似した地域と比較…観光都市，工業都市など共通した特色の都市から探す
（観光都市：京都市・鎌倉市など）

2 課題の解決へ向けて

1 課題解決への構想…持続可能性の視点から将来の地域の姿を**構想**する

①多面的，多角的に考える…異なる立場の人々の利益・不利益を比較する

②類似した地域と比較…すでに解決に取り組んでいる地域があれば参考にする
（地方公共団体どうしで協力している例もみられる）

③議論…根拠を明確にして意見を出し合う

2 構想の成果を発表する…グラフや主題図を使って，レポートやポスターにまとめる。ホームページなどで社会へ向けて**提言**する

表でつかむ！ 必出ポイント

▶都市の課題と実際の対策

中心市街地	
課題	歩行者の数が減少（郊外の大型ショッピングセンターに買い物客が集中）
対策	コミュニティバスで郊外と結ぶ
郊外	
課題	住宅団地で高齢化，公共施設の老朽化・統廃合，交通弱者の増加
対策	コンビニエンスストアによる宅配サービス，乗り合いタクシーの活用

▶課題解決へ向けた構想

過度な観光客の集中（オーバーツーリズム）	
課題	観光地の偏りによる交通の混雑
構想	・外国語のパンフレットを作成して利用交通機関の分散を図る ・観光バス専用レーンの設置 ・車線を減らして歩道を広げる（歩いてめぐることの楽しみ） ・乗り換え案内をインターネットで提供 ・地元の人はパークアンドライドをすすめ自動車流入を抑制
多様な人々が集まる都市	
課題	自然災害が発生したときの混乱を予想
構想	・外国人観光客のための多言語の避難案内 ・障害のある人のためのユニバーサル避難所，福祉スペースの設置

▶類似した課題をもつ地域

テーマ	類似した地域
近畿地方…千里ニュータウンの老朽化と高齢化	関東地方…多摩ニュータウン
中国・四国地方…農山村の高齢化と後継者の不足	東北地方…伝統産業の後継者不足
中部地方…上高地の観光と自然保護の両立	北海道地方…知床の観光と自然保護の両立

入試データ 統計資料から読み取れる地域の課題とその解決策が問われる。

実戦トレーニング

➡解答・解説は別冊11ページ

次の問いに答えなさい。↩1, 2

お急ぎ！

HIGH LEVEL (1) 香奈さんは，北海道の農業の現状について調べる中で，北海道では，スマート農業を取り入れる農家が増えていることを知り，**資料Ⅰ～Ⅲ**を作成しました。スマート農業とは，ロボット技術や情報通信技術を活用して行う新たな農業のことです。北海道の農家が，スマート農業を導入する理由として考えられることを，**資料Ⅰ～Ⅲ**を参考にして，簡潔に述べなさい。 宮城県

[　　　　　　　　　　]

資料Ⅰ　北海道の自営農業従事者に占める65歳以上人口の割合と総農家数

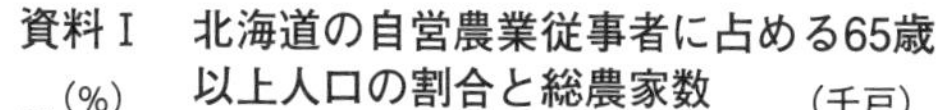

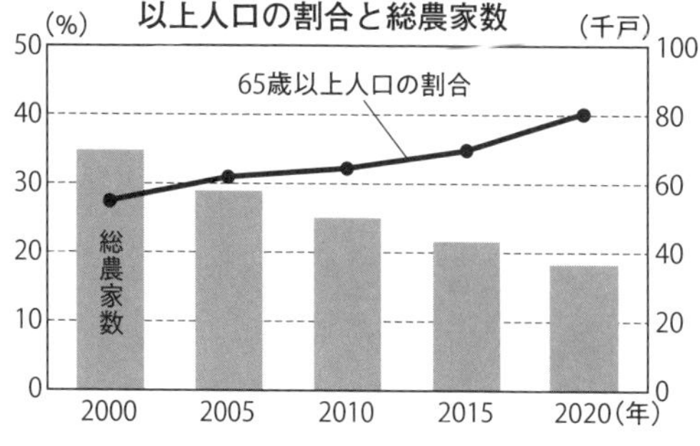

資料Ⅱ　1農業経営体あたりの経営耕地面積(2020年)

	北海道	全国平均 (北海道を除く)
経営耕地面積(ha)	30.6	2.2

(注)数値は各年2月1日現在のものであり，農業経営体とは，一定規模以上の農業を行う者である。

(資料Ⅰ，Ⅱともに「農林業センサス2020」ほか)

資料Ⅲ　北海道の農家が取り入れているスマート農業の技術例とその効果

	スマート農業の技術例	効果
稲作	人工衛星からの位置情報をもとに，農業機械を自動で運転するシステム	田植えなどの負担軽減と省力化
畑作	ドローンが計測した情報をもとに，肥料の散布量を自動で制御するシステム	肥料散布の省力化と効率化
畜産	時間に合わせて，牛舎内の牛の乳を自動でしぼる搾乳(さくにゅう)ロボット	搾乳の負担軽減と効率化

(「北海道スマート農業推進方針」)

(2) 2020年に沖縄を訪れた外国人旅行者の国・地域別の割合を表すとします。そのときに最も有効なグラフを，次の**ア～ウ**から1つ選び，記号で答えなさい。 沖縄県

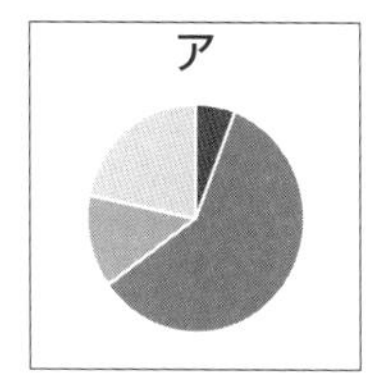

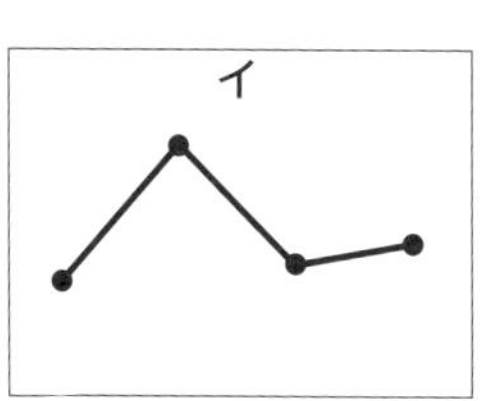

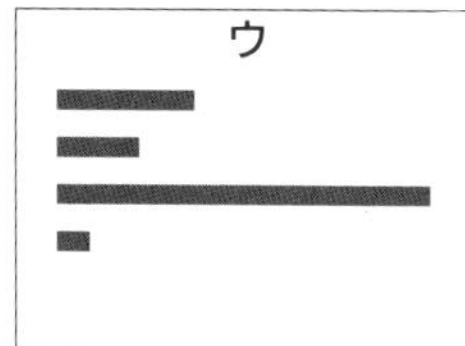

[　　　]

2 次の問いに答えなさい。⇨1,2

(1) 右は，優樹(ゆうき)さんが日本の様々な地域の特色について調べて作成したものです。次の文は，交通について，優樹さんが**主題図**と**グラフ**から立てた「問い」と「予想」です。この「予想」を確かめる調査項目として最も適切なものを，あとの**ア**～**エ**から1つ選び，記号で答えなさい。 福岡県

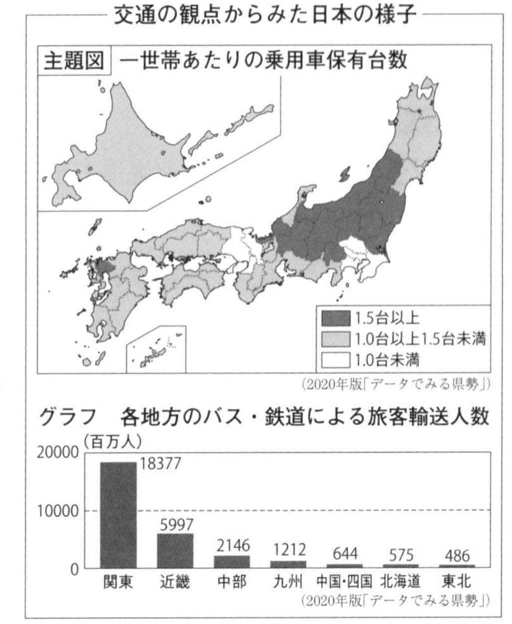

「問い」：なぜ，関東地方と近畿(きんき)地方には，一世帯あたりの乗用車保有台数が1.0台未満の都府県があるのだろう。

「予想」：**グラフ**から，関東地方と近畿地方は，他の地方と比べ，公共交通機関が発達しているのではないか。

ア $1km^2$ あたりの高速道路の実延長(km)

イ バス・鉄道路線の運賃

ウ $1km^2$ あたりのバス・鉄道路線の実延長(km)

エ 年間の観光客数

[　　　]

HIGH LEVEL (2) 太郎さんは，旅行中に立ち寄った馬路村(うまじむら)(高知県)に興味をもち，**資料Ⅰ，Ⅱ**を集めました。**資料Ⅰ，Ⅱ**から読み取れる，馬路村の課題と，地域おこしの特徴について，簡潔に書きなさい。 栃木県・改

資料Ⅰ　馬路村の人口と65歳以上の人口の割合の推移

	1990年	1995年	2000年	2005年	2010年	2015年
人口	1313人	1242人	1195人	1170人	1013人	823人
65歳以上の人口の割合	20.0%	24.9%	28.6%	32.9%	35.0%	39.4%

(馬路村ホームページほかより作成)

資料Ⅱ　馬路村の人々の主な取り組み

1990年	ゆずドリンクが「日本の101村展」で農産部門賞を受賞
2003年	ゆず加工品のCMが飲料メーカーの地域文化賞を受賞
2009年	農協が地元大学とゆずの種を用いた化粧(けしょう)品の共同研究を開始
2011年	地元大学との共同研究で開発した化粧品の販売開始

課題[　　　　　　　　　　]

特徴[　　　　　　　　　　]

3 次の問いに答えなさい。↩1, 2

HIGH LEVEL (1) 俊介さんは，地域の特産品を扱う地方自治体のアンテナショップが，東京都に多く出店されている理由について，**資料Ⅰ，Ⅱ**を使って，右下のように発表原稿をまとめました。**資料Ⅰ，Ⅱ**をもとに，［ア］，［イ］に入る適切な内容を書きなさい。〔宮崎県〕

資料Ⅰ　日本全体に占める三大都市圏の人口割合

(2021年)

東京圏（東京・埼玉・千葉・神奈川）27.3%
大阪圏（大阪・京都・兵庫・奈良）13.3%
名古屋圏（愛知・岐阜・三重）7.4%
（計48.0%）

（2022/23年版「日本国勢図会」ほか）

資料Ⅱ　宮崎県のアンテナショップ「新宿みやざき館KONNE（コンネ）」（東京都）

地域の特産品の宣伝や観光情報の提供のほか，試験販売を通じた市場調査などを行っている。

俊介さんの発表原稿（一部）

資料Ⅰ，Ⅱから，地方自治体のアンテナショップが東京都に多く出店されているのは，東京圏は三大都市圏の中で［ア］ため，地域の情報を効率よく発信できたり，消費者の［イ］ことができたりするなど，地域と東京圏を結びつける役割が期待されているからだと思います。

ア［　　　　］

イ［　　　　］

HIGH LEVEL (2) 太郎さんは，知床半島の斜里町を訪れた際に観光政策に興味をもち，**資料Ⅲ，Ⅳ**を作成しました。1980年代から1990年代にかけて知床半島においてどのような問題が生じたと考えられますか。また，知床半島の人々はその解決に向けてどのような取り組みをしてきたのか，**資料Ⅲ，Ⅳ**をふまえ，「両立」の語を用いてそれぞれ簡潔に書きなさい。〔栃木県〕

正答率 19.1%

資料Ⅲ　観光客数（斜里町）

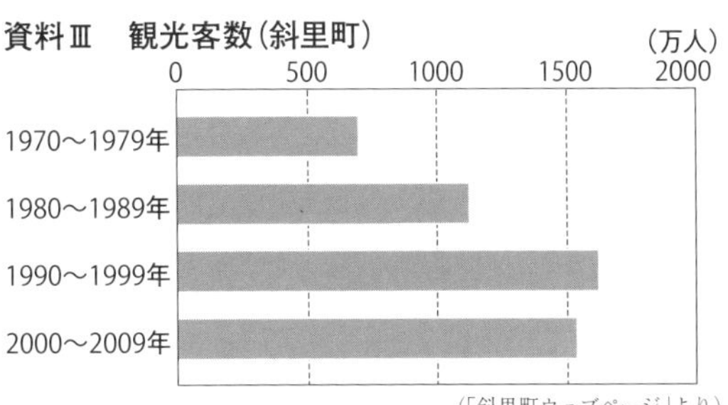

（「斜里町ウェブページ」より）

資料Ⅳ

1980年　知床横断道路開通
1999年　自動車の乗り入れ規制開始
2005年　世界自然遺産登録
2007年　知床エコツーリズムガイドライン策定

（「知床データセンターウェブページ」により作成）

［　　　　］

【地理】テーマ別用語ランキング

地理分野は，他の分野よりは少ないものの，地名や用語を書かせたり，選択させたりする問題が出題される。地名は，必ず位置も押さえておこう。

農産物・鉱産物

農産物・鉱産物(こうさん)では，その産物がよくとれる地域・地方や，日本の輸入先を押さえておこう。

1 鉄鉱石(てっこうせき)
2 小麦
3 石炭(せきたん)
4 とうもろこし
5 米

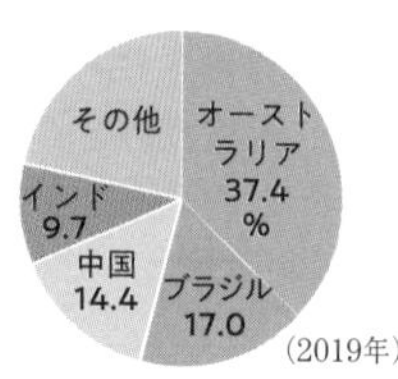

▲鉄鉱石の生産量の割合
（2022/23年版「世界国勢図会」）

都道府県

入試でよく問われている都道府県はココ！

1 静岡県
2 鹿児島県
3 岩手県
4 宮崎県
5 大阪府
6 愛知県
7 愛媛県

国名

国名は，国の自然や産業などの特色とともに位置を必ず押さえよう。

1 中国
2 アメリカ合衆国
3 オーストラリア
4 インド
5 ブラジル
6 フランス
7 ドイツ

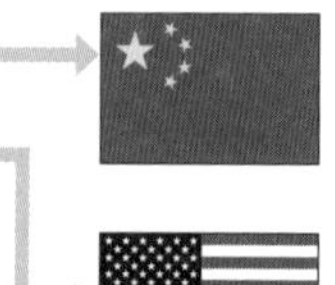

その他の用語

その他のよく出る用語をまとめて押さえよう。緯度(いど)・経度は図でチェックしておこう。

1 モノカルチャー経済
2 イスラム教
3 緯度・緯線
4 経度・経線
5 本初子午線(ほんしょしごせん)
6 赤道
7 排他的(はいたてき)経済水域
8 カルデラ
9 促成栽培(そくせいさいばい)
10 やませ

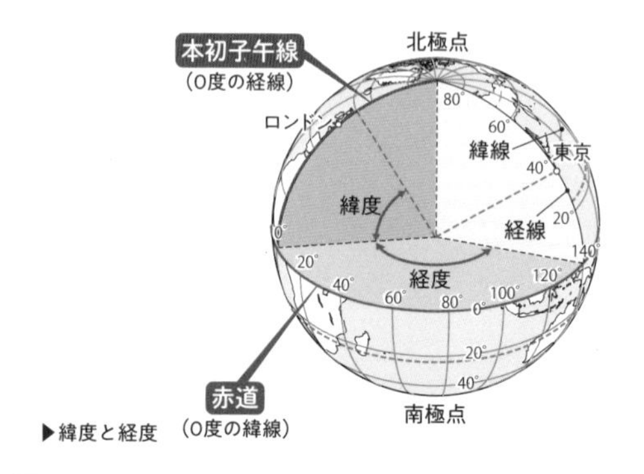

▶緯度と経度

自然地名

自然地名も，位置を押さえておくことが大切。

1 三大洋
2 六大陸
3 日本アルプス
4 アンデス山脈
5 利根川(とね)
6 奥羽山脈(おうう)

▶六大陸と三大洋

歴史分野

弱点チェック

次の問題を解いて，
自分の弱点項目をみつけよう！

➡解答・解説は別冊12ページ

1 近世の日本

- ☐ ① 免罪符の販売に抗議して，ドイツで宗教改革を始めたのは誰？ [ ]
- ☐ ② アフリカ南端を回ってインドに着く航路を開いた航海者は誰？ [ ]
- ☐ ③ 1549年に，日本にキリスト教を伝えたのは誰？ [ ]
- ☐ ④ 織田信長が行った，市場の税を免除し，座の特権を廃止した政策は？ [ ]
- ☐ ⑤ 豊臣秀吉が，百姓や寺社から武器を取り上げた政策を何という？ [ ]
- ☐ ⑥ 1603年に江戸幕府を開いたのは誰？ [ ]
- ☐ ⑦ 大名が，江戸と領地を1年おきに往復する制度を何という？ [ ]
- ☐ ⑧ 元禄文化が栄えたころ，木版画による浮世絵を始めたのは誰？ [ ]
- ☐ ⑨ 杉田玄白らがオランダ語の解剖書を翻訳して出した本を何という？ [ ]
- ☐ ⑩ 寛政の改革を行ったのは誰？ [ ]
- ☐ ⑪ 水野忠邦が天保の改革で解散を命じた商人の組織を何という？ [ ]

2 古代までの日本

- ☐ ① メソポタミア文明で使われた文字を何という？ [ ]
- ☐ ② 新石器時代に使われるようになった，表面が磨かれた石器は何？ [ ]
- ☐ ③ 弥生時代に，収穫した稲などの保存に使われた建物を何という？ [ ]
- ☐ ④ 魏に使いを送った邪馬台国の女王は誰？ [ ]
- ☐ ⑤ 聖徳太子が，役人の守るべき心構えを示したものを何という？ [ ]
- ☐ ⑥ 中大兄皇子・中臣鎌足らが蘇我氏を倒して始めた改革を何という？ [ ]
- ☐ ⑦ 701年，唐の律令にならってつくられた法令を何という？ [ ]
- ☐ ⑧ 新しく開墾した土地の永久私有を認めた法令を何という？ [ ]
- ☐ ⑨ 国ごとに国分寺・国分尼寺を，都に東大寺を建てさせた天皇は誰？ [ ]
- ☐ ⑩ 藤原氏が摂政・関白を独占して行った政治を何という？ [ ]
- ☐ ⑪「源氏物語」を著したのは誰？ [ ]

3 開国と近代日本のあゆみ

- ☐ ① 1789年にフランスの国民議会が出した宣言を何という？ [ ]
- ☐ ② 1861年にアメリカで起こった内戦を何という？ [ ]
- ☐ ③ 1854年，幕府がペリーとの間で結んだ条約を何という？ [ ]
- ☐ ④ 明治新政府が，藩を廃止して府と県を置いた政策を何という？ [ ]
- ☐ ⑤ 欧米の文化により，伝統的な生活が変化したことを何という？ [ ]
- ☐ ⑥ 大日本帝国憲法の草案作成の中心となったのは誰？ [ ]
- ☐ ⑦ 日清戦争の講和条約を何という？ [ ]
- ☐ ⑧ 1901年に開業した，日本の重工業発展の基礎となった官営工場は？ [ ]

4 中世の日本

- ① 白河天皇が上皇となったあとも実権を握り行った政治を何という？ [　　　]
- ② 平治の乱に勝って政治の実権を握った武士は誰？ [　　　]
- ③ 本格的な武士の政権である鎌倉幕府を開いたのは誰？ [　　　]
- ④ 北条泰時が，御家人に対して裁判の基準を示すために制定した法は？ [　　　]
- ⑤ 浄土真宗を開いたのは誰？ [　　　]
- ⑥ モンゴルの襲来(元寇)のときの鎌倉幕府の執権は誰？ [　　　]
- ⑦ 日明貿易で，倭寇と貿易船とを区別するために使われた証明書は何？ [　　　]
- ⑧ 1467 年から，京都を中心に約 11 年間続いた戦乱を何という？ [　　　]

5 二度の世界大戦と日本

- ① 1914 年，サラエボ事件がきっかけで起こった戦争を何という？ [　　　]
- ② 1918 年，米の急激な値上がりに対し富山県から起こったできごとは？ [　　　]
- ③ アメリカで株価が大暴落し，世界に広がった不況を何という？ [　　　]
- ④ 関東軍が南満州鉄道を爆破して始めた軍事行動を何という？ [　　　]
- ⑤ 犬養毅首相が海軍の将校らに暗殺された事件を何という？ [　　　]
- ⑥ 1939 年，ドイツのポーランド侵攻で始まった戦争を何という？ [　　　]
- ⑦ 1945 年，日本は何という宣言を受諾して降伏した？ [　　　]

6 現代の日本と私たち

- ① 1945 年の選挙法改正で，満何歳以上の男女に選挙権が与えられた？ [　　　]
- ② 国際連合の中心機関で，常任理事国が拒否権を持つ理事会は何？ [　　　]
- ③ 米ソを中心とする東西両陣営の厳しい対立を何という？ [　　　]
- ④ 1951 年，日本は何という条約を結んで翌年に独立を回復した？ [　　　]
- ⑤ 1950 年代～1970 年代の日本のめざましい経済成長を何という？ [　　　]
- ⑥ 1989 年にベルリンの壁がこわされ，まもなく統一を達成した国は？ [　　　]
- ⑦ 近年起こっている，地球の気温が上昇する地球環境問題は何？ [　　　]

弱点チェックシート

正解した問題の数だけ塗りつぶそう。
正解の少ない項目があなたの弱点部分だ。

弱点項目から取り組む人は，このページへGO!

1	近世の日本	1	2	3	4	5	6	7	8	9	10	11	→ 62 ページ
2	古代までの日本	1	2	3	4	5	6	7	8	9	10	11	→ 70 ページ
3	開国と近代日本のあゆみ	1	2	3	4	5	6	7	8				→ 78 ページ
4	中世の日本	1	2	3	4	5	6	7	8				→ 86 ページ
5	二度の世界大戦と日本	1	2	3	4	5	6	7					→ 93 ページ
6	現代の日本と私たち	1	2	3	4	5	6	7					→ 100 ページ

出題率 94%

1 近世の日本

1 ヨーロッパ世界の拡大

1 十字軍…聖地エルサレムの奪回を目指す
└ローマ教皇の呼びかけ

2 ルネサンス(文芸復興)…14世紀イタリアで発生
└古代ギリシャ・ローマ文化の復興

3 新航路の開拓…コロンブス，バスコ＝ダ＝ガマ，マゼランの船隊
西インド諸島へ到達┘ └インドに到達 └世界一周を達成

4 宗教改革…**ルター**ら➡プロテスタント
└抗議する者

2 ヨーロッパ人の来航

1 鉄砲の伝来…**ポルトガル人**が**種子島**に伝える

2 キリスト教の伝来(1549年)…**フランシスコ＝ザビエル**が鹿児島に➡**南蛮貿易**，キリシタン大名

3 織田信長・豊臣秀吉の全国統一

1 織田信長…安土城，**楽市・楽座**，仏教勢力弾圧
キリスト教は保護┘

2 豊臣秀吉…大阪城，**太閤検地**，**刀狩**，**朝鮮侵略**
└バテレン追放令

4 江戸幕府の政治と鎖国

1 江戸幕府の成立…1600年，**関ヶ原の戦い**➡1603年，**徳川家康**が**江戸幕府**を開く
豊臣方の石田三成らを破る┘

2 社会…**武士**＝支配階級➡**武家諸法度**，**参勤交代**で統制，**百姓**＝年貢を納める➡**五人組**
1615年に制定┘ 年貢の納入や犯罪防止に連帯責任┘

3 鎖国…**朱印船貿易**➡禁教，貿易を**長崎**に限定
オランダ商館┘

5 産業と都市の発達

1 農業…**商品作物**の栽培，肥料に干鰯，農具の発達

2 商業…**株仲間**の結成，両替商
商人の同業者組織(組合)┘

6 幕府政治の動き

1 徳川綱吉…生類憐みの令，貨幣の改悪

2 徳川吉宗(享保の改革)…**公事方御定書**，目安箱

3 田沼意次…**株仲間**，長崎貿易の奨励

4 松平定信(寛政の改革)…**朱子学**重視，米の備蓄

表・写真でつかむ！必出ポイント

▶16世紀ごろの世界

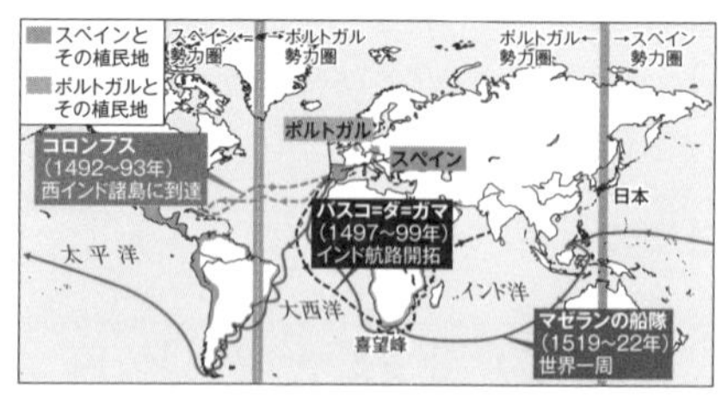

ヨーロッパの人々は，アジアの産物を直接手に入れるため，地中海を通らない新しい航路を開拓し，海外進出を進めた。

▶桃山文化

特色	新興の大名や大商人の気風を反映した豪華で壮大な文化
建物	大阪城，姫路城(天守閣)
絵画	濃絵(ふすま絵，屏風絵)＝狩野永徳「唐獅子図屏風」
その他	千利休＝茶道，わび茶を完成 出雲の阿国＝かぶき踊り

▶主な大名の配置(1664年)

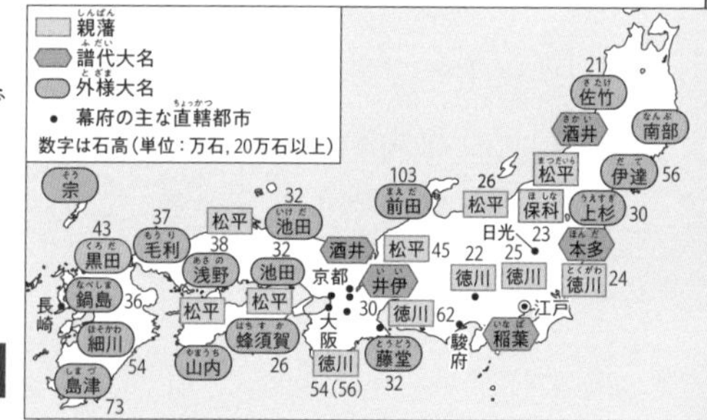

親藩は徳川氏の一族，譜代大名は古くから徳川氏に従っていた大名，外様大名は関ヶ原の戦いのころから徳川氏に従った大名。

▶元禄文化と化政文化

元禄文化		化政文化
井原西鶴，松尾芭蕉など	文学	十返舎一九，与謝蕪村など
菱川師宣(浮世絵)など	絵画	喜多川歌麿，歌川(安藤)広重，葛飾北斎など

入試データ 戦国大名や将軍，老中の政策が宗教や貿易との関連で問われる。

実戦トレーニング

➡解答・解説は別冊12ページ

右の年表を見て，次の問いに答えなさい。 1,2,3,4,6　静岡県・改

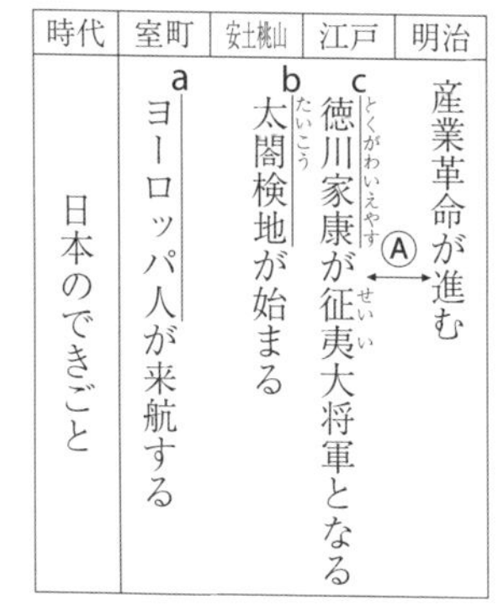

時代	室町	安土桃山	江戸	明治
日本のできごと	a ヨーロッパ人が来航する	b 太閤検地が始まる	c 徳川家康が征夷大将軍となる ←Ⓐ→	産業革命が進む

(1) 右下の**資料**は，傍線部aなどの来航の様子が描かれたものです。**資料**に関する次の問いに答えなさい。

正答率 78.4%

① **資料**に描かれている傍線部aの多くは，ポルトガル人やスペイン人です。16世紀から17世紀にかけて来日したポルトガル人やスペイン人と，日本人との間で行われた貿易は何と呼ばれるか，その名称を書きなさい。

[　　　　　]

正答率 35.6%

② **資料**には，宣教師が描かれています。1549年に来日したザビエル以降，イエズス会の宣教師が次々と来日しました。ポルトガルがイエズス会の海外布教を支援した理由を，宗教改革の影響がわかるように，簡単に書きなさい。

[　　　　　　　　　　　　　　　　]

資料

南蛮屏風（右隻）（部分）
(Kobe City Museum / DNP artcom)

正答率 89.5%

(2) 豊臣秀吉は，傍線部bなどを行い，兵農分離を進めました。兵農分離を進めるために，豊臣秀吉が行った，農民などから武器を取り上げた政策は何と呼ばれるか，その名称を書きなさい。

[　　　　　]

(3) 傍線部cが開いた江戸幕府について，大名は幕府から領地を与えられ，その領地を支配しました。大名が，江戸幕府から与えられた領地は何と呼ばれるか，その名称を書きなさい。

[　　　　　]

(4) 次の**ア**～**ウ**は，年表中のⒶの期間に起こったできごとについて述べた文です。**ア**～**ウ**を時代の古い順に並べ，記号で答えなさい。

ア 田沼意次は，商工業者が株仲間をつくることを奨励した。
イ 徳川綱吉は，極端な動物愛護政策である生類憐みの令を出した。
ウ 井伊直弼は，幕府の政策に反対する大名や公家などを処罰した。

[　　→　　→　　]

2 お急ぎ！

光司さんは,「各時代の代表的な建築物」を下の**表**にまとめました。これを見て，次の問いに答えなさい。 3, 4

正答率 73.0%

(1) 下線部 a の人物について述べた文として最も適当なものを，次の**ア**～**エ**から1つ選び，記号で答えなさい。 岡山県

表

建築物	説明
安土城	a 織田信長が築き，拠点とした。雄大な天守(天守閣)をそなえており，内部は [X] らによる障壁画(屏風絵など)でかざられた。
姫路城	3重の堀があるなど，簡単に攻められないように複雑な構造をもっている。b 江戸時代の間には，何度か城主の交代があった。

ア 物価の急激な上昇をおさえるため，株仲間を解散させた。

イ 国ごとに守護を，荘園や公領ごとに地頭を置くことを朝廷に認めさせた。

ウ ものさしやますなどを統一し，同じ基準による検地を全国で実施した。

エ 自由な交通を可能にするため，征服地の関所の廃止を進めた。

[　　　　]

(2) 右の絵は，[X] が描いた屏風絵の一部であり，[Y] 文化を代表する作品の1つです。X，Y にそれぞれ当てはまる言葉の組み合わせとして適当なものを，次の**ア**～**エ**から1つ選び，記号で答えなさい。 愛媛県・改

(宮内庁三の丸尚蔵館)

ア X－雪舟　Y－東山

イ X－狩野永徳　Y－東山

ウ X－雪舟　Y－桃山　　**エ** X－狩野永徳　Y－桃山　[　　　　]

(3) 下線部 b について，光司さんは，江戸時代の建築物について調べる中で，右のような法令の**資料**を見つけました。**資料**の [　　] には，城に関わる内容が書かれています。この法令が出された目的に基づいて，[　　] に当てはまる適当な内容を書きなさい。 岡山県

資料

一　学問と武道にひたすらはげむようにせよ。
一　[　　　　　　　　　　　　]
一　幕府の許可がなく，かってに結婚してはいけない。
一　大名が自分の領地と江戸とを交代で住むように定める。
一　500石以上積める船をつくることを禁止する。
(注)1615年，1635年に出された法令の抜粋，要約。

[　　　　　　　　　　　　　　　　　　　　]

3

右の世界地図を見て，15世紀～17世紀ごろのできごとに関する次の問いに答えなさい。↩1, 4

兵庫県

(1) Aは航路，B，Cはある国の支配領域を示しています。ヨーロッパで初めてAの航路を開拓（かいたく）した国と人物名，また，その国が支配した領域の組み合わせとして適切なものを，次の**ア**～**カ**から1つ選び，記号で答えなさい。

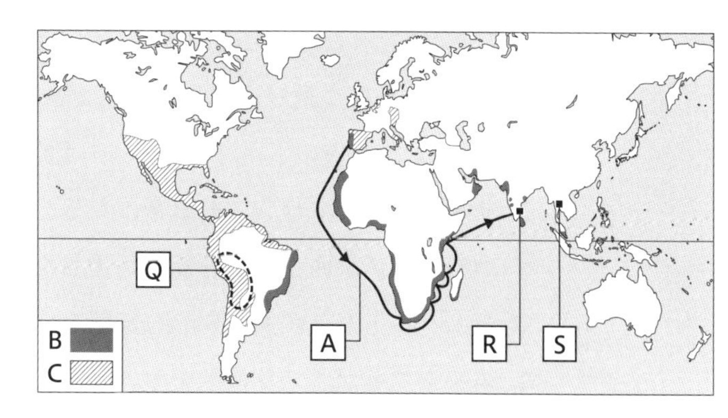

ア スペイン－コロンブス，B　　**イ** スペイン－コロンブス，C

ウ ポルトガル－コロンブス，B　　**エ** スペイン－バスコ＝ダ＝ガマ，C

オ ポルトガル－バスコ＝ダ＝ガマ，B

カ ポルトガル－バスコ＝ダ＝ガマ，C　　[　　]

正答率 77.8%

(2) このころのヨーロッパの様子を説明した右の文中のⅰ，ⅱに入る語句の組み合わせとして適切なものを，次の**ア**～**エ**から1つ選び，記号で答えなさい。

> 教皇が免罪符（めんざいふ）(贖宥状（しょくゆうじょう）)を売り出すと，ドイツの［ⅰ］はこれを批判して宗教改革を始めた。カトリック教会はこれに対抗し，その中心となったイエズス会は［ⅱ］などの宣教師を海外へ派遣（はけん）した。

ア ⅰ－ルター　ⅱ－ザビエル

イ ⅰ－ルター　ⅱ－シーボルト

ウ ⅰ－クロムウェル　ⅱ－ザビエル

エ ⅰ－クロムウェル　ⅱ－シーボルト　　[　　]

(3) このころ，世界経済に影響（えいきょう）を与えたQの地域の産物として適切なものを，次の**ア**～**エ**から1つ選び，記号で答えなさい。

ア 茶　**イ** 銀　**ウ** 陶磁器（とうじき）　**エ** 綿織物　　[　　]

正答率 62.9%

(4) 地図中のR，Sは町を示しています。17世紀前半に行われた朱印船（しゅいんせん）貿易における主な輸入品と日本人が居住した日本町の組み合わせとして適切なものを，次の**ア**～**エ**から1つ選び，記号で答えなさい。

ア 生糸（きいと）－R　**イ** 生糸－S

ウ 俵物（たわらもの）－R　**エ** 俵物－S　　[　　]

4 次の問いに答えなさい。 ⮐1,4,6

(1) 右の年表中のXの期間における世界のできごとについて述べたものとして，正しいものを次のア～エから1つ選び，記号で答えなさい。 長崎県・改

年	できごと
1404	日明貿易が始まる
	↕X
1582	天正遣欧使節が派遣される

ア ナポレオンがフランスの皇帝になった。
イ コロンブスが西インド諸島に到達した。
ウ フビライ・ハンが大都(北京)に都を移した。
エ ムハンマドがイスラム教をおこした。 [　　　]

(2) **資料Ⅰ**は，江戸時代における長崎の出島を描いたものです。これを見て，次の問いに答えなさい。 長崎県

① 出島には，ポルトガル船の来航が禁止されたあと，平戸で貿易を行っていたヨーロッパのある国の商館が移されました。その国名を書きなさい。 [　　　]

資料Ⅰ

(長崎歴史文化博物館)

② 江戸時代における長崎での貿易に関して述べた次のA，Bの文の正誤の組み合わせとして，正しいものをあとの**ア**～**エ**から1つ選び，記号で答えなさい。
A 新井白石は貿易を制限し，金銀の海外流出をおさえた。
B 田沼意次は貿易を積極的にすすめ，海産物の輸出を促した。

ア A－正　B－正　　**イ** A－正　B－誤
ウ A－誤　B－正　　**エ** A－誤　B－誤 [　　　]

(3) 朝鮮との外交について，**資料Ⅱ**の使節は，主にどのようなときに派遣されたか，次の語を用いて書きなさい。 秋田県・改

将軍

[　　　　　　　　　　]

資料Ⅱ　江戸時代の朝鮮通信使

朝鮮通信使来朝図(部分)
(Kobe City Museum / DNP artcom)

5 右の年表を見て，次の問いに答えなさい。 ➡1, 3, 6

鹿児島県

世紀	主なできごと
14	京都の室町に御所を建てた足利義満が南北朝を統一する……A
16	大阪城を築いて本拠地とした a 豊臣秀吉が全国を統一する….B
18	天明のききんがおこって，b 百姓一揆や打ちこわしが急増した

正答率 76.9%

(1) 下線部 a に関して，豊臣秀吉に仕え，わび茶の作法を完成させたのは誰ですか。

[　　　　]

(2) A と B の間の時期に起こった世界のできごととして，最も適当なものを次の**ア**～**エ**から 1 つ選び，記号で答えなさい。

ア ルターが宗教改革を始めた。

イ アメリカ独立戦争が起こった。

ウ ムハンマドがイスラム教をおこした。

エ 高麗（コリョ）が朝鮮半島を統一した。

[　　　　]

HIGH LEVEL

正答率 61.5%

(3) b に関して，次の文の [　　] に適する言葉を補い，これを完成させなさい。

資料Ⅰ

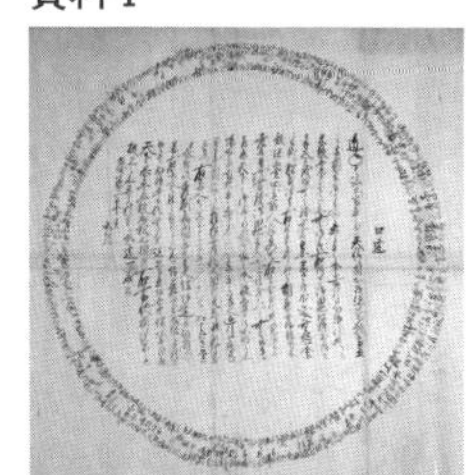

（福島県歴史史料館収蔵／菫澤家文書）

> **資料Ⅰ**は，江戸時代の百姓一揆の参加者が署名した，からかさ連判状である。参加者が円形に名前を記したのは， ためであったといわれている。

[　　　　　　　　　　]

(4) 江戸時代に描かれた**資料Ⅱ**について述べた次の文の X，Y に当てはまる語句の組み合わせとして最も適当なものを，あとの**ア**～**エ**から 1 つ選び，記号で答えなさい。

資料Ⅱ

（ColBase）

> この作品は [X] が描いた [Y] を代表する風景画であり，ヨーロッパの絵画に大きな影響を与えた。

ア X－尾形光琳　Y－元禄文化　　**イ** X－葛飾北斎　Y－元禄文化

ウ X－尾形光琳　Y－化政文化　　**エ** X－葛飾北斎　Y－化政文化

[　　　　]

6

下の**メモ**は，ある中学生が，日本と中国の関わりの歴史を年代の古い順にまとめたものです。これを見て，次の問いに答えなさい。➡1，4，5，6　長崎県・改

(1) Rの期間における世界のできごとについて述べたものとして，正しいものを次の**ア**～**エ**から1つ選び，記号で答えなさい。

メモ

・元が二度にわたり日本を攻(せ)める。
↕R
・中国船に乗ったポルトガル人が種子島(たねがしま)に鉄砲(てっぽう)を伝える。
↕S
・清(しん)がアヘン戦争で敗れたという情報が日本に伝わる。

ア　アメリカで独立宣言が発表された。
イ　ハンムラビ王が法典を整えた。
ウ　コロンブスが西インド諸島に到達(とうたつ)した。　［　　　］
エ　ヨーロッパで初めて十字軍が組織された。

HIGH LEVEL 正答率29.5％ 正答率21.4％

(2) 次の文は，Sの期間に制作された右の**資料**について，かすみさんとまさおさんの間で交わされた会話の一部です。文の［T］に当てはまる内容を簡潔に書きなさい。また，［U］に当てはまる人物名を書きなさい。

資料

（国立国会図書館）

かすみ：資料は「解体新書(かいたいしんしょ)」の扉絵(とびらえ)だね。「解体新書」はオランダ語で書かれた医学書を翻訳(ほんやく)したものだよ。
まさお：オランダ語で西洋の学問や文化を学ぶことを蘭学(らんがく)といったけど，当時，なぜオランダ語で学んだのだろうか。
かすみ：それは江戸(えど)幕府が［T］からだよ。
まさお：なるほど。19世紀には長崎のオランダ商館の医者である［U］が医学塾を開いたようだね。
かすみ：鳴滝塾(なるたきじゅく)だね。人々が医学を学ぶために長崎に集まってきたよ。

T［　　　　　　　　　　］　U［　　　　　］

正答率61.0％

(3) 江戸時代の社会の様子に関して述べた次のA，Bの文の正誤の組み合わせとして，正しいものを右の**ア**～**エ**から1つ選び，記号で答えなさい。

A　進んだ技術や道具が各地の農村に広まり，備中(びっちゅう)ぐわや千歯(せんば)こきが使用された。
B　商業の中心地である江戸は「天下の台所」と呼ばれ，多くの人々が暮らした。

ア　A－正　B－正
イ　A－正　B－誤
ウ　A－誤　B－正
エ　A－誤　B－誤　［　　　］

7 次の問いに答えなさい。↩4,5,6

HIGH LEVEL (1) 江戸幕府の５代将軍の徳川綱吉は，寺院建設や金銀の減少などによる幕府財政への影響を考慮して，貨幣をつくり直しました。これについて，徳川綱吉の時代には，どのような小判がつくられたか，**資料Ⅰ**を参考にして，簡潔に書きなさい。 群馬県・改

資料Ⅰ　小判に含まれる金の割合

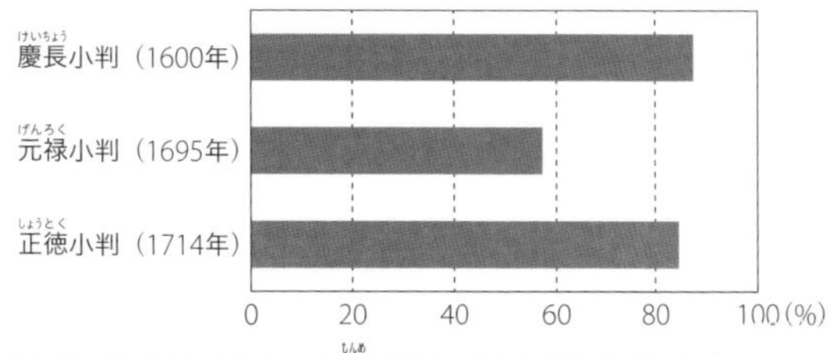

※小判の重さはいずれも4.76匁である。（1匁は約3.75グラム。）
※（　）は使用開始の年を示す。

（「国史大辞典」）

[　　　　　　　　　　　　　　　　　　　　]

(2) 花子さんは，政治と人々のくらしを右のカードにまとめました。次の問いに答えなさい。 福岡県

近世：
○幕府による大名支配のしくみが整えられた。
○（ X ）

① 花子さんは，下線部に関する右下の**資料Ⅱ**を作成しました。**資料Ⅱ**と最も関係が深い制度を何というか，語句で答えなさい。

[　　　　　　　]

資料Ⅱ　福岡藩の総支出の内訳（1773年）

16.3%　26.8　56.9

0　20　40　60　80　100(%)

■ 領地と江戸の往復にかかる費用
□ 江戸での滞在にかかる費用
□ その他の費用

（「福岡県史」）

HIGH LEVEL ② 花子さんは，**資料Ⅲ**をもとに，カードの（ X ）に農村の変化をまとめました。（ X ）に当てはまる内容を下の書き出しで，「商品作物」と「購入」の語句を使って書きなさい。

[自給自足に近い生活から，　　　　　　　　　　]

資料Ⅲ　近世の農村の様子

○百姓は，菜種をつくり，それを売って肥料代などにあてるのである。
○百姓も，日ごろの買い物は，銭で支払いをすませるようになった。

（大蔵永常「広益国産考」，荻生徂徠「政談」から作成）

HIGH LEVEL (3) 江戸時代に船による運送がさかんになった理由の１つとして考えられることを，**資料Ⅳ**から読み取れることをもとに，運送の効率にふれて，簡潔に書きなさい。 長野県・改

資料Ⅳ　米の運送方法の比較

	運送方法	作業人数(人)	運送量(俵)
陸	馬(1頭)	1	2
河川	川船(1隻)	4	200
海	廻船(1隻)	16	2500

（「山形県史」等より作成）

[　　　　　　　　　　　　　　　　　　　　]

2 古代までの日本

1 古代文明のおこり

1 石器の時代…旧石器時代➡新石器時代
（旧石器時代：打製石器／新石器時代：磨製石器）

2 金属器の時代…青銅器➡鉄器

3 古代文明…**メソポタミア文明**，**エジプト文明**，**インダス文明**，**中国文明**　**仏教**，**儒学**
（メソポタミア文明：くさび形文字／エジプト文明：象形文字（神聖文字）／インダス文明：モヘンジョ・ダロ／中国文明：甲骨文字／仏教：シャカ(釈迦)／儒学：孔子）

2 日本の成り立ち(旧石器時代～弥生時代)

1 旧石器時代…大型動物の狩り，採集

2 縄文時代…狩り・漁・採集，**貝塚**，**たて穴住居**
（縄文時代：縄文土器）

3 弥生時代…**稲作**，金属器，**高床倉庫**
（弥生時代：弥生土器／稲作：石包丁／金属器：銅鐸・銅鏡などの青銅器と鉄器）

4 中国との関係…**奴国**の王が漢へ使い，**邪馬台国**の**卑弥呼**が魏へ使い
（奴国の王：「漢委奴国王」の金印／魏へ使い：「魏志倭人伝」に記述）

3 大王の時代

1 大和政権…**大王**を中心に豪族が連合
（大和政権：ヤマト王権）

2 古墳文化…**前方後円墳**，**埴輪**，**渡来人**が須恵器・漢字・儒学などを伝える

4 飛鳥時代～奈良時代

1 聖徳太子…**冠位十二階**，**十七条の憲法**，**遣隋使**
（聖徳太子：厩戸皇子(うまやどのおうじ)／遣隋使：小野妹子）

2 中大兄皇子…**大化の改新**，**白村江の戦い**
（中大兄皇子：のちの天智天皇／大化の改新：公地・公民）

3 天武天皇…**壬申の乱**に勝利，律令国家の建設

4 大宝律令…中央に二官八省，地方に国・郡・里
（大宝律令：平城京に都／国：国司を派遣）

5 土地政策…**班田収授法**，**墾田永年私財法**
（班田収授法：口分田を支給／墾田永年私財法：荘園が発生）

6 聖武天皇…**東大寺**とその大仏，**国分寺**を建立

5 平安時代

1 平安京…**桓武天皇**が政治の立て直し
（桓武天皇：坂上田村麻呂を派遣し蝦夷を平定）

2 仏教…**最澄**の**天台宗**，**空海**の**真言宗**，のち**浄土信仰**が広まる(**平等院鳳凰堂**)
（平等院鳳凰堂：藤原頼通）

3 摂関政治…**藤原氏**が**摂政**・**関白**として権力を握る

表・写真でつかむ！必出ポイント

▶飛鳥～平安時代の流れ

年	できごと
593	聖徳太子が摂政となる
645	大化の改新
672	壬申の乱
701	大宝律令の制定
710	平城京に都を移す
794	平安京に都を移す
894	遣唐使を停止する
1016	藤原道長が摂政に任命される

▶7世紀ごろの東アジア

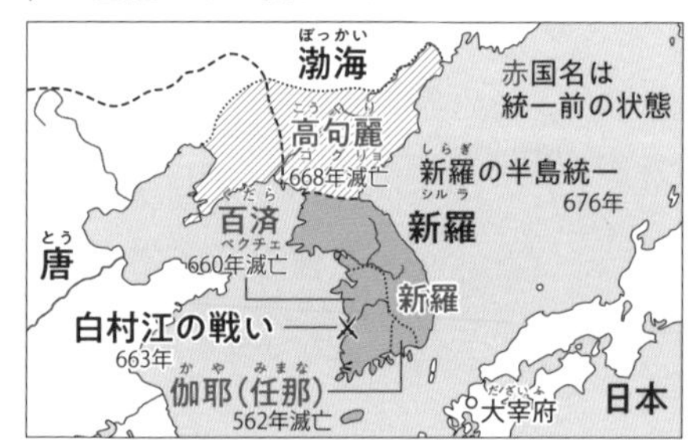

▶人々に課せられた税

租	口分田の収穫量の約3％の稲
調	絹，糸などの特産物を都まで運んで納める
庸	労役の代わりに布を都まで運んで納める

租は6歳以上の男女，調・庸は成年男子。

▶飛鳥文化・天平文化・国風文化

飛鳥文化	日本最初の**仏教文化** 法隆寺，釈迦三尊像など
天平文化（奈良）	仏教と唐の影響を強く受けた**国際的な文化** 正倉院宝物（螺鈿紫檀五絃琵琶など），東大寺，「**万葉集**」，「**風土記**」，「**古事記**」「**日本書紀**」など
国風文化（平安）	**日本の風土**や日本人の感情などに合った文化 **寝殿造**，**大和絵**，かな文字(「**源氏物語**」，「**枕草子**」，「古今和歌集」) など

入試データ　中国や朝鮮との関係，天皇や貴族による政治についての問題がよく出る。

実戦トレーニング

➡ 解答・解説は別冊14ページ

1 次の問いに答えなさい。↻4,5

お急ぎ！

(1) 朝廷(ちょうてい)は701年に大宝律令(たいほうりつりょう)を制定し，全国の土地と人々を国家が直接統治する政治のしくみを整えました。次の問いに答えなさい。　大阪府

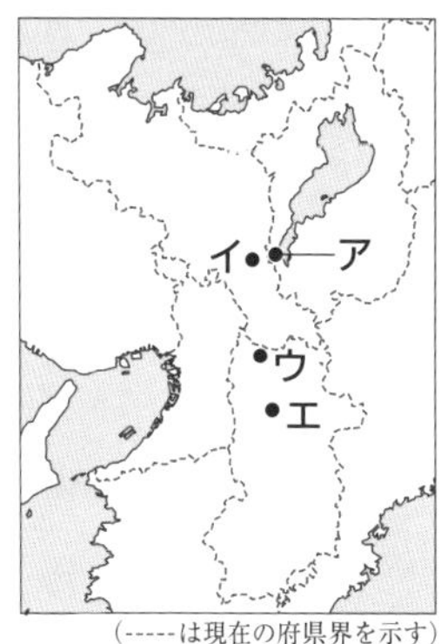

(-----は現在の府県界を示す)

① 大宝律令が制定されたのち，唐(とう)の長安(ちょうあん)にならって道路が碁盤(ごばん)の目のように区画された都がつくられ，奈良(なら)時代が始まりました。この都を，右の地図中の**ア**～**エ**から1つ選び，記号で答えなさい。　[　　　]

正答率 67.3%

② 朝廷は律令に基づいて戸籍(こせき)をつくり，全国の人々の名前や年齢(ねんれい)などを把握(はあく)しました。戸籍に基づいて6歳(さい)以上の人々に割り当てられた土地は何と呼ばれていますか。漢字3字で書きなさい。　[　　　]

③ 墾田永年私財法(こんでんえいねんしざいのほう)が出されると，荘園(しょうえん)が成立するようになり，しだいに公地・公民の原則が崩(くず)れていきました。次の**ア**～**エ**のうち，墾田永年私財法が出された時代のわが国の様子について述べた文として正しいものを1つ選び，記号で答えなさい。　[　　　]

ア 観阿弥(かんあみ)と世阿弥(ぜあみ)によって，能が大成された。

イ 僧の鑑真(がんじん)が唐から来日し，わが国に仏教のきまりを伝えた。

ウ 仁徳(にんとく)天皇陵(りょう)と伝えられている大仙(だいせん)(大山)古墳(こふん)がつくられた。

エ 運慶(うんけい)らによって制作された金剛力士像(こんごうりきしぞう)が，東大寺の南大門に置かれた。

(2) 平安時代の文化の説明として適当なものを，次の**ア**～**エ**から1つ選び，記号で答えなさい。　沖縄県

ア まじないなどに使われたとされる土偶(どぐう)は，女性の形をしているものが多い。

イ 日本語の音を漢字で表して記された「万葉集(まんようしゅう)」には，女性歌人の和歌も収められている。

ウ 漢字を書きくずした「かな文字」が生まれ，それを使った女性による文学がさかんになった。

エ 出雲(いずも)の阿国(おくに)が，かぶき踊(おど)り(阿国歌舞伎(かぶき))を創始(そうし)した。

[　　　]

2 次の問いに答えなさい。 ↩4,5

お急ぎ！

(1) 右の人物が話している内容を読んで，次の問いに答えなさい。

> 私は794年に都を［あ］京に移し，新しい都で支配のしくみを立て直そうとしましたが，不自然に女性の数が増えるなど，戸籍にいつわりが多くなりました。そのため，複雑な手続きが必要なⓘ班田収授法（はんでんしゅうじゅのほう）を行うことができなくなってきました。

正答率 82.7%

① ［あ］に当てはまる語句を書きなさい。 青森県 [　　　　]

② 下線部ⓘについて述べた文として適切でないものを，次の**ア**～**エ**から1つ選び，記号で答えなさい。 青森県

ア 戸籍（こせき）に登録された6歳（さい）以上のすべての人々に口分田（くぶんでん）が与（あた）えられた。

イ 性別や良民，賤民（せんみん）の身分に応じて口分田の広さが決められていた。

ウ 口分田を与えられた人が死ぬと，国に返すことになっていた。

エ 人々は，口分田の面積に応じて調を負担した。 [　　　　]

正答率 64.2%

③ この人物名として適当なものを次の**ア**～**エ**から1つ選び，記号で答えなさい。 青森県

ア 聖武天皇（しょうむ）　**イ** 徳川家康（とくがわいえやす）　**ウ** 桓武天皇（かんむ）　**エ** 推古天皇（すいこ）

[　　　　]

④ 次の文章は，生徒が上の人物について調べる際に作成したメモです。文章中の［う］，［え］に当てはまる語句の組み合わせとして最も適当なものを，あとの**ア**～**エ**から1つ選び，記号で答えなさい。 愛知県・改

> 朝廷（ちょうてい）は，東北地方に住む人々を［う］と呼び，東北地方を支配する拠点（きょてん）として多賀城（たが）などを築きました。9世紀初めに上の人物は，［え］を征夷大将軍（せいいたいしょうぐん）に任命して東北地方に大軍を送り，朝廷の支配を広げました。

ア ㋒－蝦夷（えみし）　㋓－源義家（みなもとのよしいえ）

イ ㋒－蝦夷　㋓－坂上田村麻呂（さかのうえのたむらまろ）

ウ ㋒－南蛮人（なんばん）　㋓－坂上田村麻呂

エ ㋒－南蛮人　㋓－源義家 [　　　　]

(2) 国風文化について，紀貫之（きのつらゆき）たちによってまとめられた作品は何ですか。次の**ア**～**エ**から最も適当なものを1つ選び，記号で答えなさい。 三重県

ア 万葉集（まんようしゅう）　**イ** 古今和歌集（こきん）　**ウ** 日本書紀　**エ** 古事記（こじき）

[　　　　]

3 次の問いに答えなさい。 ↩1,4,5

正答率 39.1%

(1) 世界の古代文明について述べた文として正しいものを，次の**ア**～**エ**から１つ選び，記号で答えなさい。 〔高知県〕

ア エジプト文明では，時間をはかるための60進法が考え出された。

イ メソポタミア文明では，ナイル川の流域に神殿(しんでん)を中心とする都市がつくられた。

ウ インダス文明では，モヘンジョ＝ダロなどの都市が計画的に建設された。

エ 中国文明では，現在の漢字のもとになるくさび形文字が使われていた。

［　　　］

(2) 右の**資料**は，甲骨(こうこつ)文字が刻まれた牛の骨の写真です。黄河(こうが／ホワンホー)流域におこり，甲骨文字がつくられた国の名称(めいしょう)は何か，次の**ア**～**エ**から１つ選び，記号で答えなさい。 〔三重県〕

ア 殷(いん)　**イ** 秦(しん)　**ウ** 漢　**エ** 隋(ずい)

［　　　］

資料

〔(株)Gakken 写真資料〕

正答率 67.1%

(3) 右の世界地図中のAについて，ユーラシアの東西を結ぶこの交易路を何というか，「○の道」に当てはまるように漢字１字で書きなさい。

〔兵庫県〕［　　　］

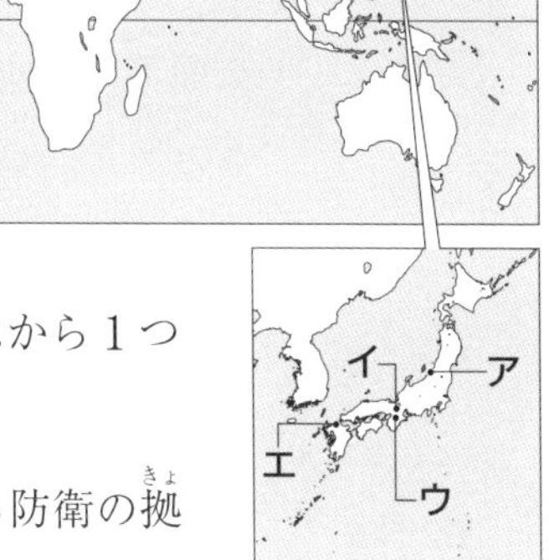

正答率 73.1%

(4) 世界地図中のPに関する次の問いに答えなさい。 〔兵庫県〕

① 7世紀の状況を示した次の説明が当てはまる場所として適切なものを，日本地図中の**ア**～**エ**から１つ選び，記号で答えなさい。

日本は白村江(はくすきのえ／はくそんこう)の戦いの後，唐(とう)・新羅(しらぎ／シルラ)の攻撃(こうげき)から防衛の拠点(きょてん)を守るため，朝鮮(ちょうせん)式山城(やましろ)である大野(おおの)城を築いた。

［　　　］

正答率 74.6%

② 9世紀に遣唐使(けんとうし)船で唐にわたって仏教を学び帰国後，高野山(こうやさん)に金剛峯寺(こんごうぶじ)を建てて真言(しんごん)宗を広めた人物名を，漢字２字で書きなさい。

［　　　］

4 次の問いに答えなさい。➡2, 4, 5

(1) **資料Ⅰ**は貝塚の周辺で発見されたもので，表面に特徴的な文様がつけられた道具です。この道具の主な使用目的を，簡潔に書きなさい。 群馬県・改

[　　　　　　　　　　　　　　　　　　　　]

資料Ⅰ

※左の枠内を拡大したもの

（ColBaseより作成）

(2) **資料Ⅱ**の青銅器はどのような道具として使用されたか，最も適切なものを次の**ア**～**エ**から1つ選び，記号で答えなさい。 群馬県・改

ア 武器　　**イ** 工具

ウ 調理具　　**エ** 祭りの道具　　[　　　]

資料Ⅱ　日本で出土した銅鐸

（ColBase）

(3) 右下の年表中の下線部①で勝って即位した天皇として，正しいものを次の**ア**～**エ**から1つ選び，記号で答えなさい。

長崎県 [　　　]

ア 聖武天皇　　**イ** 桓武天皇

ウ 推古天皇　　**エ** 天武天皇

年	できごと
672	①壬申の乱が起こる
	↕X
794	平安京に都を移す
1016	②藤原道長が摂政に任命される

正答率 75.8%

(4) 年表中の**X**の期間におけるわが国の仏教について述べたものとして，正しいものを次の**ア**～**エ**から1つ選び，記号で答えなさい。 長崎県

ア 栄西が禅宗を伝えた。　　**イ** 東大寺に大仏がつくられた。

ウ 加賀の一向一揆が守護大名を倒した。

エ 空海が真言宗を開いた。　　[　　　]

正答率 62.5%

(5) 年表中の下線部②が行われたころにわが国で栄えた文化について述べた文として最も適当なものを，次の**ア**～**エ**から1つ選び，記号で答えなさい。 岡山県・改

ア 天守(天守閣)をもつ城が築かれるなどした，豪華で壮大な文化。

イ 寝殿造が完成するなどした，唐風の文化をもとに独自の工夫がなされた文化。

ウ 法隆寺釈迦三尊像がつくられるなどした，わが国最初の本格的な仏教文化。

エ 臨済宗の寺院が建てられるなどした，禅宗の影響を受けた文化。

[　　　]

5 右のまとめを見て，次の問いに答えなさい。

↩1,4,5

《古代》
古墳時代に朝鮮半島から須恵器をつくる技術がもたらされ，その後も遣隋使や遣唐使により大陸からさまざまなものが伝わった。中には A西アジアやインドの文化の影響を受けた写真のガラス製の容器や漆器の水さしなどもみられ，それらは東大寺の正倉院に B聖武天皇の使用した道具とともに収められている。

ガラス製の容器

(ColBase)

(1) 下線部Aについて，次のa，bに当てはまる言葉の正しい組み合わせを，あとのア～エから1つ選び，記号で答えなさい。 岐阜県 [　　　]

ギリシャの文化とオリエントの文化が結びついた［ a ］の文化の影響は，推古天皇の下で［ b ］となった聖徳太子が建てたとされる法隆寺の金堂の壁画などにも見ることができる。

ア a－ルネサンス　b－摂政　　**イ** a－ヘレニズム　b－摂政
ウ a－ルネサンス　b－関白　　**エ** a－ヘレニズム　b－関白

(2) 下線部Bの時代に，都を中心に栄え，仏教と唐の影響を強く受けた国際的な文化の名称を書きなさい。 岐阜県 [　　　]

正答率 68.9%

(3) 右のまとめの下線部Cの特色の1つとして，かな文字が発達したことがあげられます。かな文字を用いて，清少納言が書いた随筆は何と呼ばれますか。 静岡県 [　　　]

テーマ	調べた内容
国風文化	貴族たちは，唐風の文化を踏まえながらも，日本の風土や生活，日本人の感情に合った C国風文化を生み出し，D摂関政治のころに最も栄えた。

(4) 下線部Dのころの仏教について述べた文として適切なものを，次のア～エから1つ選び，記号で答えなさい。 青森県

ア 百済から朝廷に仏像や経典がおくられ，飛鳥地方を中心に，最初の仏教文化が栄えた。

イ 仏教の力に頼って，国家を守ろうと考え，国ごとに国分寺と国分尼寺が建てられた。

ウ 念仏を唱えて阿弥陀如来にすがり，極楽浄土へ生まれ変わることを願う，浄土信仰がおこった。

エ 座禅によって自分の力でさとりを開こうとする禅宗が伝わり，臨済宗や曹洞宗が開かれた。

[　　　]

6 右の**表**を見て，次の問いに答えなさい。➡3, 4

栃木県

正答率 77.9%

(1) Aについて，次の問いに答えなさい。

① **資料Ⅰ**は，稲荷山古墳や江田船山古墳と同じ形をした古墳の模式図です。この形の古墳を何といいますか。

[　　　　　　]

表

	資料	説明
A	鉄剣(てっけん)	5世紀ごろつくられた稲荷山古墳(いなりやまこふん)(埼玉県)から出土し,「獲加多支鹵大王(ワカタケルおおきみ)」と刻まれていた。また，江田船山古墳(えたふなやま)(熊本県)でも同様の文字が刻まれた鉄刀が出土した。
B	木簡(もっかん)	a 地方の特産物を納める税として，平城京(へいじょうきょう)に運ばれた海産物などが記されていた。

資料Ⅰ

HIGH LEVEL

正答率 5.8%

② **資料Ⅱ**は，3世紀と5世紀における**資料Ⅰ**と同じ形をした古墳の分布図です。大和(やまと)地方を中心とする大和政権(ヤマト王権)の勢力範囲(はんい)が，3世紀から5世紀にかけてどのように変化したと考えられますか。Aの説明と**資料Ⅱ**を踏(ふ)まえ，簡潔に書きなさい。

[　　　　　　]

資料Ⅱ

3世紀

5世紀

(2) 下線部aについて，この税を何といいますか。

[　　　　　　]

(3) Bが使われていた時期のできごととして当てはまるものを，次の**ア**～**エ**から1つ選び，記号で答えなさい。

ア 一遍(いっぺん)が踊念仏(おどりねんぶつ)を広めた。

イ 仏教が初めて百済(くだら/ペクチェ)から伝わった。

ウ 「万葉集(まんようしゅう)」がまとめられた。

エ 「新古今(こきん)和歌集」が編集された。

[　　　]

7 右の年表を見て，次の問いに答えなさい。➡4, 5

静岡県・改

時代	飛鳥	奈良	平安
日本のできごと	a 律令国家が成立する	天平文化が栄える	b 藤原氏が最も栄える

(1) 傍線部aでは，都から地方へ役人が派遣されました。傍線部aで，都から地方へ派遣された役人の名称を，次のア～エから１つ選び，記号で答えなさい。 [　　]

ア 国司　**イ** 執権　**ウ** 関白　**エ** 防人

(2) 傍線部aでは，戸籍をつくることが定められていましたが，平安時代になると，戸籍にいつわりが多くなりました。**資料Ⅰ**は，10世紀につくられた戸籍に登録された人の，性別，年齢階級別の人数を示しています。**資料Ⅱ**は，傍線部aで定められた主な税と，その負担者を示しています。これに関する次の問いに答えなさい。

資料Ⅰ

	男子（人）	女子（人）
16歳以下	4	0
17～65歳	23	171
66歳以上	15	137

資料Ⅱ

税	負担者
租	6歳以上の男女
調	17～65歳の男子
庸	21～65歳の男子
雑徭	17～65歳の男子

（「延喜二年阿波国戸籍」により作成）

HIGH LEVEL　正答率 82.1%

① **資料Ⅰ**の，男子の人数と女子の人数に大きな差が見られることから，性別のいつわりが行われていたと考えられます。**資料Ⅱ**をもとにして，人々が性別をいつわった理由を，簡潔に書きなさい。

[　　　　]

HIGH LEVEL　正答率 36.3%

② **資料Ⅰ**に，66歳以上の人が多く見られることから，実際には死亡している人を，人々が戸籍に登録し続けるといういつわりが行われていたと考えられます。人々が，戸籍に死亡している人を登録し続けた理由を，簡単に書きなさい。

[　　　　]

HIGH LEVEL

(3) **資料Ⅲ**は，傍線部bと皇室の関係を示した系図の一部です。藤原道長は，三条天皇を退位させ，まだ幼い後一条天皇を即位させました。藤原道長は，まだ幼い後一条天皇を即位させることで，何という職に就こうとしたと考えられますか。**資料Ⅲ**から読み取れる，藤原道長と後一条天皇の関係とあわせて，簡潔に書きなさい。

[　　　　]

資料Ⅲ

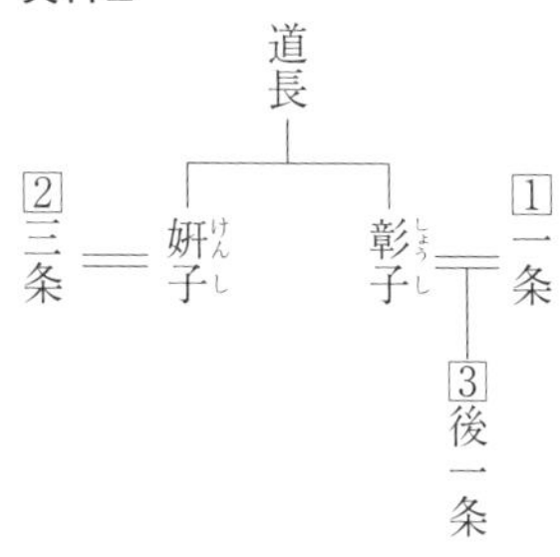

注　□内の数字は天皇の即位順を，二重線（＝）は夫婦関係を，それぞれ表している。

出題率 90%

3 開国と近代日本のあゆみ

1 欧米の近代化

1 **近代革命**…**名誉革命**(1688年)（権利章典）➡アメリカ独立宣言（独立戦争）(1776年)➡**フランス革命**(1789年)（人権宣言）

2 **産業革命**…イギリスで綿工業からおこる

3 **イギリスのアジア進出**（銀をやりとりする三角貿易）
①中国…**アヘン戦争**➡香港獲得
②インド…**インド大反乱**➡植民地に

2 開国と江戸幕府の滅亡

1 **ペリー来航**…1854年，**日米和親条約**を結ぶ（函館・下田を開港）➡1858年，**日米修好通商条約**を結ぶ（5港開港，領事裁判権を認め，関税自主権がない）

2 **江戸幕府の滅亡**…**薩長同盟**➡15代将軍**徳川慶喜**が**大政奉還**（政権を朝廷に返す）➡**王政復古の大号令**➡**戊辰戦争**

3 明治維新

1 **新政府の成立**…**五箇条の御誓文**（新政府の基本方針）・**版籍奉還**・**廃藩置県**(1871年)，四民平等

2 **富国強兵**…**地租改正**で土地所有者に**地価**の**3**%を**現金**で納めさせる，**徴兵令**（20歳になった男子に兵役義務），**学制**

3 **文明開化**…太陽暦，福沢諭吉が「**学問のすゝめ**」

4 立憲政治の始まり

1 **自由民権運動**…**民撰議院設立の建白書**（板垣退助が中心）➡国会期成同盟➡**国会開設の勅諭**➡自由党・立憲改進党

2 **立憲制国家**…内閣制度(初代内閣総理大臣**伊藤博文**)➡ドイツ憲法をもとに**大日本帝国憲法**（衆議院・貴族院からなる帝国議会）

5 日清・日露戦争

1 **日清戦争**(1894〜95年)➡**下関条約**（三国干渉で遼東半島返還）

2 **日露戦争**(1904〜05年)（1902年に日英同盟締結）➡**ポーツマス条約**

6 日本の産業革命

1 **産業革命**…軽工業の発達➡重工業の発達（八幡製鉄所が中心）

2 **社会問題**…労働争議，**足尾銅山鉱毒事件**

表・写真でつかむ！ 必出ポイント

▶2つの条約による開港地

▶条約改正

領事裁判権(治外法権)	1894年，陸奥宗光がイギリスとの間で撤廃
関税自主権	1911年，小村寿太郎がアメリカとの間で完全回復

▶日清・日露戦争の結果

	下関条約	ポーツマス条約
朝鮮	清は朝鮮の独立を認める	韓国における日本の優越権を認める→のち韓国併合
領土・利権	遼東半島・台湾・澎湖諸島を日本に譲る	南樺太を日本に譲る。旅順や大連の租借権など
賠償金	清が2億両	なし

▶明治時代の文化

美術	岡倉天心(日本画の復興) 横山大観(日本画) 黒田清輝(洋画) 高村光雲(彫刻)
文学	森鷗外(「舞姫」) 夏目漱石(「坊っちゃん」) 石川啄木(「一握の砂」) 与謝野晶子(「みだれ髪」,「君死にたまふことなかれ」)
医学	北里柴三郎(破傷風の血清療法) 野口英世(黄熱病)

入試データ 幕末の流れに関する問題や明治新政府の政策についての問題がよく出る。

実戦トレーニング

➡ 解答・解説は別冊16ページ

1 お急ぎ！ 夏樹さんは，2025年に大阪で万博が開催予定であることを知って興味を持ち，万博について調べて発表することにしました。次の夏樹さんが準備した発表用メモと資料を見て，問いに答えなさい。 ↩1, 2, 5 〔岡山県〕

正答率 60.5%

(1) 下線部aの国について述べた文として適当なものを，次の**ア**～**エ**からすべて選び，記号で答えなさい。

ア 奴隷の制度などをめぐって南北戦争がおこり，北部が勝利した。

イ 国王を追放し，新たな王を迎える名誉革命が成功した。

ウ 革命の中でナポレオンが権力を握り，皇帝となった。

エ 世界で最初に産業革命が始まった。

［　　　　］

万博とわが国の歴史

○万博（国際博覧会）とは，広くいろいろな国や人に新しい文化や技術を紹介し，将来の展望を示すことを目的として複数の国が展示を行う博覧会である。

・世界最初の万博は a イギリスのロンドンで開催された。その後しばらくは，いち早く近代化を成しとげた欧米諸国の都市での開催が続いた。

○わが国と万博

・1867年，フランスのパリでの万博に b 幕府や薩摩藩などが出品した。続いてオーストリアのウィーンでの万博に政府が公式参加し，その後もさまざまな万博に参加した。

・c 不平等条約の改正や近代化を進めたわが国は，万博の主催を目指したが，国内外の事情により，計画は中止，延期となった。

年	万博に関するできごと	国内外のできごと
1867	パリ万博に幕府，薩摩藩，佐賀藩が出品	X (1867)
1873	ウィーン万博に明治政府が参加	

正答率 70.0%

(2) 下線部bに関して，年表の X に当てはまる，将軍であった徳川慶喜が朝廷に政権を返上したできごとを何といいますか。

［　　　　］

正答率 68.0%

(3) 下線部cについて述べた次の文章の □ に当てはまる言葉を書きなさい。

ロシアを警戒するイギリスが交渉に応じ，日本は1894年に □ の撤廃に成功しました。その後，他の欧米諸国とも同様の条約改正が実現し，日本で罪を犯した外国人は日本の法に基づいて裁かれるようになりました。

［　　　　］

2 お急ぎ！ 次は，ある中学生が「日本の近代」についてまとめたものの一部です。あとの問いに答えなさい。↩1~6

鹿児島県

> 長州藩は，a江戸幕府の外交政策に反対する尊王攘夷運動の中心となっていた。しかし，1864年にbイギリスをはじめとする四国連合艦隊からの攻撃を受け，敗北した長州藩は，列強に対抗できる強い統一国家をつくるため，幕府をたおそうと考えるようになった。

> c明治時代に政府は欧米諸国に対抗するため，富国強兵の政策を進めた。1880年代からは軽工業を中心に産業革命の時代を迎えた。重化学工業では，日清戦争後に北九州に建設された官営の［　　］で1901年に鉄鋼の生産が始まった。

(1) ［　　］に当てはまる最も適当な言葉を書きなさい。

［　　　　］

(2) 下線部aに関して，日本とアメリカとの間で下田，函館の2港を開港することなどを取り決めた条約を漢字で書きなさい。

［　　　　］

(3) 下線部bに関して，右の**資料**は，イギリスが関係したある戦争の様子を表しています。この戦争の原因についてまとめた次の文の［　　］に適する言葉を補い，これを完成させなさい。

資料

（東洋文庫）

> イギリスは，清から大量の茶を輸入していたが，自国の綿製品は清で売れず，清との貿易は赤字であった。その解消のためにイギリスは，インドで［　　］。それに対して，清が取り締まりを強化したため，イギリスは戦争をおこした。

［　　　　］

(4) 下線部cに関して，この時代におこった日本のできごとを次の**ア**～**エ**から3つ選び，年代の古い順に並べなさい。　［　　→　　→　　］

ア 第1回帝国議会を開いた。

イ 財政安定のために地租改正を実施した。

ウ ロシアとの間でポーツマス条約を結んだ。

エ 中国に対して二十一か条の要求を出した。

3 次の問いに答えなさい。↩1

(1) フランス革命の様子を表しているものとして適切なものを，次の**ア**～**エ**から１つ選び，記号で答えなさい。 青森県

ア

〔(株)Gakken 写真資料〕

イ

(Alamy / PPS 通信社)

ウ

(UIG / PPS 通信社)

エ

〔(株)Gakken 写真資料〕

［　　　］

(2) 次の**図**は，産業革命によってイギリス社会がどのように変化したかについてまとめたものである。**図**の［あ］～［う］に当てはまる最も適切な語句を，あとの**ア**～**カ**から１つずつ選び，記号で答えなさい。 長野県

図　18世紀後半から19世紀にかけてのイギリス社会の変化

［あ］を燃料とする［い］で動く機械が使われ始め，綿織物が大量に生産されるようになった。	➡	製鉄に必要な［あ］や工業製品などの運搬(うんぱん)のため，鉄道が利用されるようになった。	➡	産業革命の進展にともない，資本家が労働者を雇(やと)い，利益の拡大を目指して生産活動をする［う］が広がった。

ア 社会主義　**イ** 資本主義　**ウ** 蒸気機関
エ 石油　**オ** 鉄鉱石　**カ** 石炭

あ［　　　］ い［　　　］ う［　　　］

4 次の問いに答えなさい。 ⮌2,4

滋賀県

(1) 直子さんは，地図中にある鉱山(●金山，▲銀山)で採掘された金や銀に関して，開国の影響をノートにまとめました。ノートの X ， Y に当てはまる語句の組み合わせとして正しいものを，次のア～エから１つ選び，記号で答えなさい。

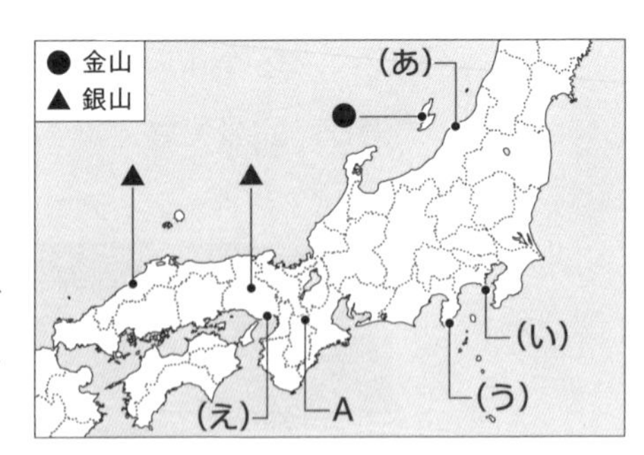

〈ノート〉

ペリーの来航をきっかけに欧米各国と通商条約を結び，日本は開国しました。外国との貿易が始まると，外国との金銀の交換比率の違いから， X が大量に国外に持ち出されました。そのため，幕府は X の質を落として流出を防ごうとしました。しかし，このことが一因となり，物価は急速に Y し，結果として生活にいきづまる民衆が増えました。

ア X－金貨　Y－下落　　**イ** X－金貨　Y－上昇

ウ X－銀貨　Y－下落　　**エ** X－銀貨　Y－上昇

[　　　]

(2) 上のノートの下線部について，アメリカの東インド艦隊司令長官ペリーが，1853年に軍艦を率いて来航した場所を地図中の**(あ)**～**(え)**から１つ選び，記号で答えなさい。

[　　　]

(3) 直子さんは，右の**資料**の年表の矢印で示した部分に次の**ア**～**ウ**のできごとを書き加えようとしています。**ア**～**ウ**のできごとを年代の古い順に並べ，記号で答えなさい。

資料　自由民権運動に関連する年表

年	おもなできごと
1874年	民撰議院設立の建白書の提出
	↕
1889年	大日本帝国憲法の発布
1890年	第１回衆議院議員総選挙の実施

ア 西南戦争の開始　　**イ** 内閣制度の創設

ウ 国会期成同盟の結成

[　　→　　→　　]

5 次の年表を見て，次の問いに答えなさい。➡3,4,6

年	おもなできごと
1871	岩倉使節団がアメリカに向けて出発…A
1885	内閣制度が発足し，［　　］が初代内閣総理大臣となる
1890	第1回帝国議会が開かれる（X）
1902	日英同盟が結ばれる…B（X）
1919	パリ講和会議が開かれる（X）

正答率70.2％ (1) ［　　］に当てはまる最も適当な人名を書きなさい。 鹿児島県

［　　　　］

正答率34.7％ (2) 年表中のAが1871年に出発し，1873年に帰国するまでに起きたできごととして最も適当なものを，次のア～エから1つ選び，記号で答えなさい。 鹿児島県

ア 王政復古の大号令の発表　イ 日米和親条約の締結

ウ 徴兵令の公布　エ 大日本帝国憲法の発布 ［　　　　］

(3) 年表中のAに，最年少の女子留学生として同行した［あ］は，帰国後，［い］。あ，いにそれぞれ当てはまる言葉の組み合わせとして最も適当なものを，次のア～エから1つ選び，記号で答えなさい。 愛媛県・改

ア あ－津田梅子　い－日本の女子教育の発展に貢献した

イ あ－津田梅子　い－文学者として多くの小説を書いた

ウ あ－与謝野晶子　い－日本の女子教育の発展に貢献した

エ あ－与謝野晶子　い－文学者として多くの小説を書いた ［　　　　］

(4) AとBの間の時期に「たけくらべ」,「にごりえ」などの小説を発表し，2024年までの5千円札にその肖像が使われていることでも知られている人物は誰ですか。

鹿児島県 ［　　　　］

正答率16.4％ (5) Xの期間におけるわが国のできごとについて述べた次のP，Qの文の正誤の組み合わせとして，正しいものを，あとのア～エから1つ選び，記号で答えなさい。

長崎県

P 労働時間の制限など，労働条件を改善する工場法が制定された。

Q 足尾銅山の鉱毒問題について，田中正造が帝国議会で政府に質問し追及した。

ア P－正　Q－正　イ P－正　Q－誤

ウ P－誤　Q－正　エ P－誤　Q－誤 ［　　　　］

6 右の年表を見て，次の問いに答えなさい。⇨3,5,6

(1) Xの期間におけるわが国のできごとについて述べたものとして，正しいものを次の**ア**～**エ**から1つ選び，記号で答えなさい。 長崎県

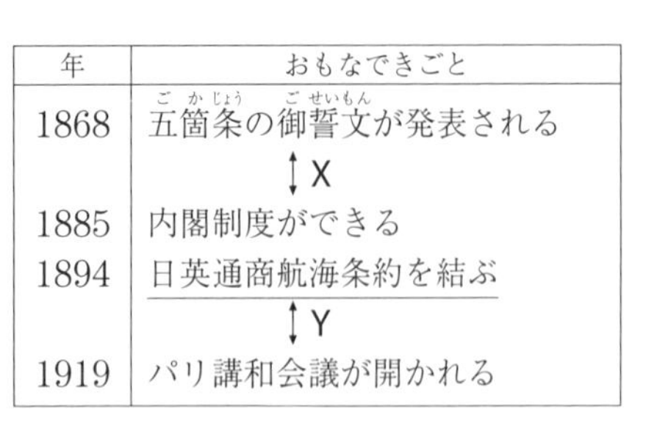

年	おもなできごと
1868	五箇条の御誓文が発表される
	↕X
1885	内閣制度ができる
1894	日英通商航海条約を結ぶ
	↕Y
1919	パリ講和会議が開かれる

ア 五・一五事件がおこった。

イ 学制が公布された。

ウ 関税自主権が完全に回復した。

エ 全国水平社が設立された。 [　　　]

(2) **資料Ⅰ**は，Yの時期にロシアが日本に行った勧告の記録の一部です。□を右の地図の**ア**～**エ**から1つ選び，記号で答えなさい。また，ロシアとともに**資料Ⅰ**と同じ内容の勧告を日本に行った2つの国の国名を書きなさい。 石川県・改

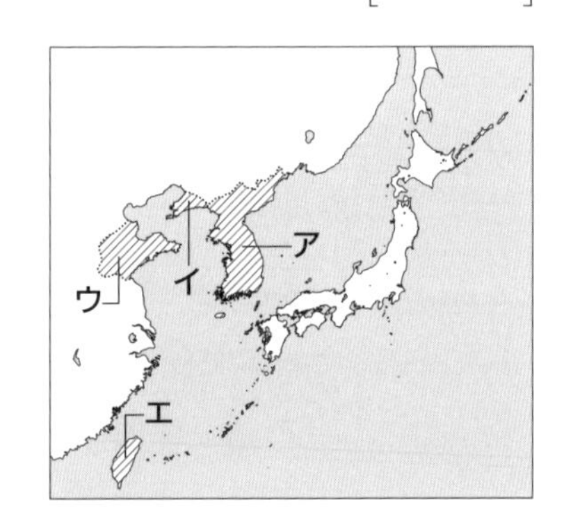

資料Ⅰ

> 日本が中国に求めた講和条約を調べてみると，その要求にある□を日本が所有することは，中国の首都をおびやかす。これは極東の平和の防げになる。(略) □を領有することを放棄するよう勧告する。

（「日本外交年表並主要文書」より作成。表現はわかりやすく改めた）

地図[　　　]

国名[　　　][　　　]

(3) 年表中の下線部のころから，産業革命が進展しました。右の**資料Ⅱ**のA，Bは1885年と1899年のいずれかを示しています。1899年を示しているのはA，Bのどちらですか。また，その理由について述べた文として最も適当なものを次の**ア**～**エ**から1つ選び，記号で答えなさい。 鹿児島県・改 1899年[　　　] 理由[　　　]

資料Ⅱ 日本の輸入総額に占める割合（単位：%）

	A	B
綿花	28.2	2.8
綿糸	2.3	17.7

（日本貿易精覧から作成）

ア 製糸業が発展し，製品である綿糸の割合が減少しているから。

イ 紡績業が発展し，原料である綿花の割合が増加しているから。

ウ 製糸業が発展し，原料である綿花の割合が減少しているから。

エ 紡績業が発展し，製品である綿糸の割合が増加しているから。

7 次の問いに答えなさい。 1,2

HIGH LEVEL (1) 日米修好通商条約では，兵庫の開港が決まっていたが，幕府は兵庫ではなく隣村の神戸(こうべ)を開港し，外国人居住区を右の**資料Ⅰ**中に示した場所に設置した。外国人居住区が神戸に設置された理由を，**資料Ⅰ，Ⅱ**をふまえ，「交流」の語を用いて簡潔に書きなさい。 栃木県

正答率 25.9%

資料Ⅰ　開港前の兵庫と神戸

（神戸市立中央図書館）

資料Ⅱ　出島

（長崎歴史文化博物館）

[　　　　　　　　　　]

HIGH LEVEL (2) **資料Ⅲ**は，1861年から1867年における函館(はこだて)港に入港した外国船の数を国別にまとめたものであり，a，b には，それぞれ国の名が入ります。表に関して述べた次の文の a，b に，表と共通して当てはまる国の名を，それぞれ書きなさい。また，c に当てはまる語句を書きなさい。 北海道

資料Ⅲ

年＼国	a	b	フランス	ロシア	オランダ
1861	23	11	…	15	…
1862	29	14	1	27	3
1863	15	26	1	1	2
1864	17	46	2	…	…
1865	3	27	5	2	2
1866	1	22	9	1	…
1867	5	26	3	1	2

※表中の「…」は，数値が不明であることを示す。

（「函館市史」より作成）

わが国は，a の要求により開国したが，表の期間中に，函館港に入港した外国船の数が最も多い国は，b であった。1863年から a の船が少なくなったのは，1861年に a の国内で起きた c の影響(えいきょう)によるものと考えられる。

a[　　　　] b[　　　　] c[　　　　]

出題率 89%

4 中世の日本

1 武士の成長～鎌倉幕府の成立

1 **武士団の形成**➡地方武士の反乱➡**院政**➡**保元の乱**・**平治の乱**➡**平清盛**が太政大臣となる➡**壇ノ浦の戦い**で平氏滅亡
（平将門・藤原純友）（白河上皇）

2 **鎌倉幕府**…**源頼朝**による武士の政治，将軍と**御家人**が**御恩**と**奉公**で結ばれる
（守護・地頭設置）（1192年に征夷大将軍）

3 **執権政治**…執権**北条氏**の政治➡**承久の乱**，**六波羅探題**設置➡**御成敗式目**（貞永式目）制定
（後鳥羽上皇が挙兵）（北条泰時が定める）

2 モンゴルの襲来と鎌倉幕府の滅亡

1 **元寇**（蒙古襲来）…**フビライ＝ハン**が服属を要求➡執権**北条時宗**が拒否➡文永の役・弘安の役

2 **幕府滅亡**…元寇で戦費を負担した御家人に十分な恩賞がなく生活苦➡**徳政令**（1297年）➡経済が混乱，有力な御家人らにより鎌倉幕府滅亡
（御家人に土地をただで取り戻させる）（足利尊氏，新田義貞など）

3 **建武の新政**…**後醍醐天皇**が公家中心の政治➡武士の不満で2年でくずれる➡**南北朝**の動乱

3 室町幕府の成立と東アジアとの交流

1 **室町幕府**…1338年，**足利尊氏**が**京都**に幕府を開く➡3代将軍**足利義満**が室町に花の御所
（南北朝を統一）

2 **日明（勘合）貿易**…**倭寇**の取り締まり，**勘合**を利用
（義満が始める）（大陸沿岸を荒した海賊）（明から与えられた証明書）

3 **琉球王国**…中継貿易

4 民衆の成長と戦国大名

1 **産業の発達**…定期市，土倉・酒屋，**座**，自治都市（京都，博多，堺など）の発達
（商人の同業者組合）

2 **農民の成長**…**二毛作**，**惣**＝寄合で村のおきて，**土一揆**＝借金の帳消しなどを要求
（村の自治組織）

3 **応仁の乱**➡**下剋上**の世，戦国時代へ➡各地の**戦国大名**は**分国法**制定
（守護大名の対立などが原因）（家臣や領民の行動を統制）

表・写真でつかむ！必出ポイント

▶鎌倉幕府のしくみ

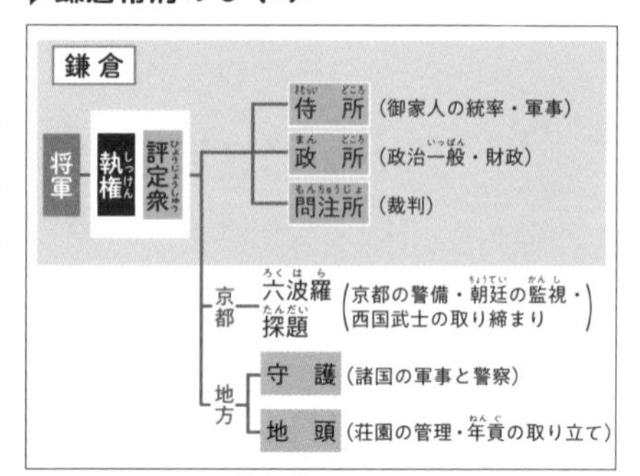

承久の乱のあと，後鳥羽上皇に味方した貴族や西日本の武士などの領地を取り上げ，御家人に与えたため，幕府の支配力が全国的に広がった。

▶室町幕府のしくみ

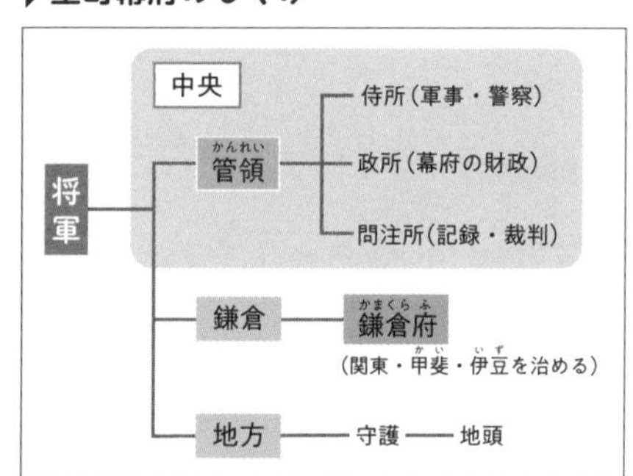

将軍の補佐役として管領が置かれ，有力な守護大名が交代で任命された。また，それまで幕府があった鎌倉には鎌倉府が置かれ，関東周辺を支配した。

▶鎌倉文化と室町文化

鎌倉文化		室町文化
東大寺南大門 金剛力士像	建物 彫刻物	金閣，銀閣 書院造
素朴で力強い	特色	公家と武家の融合
「平家物語」 「新古今和歌集」	文学	お伽草子 連歌
浄土宗（法然） 浄土真宗（親鸞） 臨済宗（栄西） 曹洞宗（道元） 日蓮宗（日蓮） 時宗（一遍）	その他	水墨画（雪舟） 能（能楽）（観阿弥・世阿弥） 狂言，茶の湯 の流行など

入試データ この時期に行われた中国の明との貿易と国内経済の関係についての問題がよく出る。

実戦トレーニング

➡解答・解説は別冊18ページ

 次の問いに答えなさい。↻1,4

お急ぎ!

正答率 33.6%

(1) 11世紀には，全国の土地は，上皇や貴族，寺社が支配する荘園と，国司が支配する公領とに分かれていきました。次の文は，鎌倉幕府が勢力を拡大していく様子について述べたものです。文中のa，bに当てはまる語をそれぞれ漢字2字で書きなさい。 〔大阪府〕

1185年，源頼朝は，荘園や公領に［ a ］を置くことを朝廷に認めさせた。［ a ］は御家人の中から任命され，年貢の取り立てや土地の管理などを行った。1221年に起こった［ b ］の乱で後鳥羽上皇に勝利した幕府は上皇側の土地を取り上げ，西日本にも勢力をのばして，幕府の支配を固めた。

a［　　　　］ b［　　　　］

(2) 13世紀前半，鎌倉幕府は武士の社会の慣習をもとに御成敗式目を制定しました。次の文は，御成敗式目について述べたものです。文中のア～ウから適切なものを1つ選び，記号で答えなさい。 〔大阪府・改〕

鎌倉幕府の3代執権の〔ア 北条時政　イ 北条泰時　ウ 北条時宗〕は，武士の社会の慣習に基づく法である御成敗式目を制定し，支配を全国に広げた。

［　　　　］

正答率 61.6%

(3) 平安時代の末期から鎌倉時代の初期にかけて，浄土宗を開き念仏を唱えれば極楽に行けると説いた人物を，次のア～エから1つ選び，記号で答えなさい。

〔高知県〕［　　　　］

ア 一遍　イ 道元　ウ 日蓮　エ 法然

正答率 60.7%

(4) 中世の経済や人々の活動について，正しく説明しているものを，次のア～エから1つ選び，記号で答えなさい。 〔滋賀県〕

ア 農業の発達とともに，商業がさかんになり，定期市が開かれた。
イ 市では，日本国内で初めてつくられた銅銭が使われるようになった。
ウ 都市では，米の買い占めをした商人に対する打ちこわしが行われた。
エ 商人は株仲間という同業者組織をつくり，独占的に営業を行う特権を得た。

［　　　　］

次の問いに答えなさい。➡2, 3, 4

お急ぎ!

(1) 一遍は，踊念仏などによって教えを広めましたが，その一遍が開いた宗派として最も適当なものを，次のⅰ群の**ア**～**エ**から１つ選び，記号で答えなさい。また，一遍が活躍した時代である鎌倉時代を代表する書物として最も適当なものを，ⅱ群の**カ**～**ケ**から１つ選び，記号で答えなさい。 京都府

ⅰ群　**ア** 禅宗　**イ** 時宗　**ウ** 浄土宗　**エ** 日蓮宗

ⅱ群　**カ** お伽草子　**キ** 日本書紀

　　　ク 平家物語　**ケ** 枕草子

ⅰ群［　　　］　ⅱ群［　　　］

正答率 61.3%

(2) 右の**資料**は，1334(建武元)年に，京都二条河原にかかげられた立て札に記されていた落書の一部です。**資料**が記された当時の政治の動きや社会の様子について述べた文として最も適当なものを，次の**ア**～**エ**から１つ選び，記号で答えなさい。 島根県

資料

このごろ都ではやっているものは，夜討ちと強盗，天皇のにせの命令。逮捕される人や緊急事態を知らせる早馬，何もないのに騒動が起きること。生首が転がり，勝手に僧になったり元に戻ったり。急に大名になる者がいるかと思えば，逆に路頭に迷う者もいる。(後略)

(「建武年間記」より引用，一部要約)

ア 朝廷が政権を取り戻そうとして，幕府追討の命令を出したため，幕府側は緊急連絡のための早馬を出すなど，対応に追われていた。

イ 院(上皇)の権威が著しく強まった結果，天皇の命令は効力を失い，無実の罪で逮捕される者も現れた。

ウ 朝廷が京都の北朝と吉野の南朝に分裂・対立し，お互いに相手側の命令はにせものであると非難しあっていた。

エ 天皇中心の政治を始めたが，今までのしきたりを無視する政権に不満を持つ者も多く，夜討ちや強盗が多発するなど治安が悪化した。［　　　］

(3) 室町幕府の政治について述べた文として，最も適当なものを，次の**ア**～**エ**から１つ選び，記号で答えなさい。 鹿児島県［　　　］

ア 将軍のもとで老中や若年寄，各種の奉行などが職務を分担した。

イ 執権が御家人たちをまとめ，幕府を運営していくようになった。

ウ 管領と呼ばれる将軍の補佐役には，有力な守護が任命された。

エ 太政官が政策を決定し，その下の八つの省が実務を担当した。

3 次の問いに答えなさい。➡3, 4

(1) 歴史的建造物に関する右のまとめを見て，次の問いに答えなさい。 鹿児島県

a 東大寺南大門	守礼門
源平の争乱で焼けた東大寺の建物とともに再建された。	b 琉球王国の首里城の城門の1つとしてつくられた。

① 下線部 a の中に置かれている，運慶らによってつくられた**資料Ⅰ**の作品名を漢字5字で書きなさい。

[　　　　　　]

資料Ⅰ

（東大寺 / 撮影：飛鳥園）

正答率 12.0%

② 下線部 b について述べた次の文の □ に適する言葉を，15世紀ごろの中継貿易を模式的に示した**資料Ⅱ**を参考にして補い，完成させなさい。

資料Ⅱ

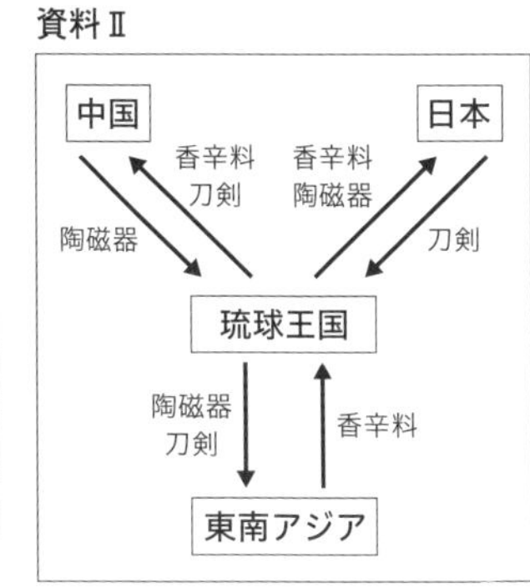

琉球王国は，日本や中国・東南アジア諸国から □ する中継貿易によって繁栄した。

[　　　　　　　　　　　　　　　　　　　　]

(2) 次の文は，室町時代にみられた農民の暮らしについて述べたものです。正しい文になるように，文中の c，d について，**ア**・**イ**のいずれかをそれぞれ選び，記号で答えなさい。 徳島県

村では，農民が，地域を自分たちで運営する動きがあった。そこでは，有力な農民を中心として村ごとにまとまり，c〔**ア** 惣　**イ** 座〕と呼ばれる自治組織がつくられた。また，猿楽や田楽などの芸能からは能が生まれた。さらに，能の合間に演じられ，民衆の生活や感情をよく表した喜劇である d〔**ア** 連歌　**イ** 狂言〕も広まり，農民などの民衆も楽しんだ。

c[　　　] d[　　　]

正答率 71.3%

(3) 足利義政が建てた**資料Ⅲ**の東求堂同仁斎には，畳を敷き床の間を設けるなどの特徴がみられます。このような特徴を取り入れた住居の様式を何といいますか。 長崎県・改

資料Ⅲ

（ゼンジ）

[　　　　　　]

4 元号(年号)がつく歴史上のできごとについてまとめた右のA～Cのカードを読んで，次の問いに答えなさい。 1, 2, 3, 4

和歌山県

A 保元の乱

京都では，a院政の実権をめぐる天皇家や藤原氏の争いに源氏や平氏などの武士が動員され，保元の乱が起こりました。このころ，東北地方では，b奥州藤原氏が金や馬などの産物と北方との交易によって栄えていました。

B 文永の役

c元の皇帝は日本に使者を送り，国交をせまりました。幕府の執権がこの要求を無視したため，元は高麗の軍勢も合わせて攻めてきました。幕府軍は元軍の集団戦法や火薬に苦戦しましたが，元軍は夜になって海上に引きあげ，撤退しました。

C 応仁の乱

d室町幕府では，将軍のあとつぎ問題をめぐって大きな乱が起き，多くの守護大名をまきこみました。その後，守護大名やその家臣などの中から，実力で領国を治めようとするe戦国大名が各地に登場しました。

(1) 文中の下線部aとはどのような政治ですか。「天皇」という語を用いて，簡潔に書きなさい。

[ ]

(2) 文中の下線部bは，中尊寺に金色堂を建てました。この寺院がある県名を書きなさい。また，その県の位置を，東北地方を示した右下の地図中のア～エから1つ選び，記号で答えなさい。

県名[ ]

位置[ ]

(3) 文中の下線部cに関し，元を訪れ，「東方見聞録」の中で日本を「黄金の国ジパング」と紹介したイタリア人は誰ですか。書きなさい。 [ ]

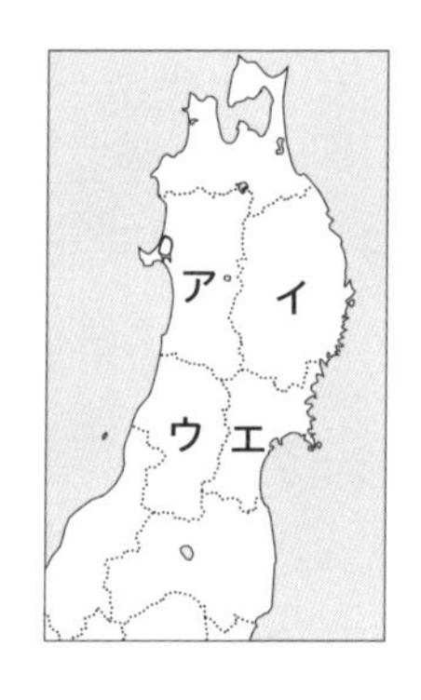

(4) 文中の下線部dに関し，右下の**資料**は3代将軍足利義満が始めた貿易の際に使われた勘合です。このような勘合を使用した日本の貿易相手国を書きなさい。また，勘合が使用された理由を，簡潔に書きなさい。

国[ ]

理由[ ]

資料

(5) 文中の下線部eの中には，金山や銀山を開発し，利益を得る者もいました。このころとくに良質な銀が生産されたことで知られ，2007年に世界文化遺産に登録された島根県の銀山を何といいますか。 [ ]

5 次の問いに答えなさい。↩1,2

HIGH LEVEL (1) 武士の世の始まりについて，右のa～dのカードは，武士が登場し，政治の実権を握るまでのできごとを示したものです。a～dのカードを，書かれた内容の古いものから順に並べるとどのようになりますか。次のア～エから1つ選び，記号で答えなさい。 三重県

a 源義家（みなもとのよしいえ）が東北地方で起こった武士の戦乱をしずめた。
b 平清盛（たいらのきよもり）は，平治（へいじ）の乱に勝利し，太政大臣（だいじょう）になった。
c 平将門（まさかど）が，朝廷（ちょうてい）の政治に不満を感じ，反乱を起こした。
d 源頼朝（よりとも）は，武士の総大将として征夷大将軍（せいいたいしょうぐん）に任じられた。

ア a→c→b→d　　イ a→d→c→b

ウ c→a→b→d　　エ c→b→a→d　　[　　]

(2) 平安時代末期に起きた保元（ほうげん）の乱についてまとめた**資料Ⅰ**中のA，Bに当てはまる適当なものを，次の**ア**～**エ**から選び，記号で答えなさい。 島根県

資料Ⅰ

時代・背景	できごと	結果・影響（えいきょう）
A →	保元の乱 →	B

ア 将軍のあとつぎをめぐり，有力な守護（しゅご）大名が対立した。

イ 院政の実権をめぐり，当時の天皇と上皇が対立した。

ウ 武家政権の成立につながっていった。

エ 下剋上（げこくじょう）の風潮が広がっていった。　　A[　　]　B[　　]

HIGH LEVEL (3) **資料Ⅱ**の戦いに幕府軍として参加した竹崎季長（たけざきすえなが）ら御家人（ごけにん）は，その後幕府に不満を持ちました。竹崎季長ら御家人はどのようなことに不満を持ったのか，**資料Ⅲ**も参考にして，30字以内で答えなさい。ただし，竹崎季長ら御家人が参加した戦いの名称を必ず入れること。 島根県

資料Ⅱ　竹崎季長が戦っている様子

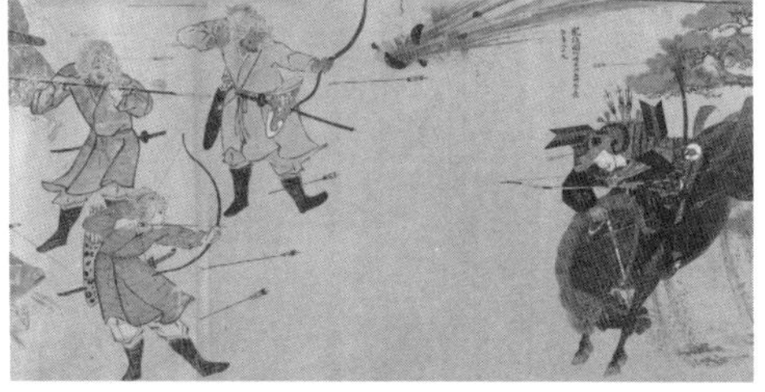
(ColBase)

資料Ⅲ

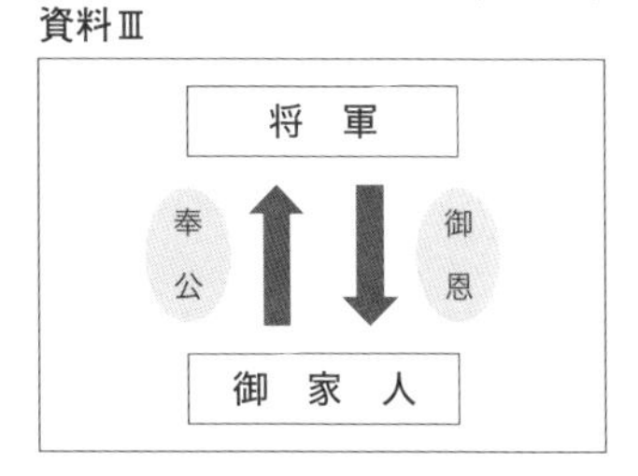

[　　　　　　　　　　　　]

6 次の問いに答えなさい。↺1,4

HIGH LEVEL (1) 右のカードAの下線部aに関して，次の文のⅰ，ⅱの｛　｝に当てはまる語句を，それぞれ**ア**，**イ**から選び，記号で答えなさい。 北海道

正答率 14.5%

カードA
鎌倉（かまくら）時代の武士の館を復元した模型です。武士は，堀（ほり）などに囲まれた屋敷に住み，a 土地などを支配していました。

（国立歴史民俗博物館）

カードB
室町（むろまち）時代にあった b 惣（そう）でつくられたおきてです。惣では有力農民を中心に，用水の管理などが行われました。

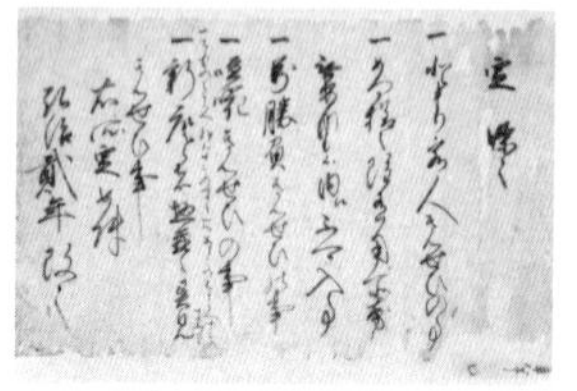
（滋賀大学経済学部附属資料館／今堀日吉神社管理）

鎌倉時代の武士には，ⅰ｛**ア** 地頭（じとう）　**イ** 守護（しゅご）｝として土地の管理や年貢（ねんぐ）の取り立てを行った者もいた。武士は一族の長が子や兄弟などをまとめ，武士が亡くなると領地は分割して一族のⅱ｛**ア** 男性のみ　**イ** 男性と女性｝に相続された。

ⅰ［　　　］ ⅱ［　　　］

HIGH LEVEL (2) カードBの下線部bに関して，室町時代の様子について書かれた**資料Ⅰ**，**Ⅱ**から共通して読みとれる室町時代の民衆の成長を背景とした社会の特徴（とくちょう）について，簡単に書きなさい。 北海道

正答率 32.8%

資料Ⅰ
菜園で，他人の野菜をそぎ取ったり，自分の土地を増やすために土を掘り動かしてはいけない。これらのことは，村人たちの集まりで議決し，定めた。

（「日吉神社文書」を現代語訳し，一部要約したもの）

資料Ⅱ
日本全国で堺（さかい）の町より安全なところはない。（中略）堺で争いが起こったとき，堺の人々が犯人を捕（つか）まえて処罰（しょばつ）している。

（「耶蘇会士日本通信」を現代語訳し，一部要約したもの）

［　　　　　　　　　　　　　　　　　　　　　　　　　］

HIGH LEVEL (3) 直子さんは，奈良県に残されている**資料Ⅲ**をみつけました。この土一揆（つちいっき／どいっき）を起こした人々の要求について，**資料Ⅲ**の傍線（ぼうせん）部からわかることを書きなさい。 滋賀県・改

正答率 19.4%

［　　　　　　　　　　　　　　　　　　　　　　　　　］

資料Ⅲ　土一揆の成果を記した碑文（ひぶん）

正長元年ヨリ
サキ者（前は）、カンヘ（神戸）四カン
カウ（郷）ニヲヰメアル（負い目ある）
ヘカラス（べからす）

（奈良市教育委員会）

出題率 79%

5 二度の世界大戦と日本

1 第一次世界大戦

1 **第一次世界大戦**…**サラエボ事件**がきっかけ
└オーストリアの皇位継承者夫妻が暗殺される

2 日本…**日英同盟**を理由に連合国側で参戦
└1902年に締結

3 **ロシア革命**(1917年)…初の**社会主義**政府➡**シベリア出兵**➡ソビエト社会主義共和国連邦
└レーニンが指導　└(1922年)

4 **パリ講和会議**…**ベルサイユ条約**，**国際連盟**
アメリカ大統領ウィルソンの提案に基づき1920年に成立┘

2 日本の動き

1 **大戦景気**…輸出超過となり好景気に

2 **大正デモクラシー**…**護憲運動**・**民本主義**，**米騒動**➡本格的な**政党内閣**成立(**原敬**内閣)
吉野作造┘　米の安売りを求める┘

3 **普通選挙法**(1925年)…同年**治安維持法**制定
└共産主義などを取り締まる

4 **社会運動**…**全国水平社**，新婦人協会など
部落差別からの解放を目指す┘　└女性の参政権を求める

3 世界恐慌とファシズムの台頭

1 **世界恐慌**…アメリカの株価大暴落で不況が世界へ拡大➡**ニューディール政策**・**ブロック経済**
アメリカ，ローズベルト大統領┘　└イギリス・フランス

2 **ソ連の動き**…スターリンが**五か年計画**
└恐慌の影響なし

3 **ファシズム**…**ヒトラー**，**ムッソリーニ**
└ドイツでナチスを率いる　└イタリアでファシスト党を率いる

4 日本の中国侵略と第二次世界大戦

1 **満州事変**(1931年)…日本軍(関東軍)が鉄道爆破➡満州占領➡**満州国**建国➡**国際連盟脱退**

2 **強まる軍国主義**…**五・一五事件**➡**二・二六事件**➡**日中戦争**
└犬養毅首相の暗殺(1932年)，政党政治が終わる　└1936年
└1937年～45年

3 **戦時体制**…**国家総動員法**・**大政翼賛会**

4 **第二次世界大戦**(1939～45年)…**日独伊三国同盟**➡日ソ中立条約➡**太平洋戦争**
日本・ドイツ・イタリア┘
└アメリカ・イギリスに宣戦（1941～45年）

5 国民の生活…**勤労動員**，**学徒出陣**，**集団疎開**

6 **終戦**…**原子爆弾投下**，**ポツダム宣言**受諾
└広島，長崎

表・写真でつかむ！必出ポイント

▶第一次世界大戦前の国際関係

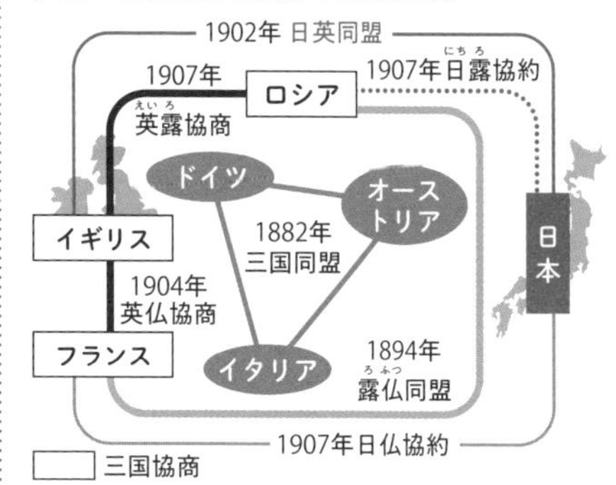

三国同盟と三国協商の２つの陣営に分かれて，互いに軍事力を増強しながら対立していた。日本は三国協商との関係を深めていた。

▶第一次世界大戦後のアジアの動き

中国	日本が**二十一か条の要求**をつきつける⇨反日運動の高まり⇨**五・四運動**が起こる⇨**中国国民党**（**孫文**）・**中国共産党**（**毛沢東**）の成立
朝鮮	日本に植民地支配される⇨日本からの独立を求める**三・一独立運動**が起こる
インド	完全な自治を求める**ガンディー**（**ガンジー**）の指導で，非暴力・不服従運動

▶有権者数の増加

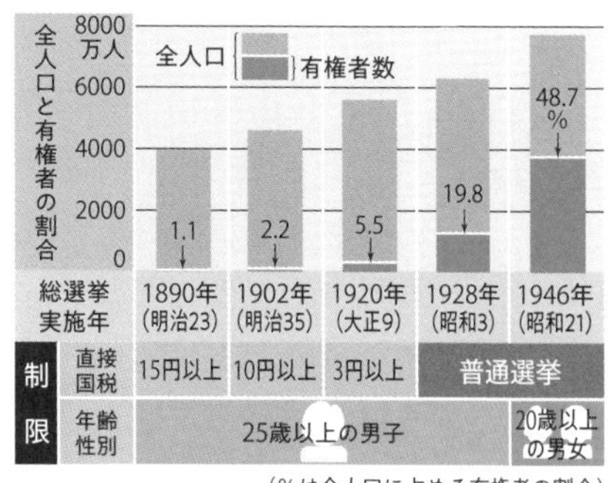

（%は全人口に占める有権者の割合）

1925年の普通選挙法により，満25歳以上のすべての男子に選挙権が与えられたため，有権者数が大幅に増加した。

入試データ 1925年に制定された普通選挙法についての問題がよく出る。

実戦トレーニング

➡ 解答・解説は別冊19ページ

1 右の年表を見て，次の問いに答えなさい。↩ 1, 2, 3, 4

お急ぎ！

年	できごと
1919	a パリ講和会議が開かれる
1928	b 第16回衆議院議員総選挙が実施される
	↕ X
1940	日独伊三国同盟が結ばれる

(1) 下線部aにおいて，第一次世界大戦の戦勝国とドイツが結んだ条約を何といいますか。 長崎県

[　　　　　]

正答率 63.6%　正答率 38.6%

(2) 下線部bに関して，右の**資料**は1920年，1928年，1946年に衆議院議員総選挙が実施されたときの，わが国の全人口に占める有権者の割合と有権者数を示したものです。**グラフ**について述べた次の文のPに当てはまる語とQに当てはまる内容をそれぞれ書きなさい。 長崎県

資料

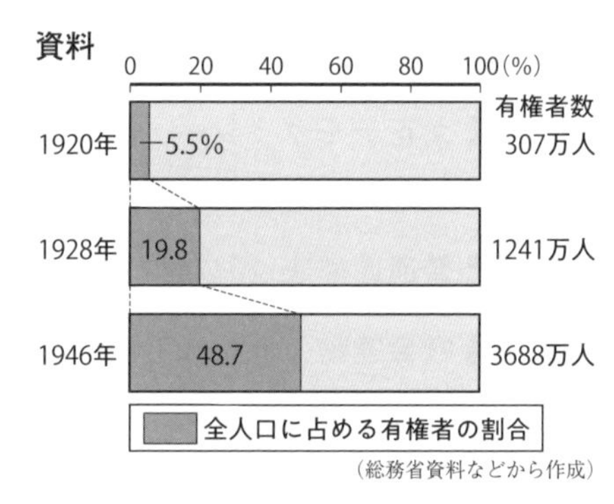

（総務省資料などから作成）

1928年に実施された選挙において，全人口に占める有権者の割合が1920年に比べて約3.6倍に増えた理由としては，1925年に［ P ］が成立して［ Q ］が有権者となったことが考えられる。

P[　　　　　]　Q[　　　　　　　　　　]

(3) Xの期間におけるわが国や世界のできごとについて述べた，次の**ア**～**ウ**を年代の古い順に並べ，記号で答えなさい。 長崎県

ア 第二次世界大戦が起こった。　**イ** 世界恐慌が始まった。

ウ 日本が国際連盟を脱退した。

[　　→　　→　　]

正答率 74.0%

(4) 右の地図は，1930年代における東アジアの様子を示したものです。この地図について説明した次の文中の［ R ］に当てはまる語句を漢字2字で書きなさい。

地図中の2つの都市を含む▒▒の地域には「［ R ］国」が建国され，清の最後の皇帝であった人物がこの国の元首になりました。 神奈川県 [　　　　]

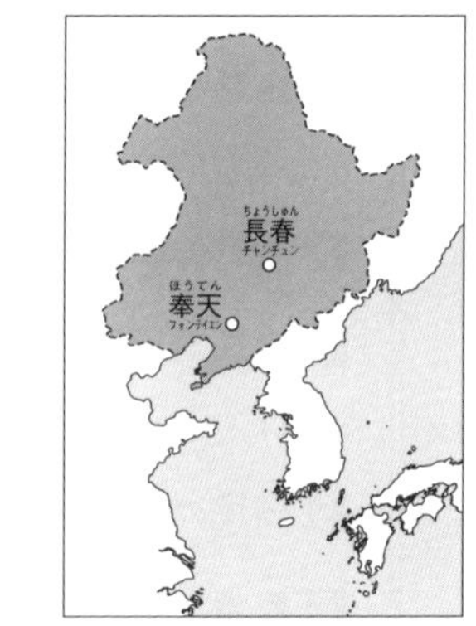

2 右の文を読んで，次の問いに答えなさい。 ↩2 〔兵庫県〕

> 20世紀に入り，ヨーロッパで a 第一次世界大戦が始まると，日本経済はさらに飛躍(ひやく)した。このころの産業の発展に伴い，b 社会で活躍する女性も増え，c 都市が発達し，文化の大衆化により人々の生活が変化した。

正答率 38.8%
(1) 下線部aに関し，このころの日本の様子を述べた次の文X，Yについて，その正誤の組み合わせとして適切なものを，あとのア～エから1つ選び，記号で答えなさい。

X 大戦中に，工業製品の輸出が拡大し，工業生産額が農業生産額を上回った。
Y 三井(みつい)・三菱(みつびし)・住友(すみとも)は大戦後に鉱山や工場の払い下げを受けて，財閥(ざいばつ)となった。

ア X－正　Y－正　　イ X－正　Y－誤
ウ X－誤　Y－正　　エ X－誤　Y－誤　　［　　　］

正答率 32.9%
(2) 下線部bに関し，市川房枝(いちかわふさえ)や平塚(ひらつか)らいてう(ちょう)が，女性の政治参加などを求めて1920年に設立した団体を，次のア～エから1つ選び，記号で答えなさい。

ア 国会期成同盟　イ 立憲政友会　ウ 青鞜社(せいとうしゃ)　エ 新婦人協会　［　　　］

(3) 下線部cに関し，右の**資料Ⅰ**，**Ⅱ**は1923年に出された東京郊外(こうがい)の土地を販売(はんばい)した会社の広告の一部と，新聞に掲載(けいさい)された広告の一部です。**資料Ⅰ**や**資料Ⅱ**から読み取れることを述べた文として適切でないものを，次の**ア**～**エ**から1つ選び，記号で答えなさい。ただし，資料は一部書き改めたところがあります。　［　　　］

> **資料Ⅰ**　大正12(1923)年1月の広告
> 都市の人口過剰(かじょう)とか労働者の生活悪化とかいうような恐るべき弊害(へいがい)が生じて参りましたため，これが対応策として労働者の住宅改善という問題が永い間種々攻究(こうきゅう)されて参ったのであります。(中略)この目的に添(そ)う住宅地の要件としては私共はおよそ次のことを要求したいと思います。
> 一　土地高燥(こうそう)にして大気清純なること。
> 二　地質良好にして樹木多きこと。
> 三　面積は少なくとも10万坪を有すること。
> 四　1時間以内に都会の中心地に到達する交通機関を有すること。
> 五　電信・電話・電灯・瓦斯(ガス)・水道等の設備完整せること。

（田園都市株式会社「田園都市案内」より作成）

> **資料Ⅱ**　大正12(1923)年11月の広告
> 田園都市土地売出
> 位置　省線目黒(めぐろ)駅又(また)は蒲田(かまた)駅の孰(いず)れよりも目黒蒲田電鉄にて十四分調布停留場にて下車　多摩(たま)川に臨(のぞ)み土地高燥風光明媚(めいび)
> ※「省線」は鉄道省(現在の国土交通省)が管理した鉄道の路線

（「東京日日新聞」より作成）

ア 都市では人口が増加して生活環(かん)境(きょう)が悪化し，住宅改善が問題となっている。
イ 郊外の住宅地が開発され，関東大震災のあとにも土地が売り出されている。
ウ 電車を使って，郊外と都市を移動できるようになっている。
エ 郊外の住宅の室内照明として，ガス灯の設置が進められている。

3 次の問いに答えなさい。 ↩1,2,4

(1) 右の図は，第一次世界大戦直前の国際関係について示したものであり，a～d は大戦に参加した国です。これを見て，次の問いに答えなさい。 石川県

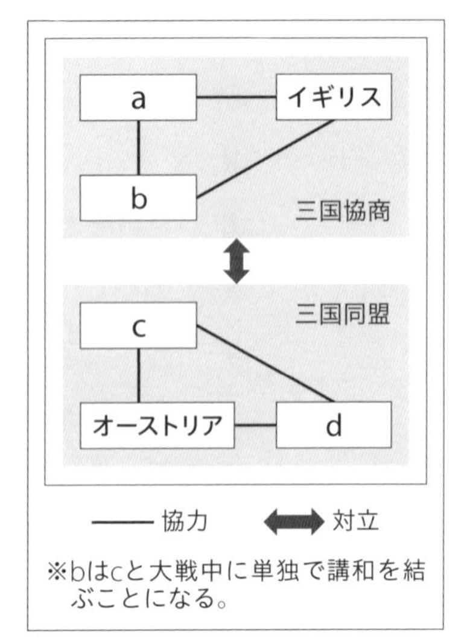

① a，d に当てはまる国名をそれぞれ書きなさい。 a[　　　　] d[　　　　]

② 次のア～エのうち，第一次世界大戦中のできごとについて述べた文として最も適切なものを１つ選び，記号で答えなさい。

ア 足尾銅山鉱毒事件が起こった。

イ 官営の八幡製鉄所が操業を開始した。

ウ 富山県で米騒動が起こった。

エ 南満州鉄道株式会社が設立された。 [　　　　]

(2) 第一次世界大戦の講和条約が結ばれたあとに起こったできごととして誤っているものを，次のア～エから１つ選び，記号で答えなさい。 徳島県

ア ニューヨークの株式市場で，株価が大暴落したことをきっかけに，世界恐慌が始まった。

イ アメリカの提案で，海軍の軍備の制限などについて話し合うワシントン会議が開かれた。

ウ オーストリアの皇位継承者夫妻が，サラエボでセルビアの青年に暗殺される事件が起こった。

エ ドイツがそれまで対立していたソ連と不可侵条約を結んだのち，ポーランドへ侵攻した。 [　　　　]

(3) ドイツについて述べた文として適当なものを，次のア～オから２つ選び，記号で答えなさい。 京都府

ア 大西洋憲章を発表した。

イ 第一次世界大戦においてイギリスと同盟を結んだ。

ウ ワイマール憲法が制定された。

エ 第二次世界大戦においてイタリアと同盟を結んだ。

オ ミッドウェー海戦でアメリカに敗れた。 [　　　　][　　　　]

4 右の年表を見て，次の問いに答えなさい。➡2，3，4

愛媛県

年	できごと
1900	
	第一次世界大戦が始まる（A 始まり）
1920	A
	B 世界恐慌が始まる（A 終わり）
1940	
	日本が［ C ］宣言を受諾する

(1) 年表中のAの期間に起こった日本のできごととして適当なものを，次のア～エから２つ選び，年代の古い順に左から並べ，記号で答えなさい。

ア 大政翼賛会が発足した。

イ 第１回衆議院議員選挙が行われた。

ウ 原敬が内閣を組織した。

エ 加藤高明内閣が普通選挙法を成立させた。

［　　　→　　　］

HIGH LEVEL (2) 年表中のBについて，右の**資料Ⅰ**，Ⅱは，それぞれイギリスの，1929年と1936年のいずれかの年における，輸入総額に占めるイギリス経済圏からの輸入額とイギリス経済圏以外からの輸入額の割合を表したものです。グラフについて述べた次の文の［ a ］に適当な言葉を書き入れて文を完成させなさい。ただし，［ a ］には，「イギリス経済圏」「イギリス経済圏以外」「関税」「高く」の４つの言葉を含めること。また，bの｛ ｝から適当なものを１つ選び，記号で答えなさい。

資料

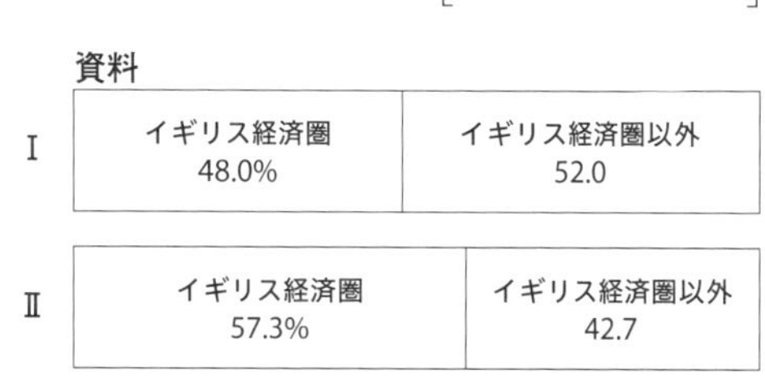

（注）イギリス経済圏とは，イギリスの植民地や自治領など，イギリスと経済的な結びつきが強い国と地域のことである。
（近代国際経済要覧）

年表中のBが起こると，イギリスは，自国に入る輸入品について，［ a ］する政策を行った。その結果，イギリスの輸入の状況は，b｛**ア** ⅠからⅡ　**イ** ⅡからⅠ｝へと変化した。

a［　　　　　　　　　　　　］

b［　　　］

(3) 年表中の［ C ］には，ドイツの，ある都市の名が当てはまります。連合国は，この都市で，日本に対して軍隊の無条件降伏や民主主義の復活を求める宣言を発表しました。Cに当てはまる都市の名を書きなさい。

［　　　　　　］

5 次の問いに答えなさい。↩1,2,3

HIGH LEVEL 正答率 23.5%

年	できごと
1918	a 米騒動が起こる
1925	b 治安維持法が制定される
1929	c 世界恐慌が起こる

(1) 年表中の下線部aの直後に，原敬(はらたかし)が内閣を組織しました。右の**資料Ⅰ**は，原敬内閣発足(ほっそく)時の閣僚(かくりょう)の所属政党などを表したものであり，**資料Ⅱ**は，このときの政党別の衆議院議員数を表したものです。わが国最初の本格的な政党内閣といわれる原敬内閣の特色として，**資料Ⅰ，Ⅱ**を基(もと)にわかることを，「閣僚」の語を使って，簡潔に書きなさい。 高知県

[　　　　]

資料Ⅰ

閣僚	所属政党など
内閣総理大臣	立憲政友会
外務大臣	外務省官僚
内務大臣	立憲政友会
大蔵大臣	立憲政友会
陸軍大臣	陸軍
海軍大臣	海軍
司法大臣	立憲政友会
文部大臣	立憲政友会
農商務大臣	立憲政友会
逓信(ていしん)大臣	立憲政友会
内閣書記官長	立憲政友会
法制局長官	立憲政友会

(国史大辞典などにより作成)

資料Ⅱ

政党名	衆議院議員数
立憲政友会	164人
憲政会	118人
立憲国民党	37人
その他	62人

(議会制度百年史による)

(2) 年表中の下線部bが1925年に制定された目的は何ですか。**資料Ⅲ**を参考にして，次の文の[　　]に当てはまる語をあとの**ア**～**エ**から1つ選び，記号で答えなさい。ただし，[　　]には同じ語が入ります。 島根県

男子普通(ふつう)選挙の実現を前にして，[　　]思想の広まりを警戒(けいかい)した政府は，[　　]運動を取り締(し)まるために治安維持法を制定した。 [　　]

ア 自由主義　**イ** 社会主義　**ウ** 帝国主義　**エ** 資本主義

資料Ⅲ
ロシアの旧勢力である皇帝や資本家を一掃するレーニンを描いた風刺画

(Bridgeman Images / 時事通信フォト)

(3) 年表中の下線部cは，アメリカのニューヨークの株式市場で株価が大暴落したことをきっかけとして起こった世界的な経済危機です。この世界恐慌以後の各国のできごととして誤っているものを，次の**ア**～**エ**から1つ選び，記号で答えなさい。 高知県 [　　]

ア ドイツでは，ヒトラーが率いる政党が政権を握った。
イ イギリスでは，他国の商品をしめ出すブロック経済が行われた。
ウ アメリカでは，ニューディール(新規まき直し)政策が始まった。
エ ロシアでは，ソビエト社会主義共和国連邦(れんぽう)(ソ連)が成立した。

6 次の問いに答えなさい。 1,4

HIGH LEVEL (1) 正答率 28.1%

資料Ⅰは，1914年度から1935年度にかけての日本の軍事費の推移を示したものです。Aの時期に軍事費が減少している理由として考えられることを，当時の国際情勢をふまえて書きなさい。ただし，第一次世界大戦，ワシントン会議という語句を使うこと。 鹿児島県

資料Ⅰ

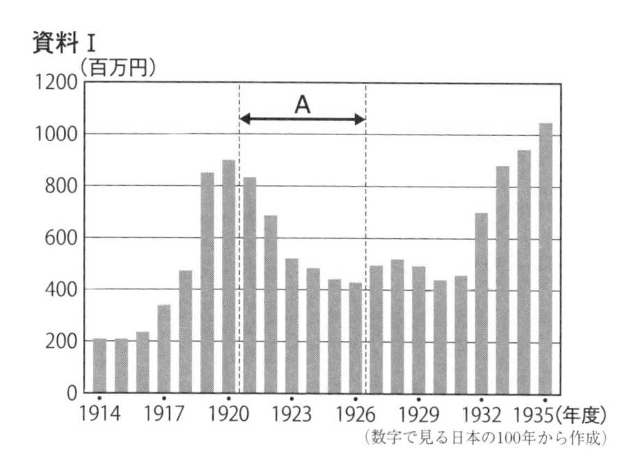

(数字で見る日本の100年から作成)

[　　　　　　　　　　　　　　　　　　　　　　　　　]

HIGH LEVEL (2) 次の文章は，生徒が**資料Ⅱ**を用いて1930年代後半から1940年代半ばまでの戦時体制について発表した際のメモの一部です。文章中の［　　　］に当てはまる語句を，あとの語群の語句をすべて用いて，15字以上20字以下で書きなさい。 愛知県

1938年，近衛文麿（このえふみまろ）内閣の下で国家総動員法が制定されました。この法律によって，政府は戦争のために，［　　　］ことができるようになりました。

【語群】　動員　議会　労働力や物資

資料Ⅱ

(朝日新聞社／時事通信フォト)

[　　　　　　　　　　　　　　　　　　　　　　　　　]

(3) 次のⅰ～ⅲは，第二次世界大戦をめぐるできごとについて述べたものです。それらを年代の古い順に並べたものを，あとの**ア～カ**から1つ選び，記号で答えなさい。また，1941年に日本が北方の安全を確保するためにソ連と結んだ条約は何か，書きなさい。 茨城県

ⅰ 連合国が日本に対して，ポツダム宣言を出した。

ⅱ アメリカのローズベルト大統領とイギリスのチャーチル首相が，大西洋憲章を出した。

ⅲ ドイツが，独ソ不可侵（ふかしん）条約を結んだうえで，ポーランドに侵攻（しんこう）した。

ア ⅰ・ⅱ・ⅲ　　**イ** ⅰ・ⅲ・ⅱ

ウ ⅱ・ⅰ・ⅲ　　**エ** ⅱ・ⅲ・ⅰ

オ ⅲ・ⅰ・ⅱ　　**カ** ⅲ・ⅱ・ⅰ

年代[　　　　]

条約[　　　　　　]

出題率 75%

6 現代の日本と私たち

1 日本の民主化

1 政治の民主化…政党復活，選挙法改正＝**満20歳以上の男女**に選挙権
└連合国軍最高司令官総司令部（GHQ）のマッカーサーが指令

2 経済の民主化…**財閥解体**，**農地改革**
三井・三菱などの資本家┘

3 日本国憲法の制定…**国民主権・基本的人権の尊重・平和主義**，天皇は国と国民統合の象徴となる
└統治権を持たない

2 戦後の世界

1 冷たい戦争（冷戦）…直接戦火を交えない東西両陣営（ソ連とアメリカが中心）の対立
社会主義国┘ └資本主義国

2 朝鮮半島…1948年，大韓民国と朝鮮民主主義人民共和国が成立➡**朝鮮戦争**（1950～53年）

3 中華人民共和国…1949年成立➡国民政府は台湾へ
└毛沢東を主席とする　└蔣介石が率いる

3 日本の独立回復と発展

1 朝鮮戦争の影響…特需景気，警察予備隊
大量の軍需物資が日本で調達された┘ └のちに自衛隊

2 サンフランシスコ平和条約➡日本が独立回復
└1951年，同時に日米安全保障条約を結ぶ

3 日本の国際連合加盟…**日ソ共同宣言**➡国際社会に復帰
└1956年，ソ連との国交回復

4 経済…**高度経済成長**➡**石油危機**で終わる
1973年の第四次中東戦争がきっかけ┘

5 外交…日韓基本条約，**沖縄**の日本復帰，**日中共同声明**で国交正常化➡**日中平和友好条約**
└1965年　└1972年　└1972年　└1978年

4 冷戦後の国際社会と日本

1 アジア・アフリカの動き
①**アジア・アフリカ会議**…平和十原則
└1955年，インドネシアのバンドンで開かれた
②**アフリカの年**…1960年，17か国が独立

2 冷戦下の緊張…ベトナム戦争，**キューバ危機**

3 国際協調の動き…**主要国首脳会議（サミット）**
└1975年に始まる

4 日本の変化…バブル経済の崩壊➡**55年体制**の終わり➡**阪神・淡路大震災**➡世界金融危機➡**東日本大震災**
株式と土地の価格が異常に上昇┐　└自由民主党の単独政権　└1995年　└2008年　└2011年

表・写真でつかむ！必出ポイント

▶農地改革による農村の変化

▶面積の割合

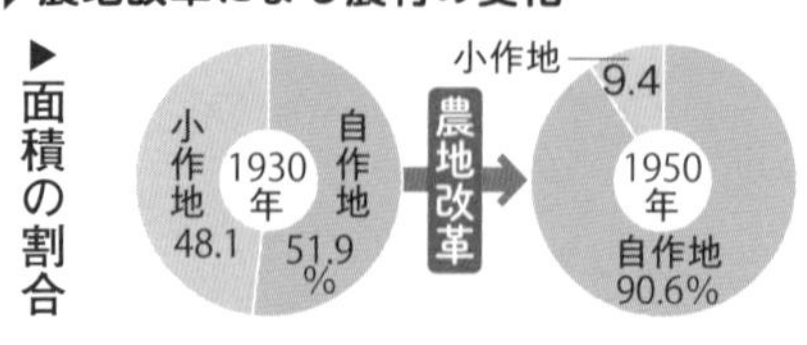

▶農家の割合

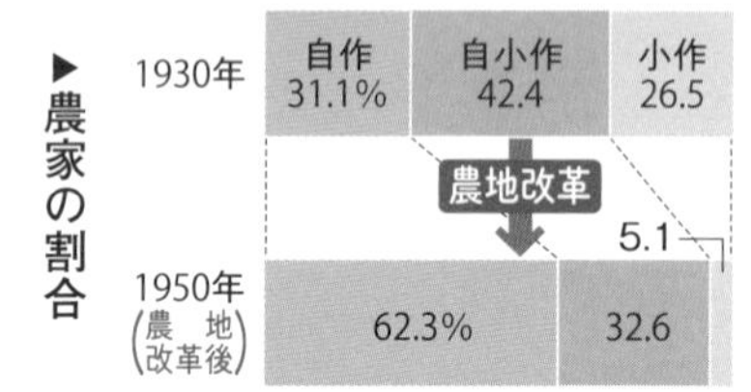

（「完結昭和国勢総覧」ほか）

小作地の多くを政府が強制的に買い上げ，小作人に安く売り渡したことで，多くの小作人が自作農となった。

▶サンフランシスコ平和条約の調印

（Avalon / 時事通信フォト）

吉田茂首相が，48か国の代表とサンフランシスコで平和条約に調印した。同時に，アメリカ軍の日本駐留などを認める日米安全保障条約を結んだ。

▶冷戦後の国際社会

冷戦の終結	東ヨーロッパ諸国の民主化⇨ベルリンの壁崩壊（1989年）⇨**マルタ会談**（米ソの首脳が冷戦終結を宣言）⇨東西ドイツ統一（1990年）⇨ソ連解体（1991年）
地域統合の動き	**東南アジア諸国連合（ASEAN）**発足（1967年）⇨**アジア太平洋経済協力（APEC）**発足（1989年）⇨**ヨーロッパ連合（EU）**発足（1993年）
地域紛争	民族・宗教・文化などの違いが原因，湾岸戦争，**イラク戦争**など⇨**平和維持活動（PKO）**

入試データ　GHQによる日本の戦後改革についての問題がよく出る。

実戦トレーニング

➡ 解答・解説は別冊21ページ

1 右の文を読んで，次の問いに答えなさい。3,4

日本は1951年に48か国と［ a ］平和条約を結び，翌年に独立を回復した。その後もbさまざまな国と外交関係を築いた。経済は，1950年代半ばまでに戦前の水準をほぼ回復し，その後，c高度経済成長がd1970年代初めにかけて続いた。

正答率 64.3%
(1) ［ a ］に当てはまる最も適当な言葉を書きなさい。〔鹿児島県〕

［　　　　］

正答率 73.9%
(2) bに関して，日本とある国との外交関係について述べた次の文のX，Yに当てはまる言葉の組み合わせとして，最も適当なものを，あとの**ア**～**エ**から1つ選び，記号で答えなさい。〔鹿児島県〕

1956年，鳩山一郎(はとやまいちろう)内閣によって［ X ］が調印され，国交が回復した。しかし，この国との［ Y ］をめぐる問題は未解決のままである。

ア X－日ソ共同宣言　Y－北方領土
イ X－日ソ共同宣言　Y－小笠原(おがさわら)諸島
ウ X－日中共同声明　Y－北方領土
エ X－日中共同声明　Y－小笠原諸島　［　　］

正答率 34.1%
(3) cに関して，この時期に起こった世界のできごととして，最も適当なものを，次の**ア**～**エ**から1つ選び，記号で答えなさい。〔鹿児島県〕［　　］

ア 国際社会の平和と安全を維持(いじ)するため，国際連合が発足(ほっそく)した。
イ アメリカが介入(かいにゅう)したことにより，ベトナム戦争が激化した。
ウ ベルリンを東西に分断していたベルリンの壁(かべ)が取りこわされた。
エ イラクのクウェート侵攻(しんこう)をきっかけに，湾岸(わんがん)戦争が起こった。

正答率 35.9%
(4) dに関して述べた，次の文中のⅰ，ⅱに当てはまる語の組み合わせとして，正しいものをあとの**ア**～**エ**から1つ選び，記号で答えなさい。〔栃木県〕

［ ⅰ ］内閣は，アメリカと交渉を進め，1972年に［ ⅱ ］を実現させた。このことを記念して，1975年に国際海洋博覧会が開催(かいさい)された。

ア ⅰ－佐藤栄作(さとうえいさく)　ⅱ－日中国交正常化
イ ⅰ－吉田茂(よしだしげる)　ⅱ－日中国交正常化
ウ ⅰ－佐藤栄作　ⅱ－沖縄の日本復帰
エ ⅰ－吉田茂　ⅱ－沖縄の日本復帰　［　　］

2 右の年表を見て，次の問いに答えなさい。➡1, 2, 3, 4

年	世界と日本の主なできごと
1945	a 第二次世界大戦が終わる。
1955	b 日本の経済水準が戦前の水準に回復する。
1973	c 石油危機が起こる。
1991	ソ連が解体される。

（1945〜1991：P）

(1) 年表中の下線部aについて，次のカード中の［　　］に当てはまる，日本国憲法に基づいて，教育の目的や目標，教育の機会均等，義務教育などについて定めた法律の名称を漢字5字で書きなさい。 大阪府・改 ［　　　　］

> 第二次世界大戦後の教育制度
> 1946(昭和21)年に日本国憲法が公布され，新たに教育に関わる内容が明記された。翌年に［　　］及び学校教育法が制定され，教育制度が整備されていった。

(2) 下線部bに関し，その主な要因となったできごとを，次の**ア**～**エ**から1つ選び，記号で答えなさい。 和歌山県・改

ア 東海道新幹線開通　　**イ** 国際連合加盟
ウ キューバ危機　　**エ** 朝鮮戦争 ［　　］

(3) 年表中の下線部cに石油危機とありますが，次の文は，わが国における石油危機以降の経済の状況について述べようとしたものです。文中の2つの〔　〕内に当てはまる言葉を，**ア**，**イ**から1つ，**ウ**，**エ**から1つ，それぞれ選び，記号で答えなさい。 香川県

1973年に，〔**ア** 朝鮮戦争　**イ** 中東戦争〕の影響を受けて，石油の価格が大幅に上がった。この石油危機によって大きな打撃を受けたわが国は，省エネルギーや経営の合理化により乗り切った。1980年代後半からは，銀行の資金援助を受けた企業が，余った資金を土地や株に投資し，地価や株価が異常に高くなる〔**ウ** 高度経済成長　**エ** バブル経済〕と呼ばれる好景気が生じた。

［　　］［　　］

(4) 年表中のPの時期におこった次の**ア**～**ウ**のできごとが，年代の古い順に左から右に並ぶように，記号で答えなさい。 香川県

ア 日中平和友好条約が結ばれる。
イ 「ベルリンの壁」が取り払われる。
ウ 北大西洋条約機構(NATO)が結成される。

［　　→　　→　　］

3 次の問いに答えなさい。 ↩1, 3

(1) 花子さんは，長崎市が原爆被爆都市であることから，核兵器と平和に関わるできごとを整理しました。次の**ア**～**ウ**のできごとを古い順に並べ，記号で答えなさい。

群馬県

ア 国会で非核三原則が決議された。

イ 広島で第1回原水爆禁止世界大会が開催された。

ウ 平和主義を盛りこんだ日本国憲法が公布された。

[　　→　　→　　]

(2) 1950年代には週刊誌ブームが起こった。こうしたマスメディアの発達は，人々の生活や社会に大きな影響を与えた。下線部について，次の a，b に当てはまる語句の正しい組み合わせを，あとの**ア**～**エ**から1つ選び，記号で答えなさい。

岐阜県・改

大衆の娯楽としては映画が人気を集め，「羅生門」の監督である［ a ］などが，世界的にも高い評価を受けた。1950年代末には［ b ］が急速に普及し，全国の人々は，［ b ］を通じて同じ内容の情報を同時に得るようになっていった。

ア a－川端康成　b－テレビ

イ a－川端康成　b－インターネット

ウ a－黒澤明　b－テレビ

エ a－黒澤明　b－インターネット

[　　]

(3) 右の年表中の c の時期について，次の問いに答えなさい。

栃木県

正答率 61.6%

① この時期における国際社会の状況として当てはまらないものを，次の**ア**～**エ**から1つ選び，記号で答えなさい。

時代	主なできごと
昭和	日本国憲法が施行される ↕ c 東京オリンピックが開催される

ア 日本は，アメリカなど48か国とサンフランシスコ平和条約を結んだ。

イ 日本は日ソ共同宣言に調印し，ソ連と国交を回復した。

ウ 朝鮮戦争が始まり，日本本土や沖縄のアメリカ軍基地が使用された。

エ 中東戦争の影響で原油価格が大幅に上昇し，石油危機が起きた。

[　　]

正答率 25.7%

② この時期に起きた，日米安全保障条約の改定に対する激しい反対運動を何といいますか。

[　　]

4 右の年表を見て，次の問いに答えなさい。 ↻3,4

正答率 67.1%

(1) Aの時期に家庭に普及(ふきゅう)したものを，次のア～エから1つ選び，記号で答えなさい。 栃木県

ア 電気冷蔵庫　　イ 携帯電話(けいたい)

ウ パソコン　　エ クーラー

[　　　]

時代	世界と日本の主なできごと
昭和	朝鮮(ちょうせん)戦争による特需(とくじゅ)景気 ↕ A B 大阪万国博覧会の開催(かいさい) C 中東戦争がおこる D 冷戦が終わる

HIGH LEVEL

正答率 79.5%

(2) 下線部Bについて，1970年の大阪万博のテーマは「人類の進歩と調和」であり，テーマの設定にあたっては，当時の社会状況(じょうきょう)が反映されています。大阪万博が開催されたころの社会状況について，「高度経済成長」の語を用い，**資料Ⅰ，Ⅱ**に触れながら簡潔に書きなさい。 栃木県

資料Ⅰ　2人以上勤労者世帯の収入(1世帯あたり年平均1か月間)

1965年	1970年
65,141円	112,949円

(「数字で見る日本の100年」により作成)

資料Ⅱ　公害に関する苦情・陳情(ちんじょう)の数(地方公共団体に受理された件数)

1966年度	1970年度
20,502件	63,433件

(「図で見る環境白書　昭和47年版環境白書」により作成)

[　　　]

(3) 下線部Cのできごとによりおきた，原油価格の急激な上昇(じょうしょう)を何といいますか。

栃木県 [　　　]

正答率 77.8%

(4) 下線部Dに「冷戦が終わる」とありますが，次の文は，たくみさんが冷戦の終結についてまとめたノートの一部です。ノート中のa，bに当てはまる言葉の組み合わせとして正しいものを，あとの**ア～エ**から1つ選び，記号で答えなさい。

高知県 [　　　]

【冷戦の終結】 1989年，[a]のあとに，アメリカ合衆国と[b]の首脳がマルタ島で会談し，冷戦が終結した。

ア a－アメリカ合衆国での同時多発テロの発生　b－ソビエト社会主義共和国連邦(れんぽう)

イ a－アメリカ合衆国での同時多発テロの発生　b－中華(ちゅうか)人民共和国

ウ a－ドイツでの「ベルリンの壁(かべ)」の崩壊(ほうかい)　b－ソビエト社会主義共和国連邦

エ a－ドイツでの「ベルリンの壁」の崩壊　b－中華人民共和国

5 次の問いに答えなさい。↱1,3

HIGH LEVEL (1) 第二次世界大戦後に農地改革が行われ，**資料Ⅰ**，**Ⅱ**にみられるような変化が生じました。農地改革の内容を明らかにし，その改革によって生じた変化について「政府」「地主」「小作人」の語を用いて書きなさい。 鹿児島県

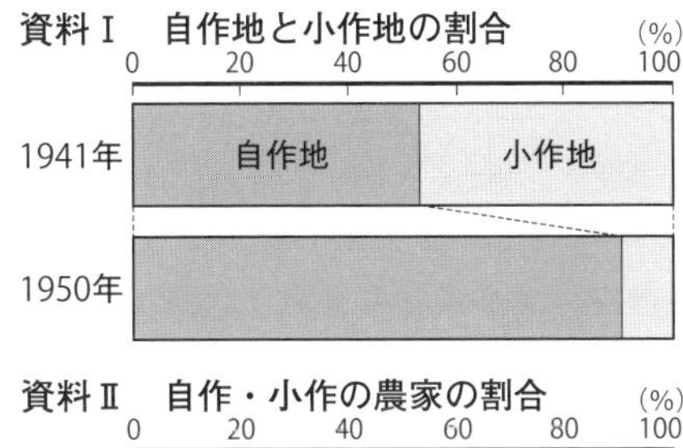

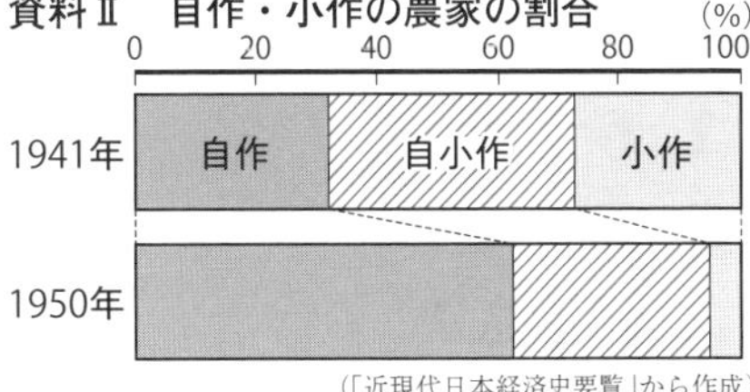

(「近現代日本経済史要覧」から作成)

[　　　　　　　　]

HIGH LEVEL (2) 次の説明文は，1946年に実施された戦後初の衆議院議員総選挙について述べたものです。説明文中の［　　］に当てはまる文を，選挙資格に着目して簡潔に書きなさい。 和歌山県

説明文

資料Ⅲは，1928年と1946年に実施された衆議院議員総選挙における，全人口に占める有権者の割合を表しています。この資料から1946年の有権者の割合が，1928年の2倍以上に増えていることがわかります。それは，1946年の選挙では，選挙権が［　　］からです。

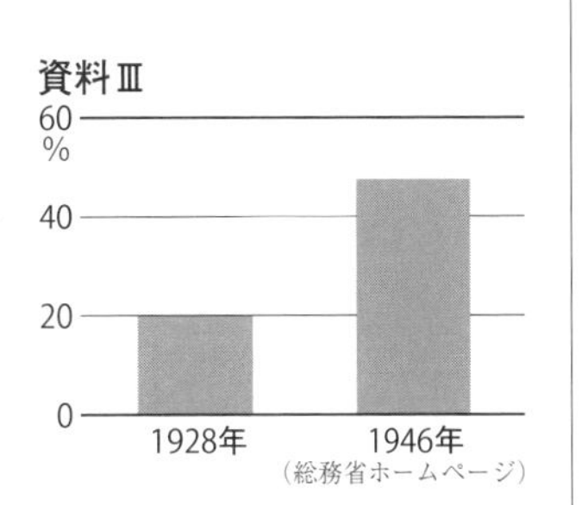

(総務省ホームページ)

[　　　　　　　　]

HIGH LEVEL (3) サンフランシスコ平和条約の締結以降に起こったできごとを，次の**ア**～**エ**から3つ選び，年代の古い順に並べ，記号で答えなさい。 鹿児島県

正答率 25.5%

ア 石油危機の影響で物価が上昇し，トイレットペーパー売り場に買い物客が殺到した。

イ 満20歳以上の男女による初めての衆議院議員総選挙が行われ，女性議員が誕生した。

ウ 男女雇用機会均等法が施行され，雇用における男女間の格差の是正がはかられた。

エ アジア最初のオリンピックが東京で開催され，女性選手の活躍が話題となった。

[　　→　　→　　]

【歴史】テーマ別用語ランキング

歴史分野では，用語や人名の記述・選択問題が半分以上を占めている。記述問題にも備えて，重要な用語と内容を押さえよう！

人物

歴史では，人物名を問う問題がかなり多い。よく出題される人物は，日ごろからしっかり書けるように練習しておくことが大切だ。

1 伊藤博文
2 聖武天皇
3 田沼意次
3 バスコ＝ダ＝ガマ
3 原敬
6 天武天皇
7 徳川家光
8 桓武天皇
9 鑑真
10 平清盛

歴代首相写真
【憲政資料室収集文書 1142】

法令

法令についての問題は，法令の内容を提示して問われることが多いので，内容にもしっかり目を通しておこう。

1 武家諸法度
2 普通選挙法
3 国家総動員法
4 御成敗式目（貞永式目）
5 墾田永年私財法
6 分国法
7 班田収授法

▼有権者数の増加

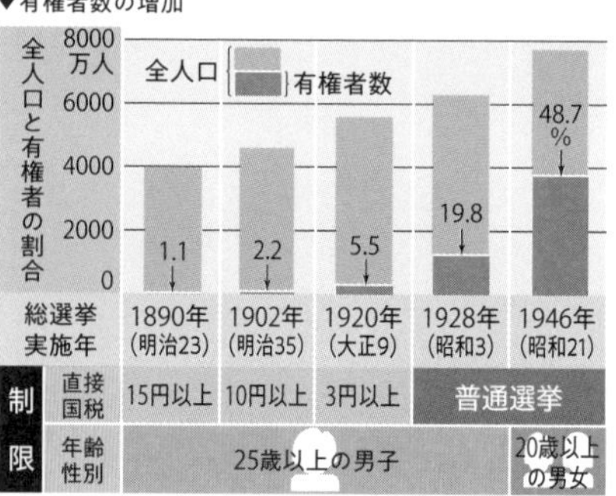

事件

用語そのものだけでなく，事件の年代・背景・結果や影響も問われることが多い。

1 世界恐慌
2 承久の乱
3 アヘン戦争
4 応仁の乱
5 白村江の戦い
6 元寇
7 米騒動
8 南北戦争
9 国連脱退

(ColBase)

文化

それぞれの時代の文化を代表する用語も，よく問われる。重要な寺院や作品は，必ず漢字で書けるようにしておこう。

1 万葉集
2 平等院鳳凰堂
3 国風文化
4 文明開化
5 化政文化
6 法隆寺
7 平城京

改革

各時代の改革は内容だけでなく，前後の背景も記述問題として問われることがある。

1 農地改革
2 寛政の改革
3 地租改正
3 学制
5 宗教改革
6 財閥解体
7 産業革命

公民分野

☑ 弱点チェック

次の問題を解いて，
自分の弱点項目をみつけよう！

➡ 解答・解説は別冊22ページ

1 私たちの暮らしと経済

- □ ① 商品が生産者から消費者に届くまでの流れを何という？ [ ]
- □ ② 店の販売状況の確認などに使われているシステムを何という？ [ ]
- □ ③ 2004年に成立した，消費者の権利を明確に定めた法律は？ [ ]
- □ ④ 市場経済で，需要量が供給量を上回ると価格はどうなる？ [ ]
- □ ⑤ 国などが決めたり認可したりする料金を何という？ [ ]
- □ ⑥ 物価が継続して上昇し，貨幣の価値が下がることを何という？ [ ]
- □ ⑦ 株主は，会社が利益をあげると持株に応じて何を受け取る？ [ ]
- □ ⑧ 日本銀行の役割は，政府の銀行，銀行の銀行ともう1つは何？ [ ]
- □ ⑨ 日本銀行が，公開市場操作などで景気の調整を行うのは何政策？ [ ]
- □ ⑩ 1ドル＝120円が，1ドル＝100円になるのは，円高？　円安？ [ ]
- □ ⑪ 労働時間，賃金など労働条件の最低基準を定めた法律は？ [ ]
- □ ⑫ 所得税，法人税，相続税は，直接税？　間接税？ [ ]
- □ ⑬ 好景気では，生産が拡大し，消費が増え，物価はどうなる？ [ ]
- □ ⑭ 課税対象金額が多くなるほど，税率を高くする課税方法は何？ [ ]
- □ ⑮ 高齢・病気・失業などの際に保険金を給付する社会保障制度は何？ [ ]

2 現代の政治と社会

- □ ① 国家権力の集中を防ぎ，国民の人権を守るしくみを何という？ [ ]
- □ ② 各政党の得票数に応じて議席を配分する選挙制度を何という？ [ ]
- □ ③ 三権のうち，国会が担っている権力を何という？ [ ]
- □ ④ 衆議院の解散による総選挙の日から30日以内に召集される国会は何？ [ ]
- □ ⑤ 衆議院と参議院のうち，優越した権限をもつのはどちら？ [ ]
- □ ⑥ 複数の政党が，協力して政権を担当する内閣を何という？ [ ]
- □ ⑦ 罷免の訴追を受けた裁判官を裁判する，国会に設けられる裁判所は？ [ ]
- □ ⑧ 内閣が国会の信任の上に成立し，国会に責任を負うしくみは？ [ ]
- □ ⑨ 内閣不信任案の可決で，内閣は衆議院の解散または何をする？ [ ]
- □ ⑩ 原則として3回まで裁判が受けられる制度を何という？ [ ]
- □ ⑪ 第一審の判決に対する上訴は控訴，第二審の判決に対する上訴は？ [ ]
- □ ⑫ 国民が裁判員として参加するのは，刑事・民事裁判のどちら？ [ ]
- □ ⑬ 都道府県知事と参議院議員の被選挙権の年齢は満何歳以上？ [ ]
- □ ⑭ 地方自治のリコールに必要な法定署名数は，有権者の何分の1以上？ [ ]
- □ ⑮ 財政格差を減らすため，国から地方自治体へ交付される資金は？ [ ]
- □ ⑯ 国の権限と業務を地方に移す試みを何という？ [ ]

3 人権の尊重と日本国憲法

- ☐ ① 天皇が，内閣の助言と承認のもとに行う形式的・儀礼的行為は？ [ ]
- ☐ ② 日本国憲法第９条の定めは，戦争の放棄，戦力の不保持と何？ [ ]
- ☐ ③ 憲法に定められた国民の義務は，勤労の義務，納税の義務と何？ [ ]
- ☐ ④ 日本国憲法によると，人権は，何によって制限されることがある？ [ ]
- ☐ ⑤ 自由権のうち，集会・結社・表現の自由は，何の自由？ [ ]
- ☐ ⑥ 健康で文化的な最低限度の生活を営む権利を何という？ [ ]
- ☐ ⑦ 私生活をみだりに公開されない権利を何という？ [ ]
- ☐ ⑧ 個人が自分の生き方などを自由に決定する権利を何という？ [ ]

4 地球社会と私たち

- ☐ ① 国家の主権のおよぶ範囲は，領土，領空ともう１つは何？ [ ]
- ☐ ② 世界の平和と安全の維持に主要な責任をもつ国連の中心機関は？ [ ]
- ☐ ③ ②の常任理事国が持つ，決議に反対する特権を何という？ [ ]
- ☐ ④ 国連が行う，停戦監視や選挙監視などの活動を何という？ [ ]
- ☐ ⑤ ヨーロッパの政治的，経済的統合を目指す地域機構を何という？ [ ]
- ☐ ⑥ 貿易拡大を目的に，特定の国や地域で結ばれる協定を何という？ [ ]
- ☐ ⑦ 発展途上国と先進国との間の経済格差の問題を何という？ [ ]
- ☐ ⑧ 先進国の政府が発展途上国に行う経済援助の略称は何？ [ ]
- ☐ ⑨ 2015 年に採択された持続可能な開発目標の略称は何？ [ ]

5 現代社会と私たちの暮らし

- ☐ ① 夫婦だけ，または親と未婚の子どもからなる家族を何という？ [ ]
- ☐ ② 文化の３つの領域のうち，工業，医療の技術を進歩させたものは何？ [ ]
- ☐ ③ 社会集団の中での対立は，話し合いで何を目指す？ [ ]
- ☐ ④ ③を目指す解決策を得るために，効率と何が必要？ [ ]
- ☐ ⑤ 文化の違いを認め合い，社会でともに生活していくことを何という？ [ ]

弱点チェックシート

正解した問題の数だけ塗りつぶそう。
正解の少ない項目があなたの弱点部分だ。

弱点項目から取り組む人は，このページへGO!

1	私たちの暮らしと経済	1 2 3 4 5 6 7 8 9 10 11 12 13 14 15	→ 110 ページ
2	現代の政治と社会	1 2 3 4 5 6 7 8 9 10 11 12 13 14 15 16	→ 117 ページ
3	人権の尊重と日本国憲法	1 2 3 4 5 6 7 8	→ 124 ページ
4	地球社会と私たち	1 2 3 4 5 6 7 8 9	→ 131 ページ
5	現代社会と私たちの暮らし	1 2 3 4 5	→ 137 ページ

1 私たちの暮らしと経済

1 消費生活と市場経済

1 消費者の保護
- ①**消費者基本法**…消費者の権利を明確化
- ②**製造物責任法**（**PL法**）
  └製品の欠陥による被害の救済を企業に義務づけ
- ③**クーリング・オフ制度**
  └一定期間内なら契約を無条件で解約できる

2 **流通**…商品が消費者に届くまでの流れ

3 価格の決定
- ①**需要量**＞**供給量**➡価格は**上昇**
- ②**需要量**＜**供給量**➡価格は**下落**

4 **インフレーション**…物価が継続的に**上昇**する
└インフレ，物価が下落することはデフレーション（デフレ）　└貨幣の価値下落

2 生産のしくみと企業

1 企業…①**公企業**　②**私企業**＝**利潤**の追求が目的
└株式会社など

2 **株式会社**…**株式**を発行して資金を集める
└利潤の一部は配当として株主へ

3 **公共料金**…国などが決定・認可する料金
└鉄道運賃，電気・ガス・水道料金など

4 **独占禁止法**…消費者の不利益をなくす

5 **男女雇用機会均等法**…雇用面で男女を平等に扱う

6 雇用形態の変化…終身雇用・年功序列賃金の崩壊
└非正規労働者の増加

3 財政と金融

1 財政収入…**租税**（税金）と**公債金**がほとんど
└歳入　└借り入れ金（借金）

2 租税の種類
- ①**直接税**…所得税・法人税・相続税など
  └所得が多いほど税率の高い累進課税
- ②**間接税**…**消費税**・酒税・関税など
  └逆進性がある

3 金融のしくみ…**直接金融**と**間接金融**

4 **金融政策**…**公開市場操作**などで景気調整
└日本銀行が行う

5 **為替相場**…自国通貨と外国通貨の交換比率
└円高は輸出に不利，円安は輸入に不利

4 社会保障制度と環境保全

1 社会保障制度…**社会保険**，**公的扶助**，**社会福祉**，**公衆衛生**
└年金・医療・介護など　└生活・医療などの扶助

2 環境の保全…**環境基本法**，**環境アセスメント**
└環境影響評価

3 **循環型社会**…**3R**（リデュース・リユース・リサイクル）

表・写真でつかむ！必出ポイント

▶経済の主体

この部分を担うのが流通
財・サービス
代金
消費
社会資本 公共サービス
社会資本 公共サービス
生産
税金
税金
家計
政府
企業
お金の流れ
賃金・利子など
労働力・資本など
財・サービスの流れ

▶労働三法

労働基準法	賃金や，労働時間，休日などの労働条件の最低基準
労働組合法	労働三権の保障，不当労働行為の禁止
労働関係調整法	労働者と使用者の対立を調整

労働三権（労働基本権）は憲法第28条で保障されている団結権・団体交渉権・団体行動権。

▶政府の財政政策

	公共事業	税率
不景気のとき	増やす	引き下げる
好景気のとき	減らす	引き上げる

▶日本銀行の金融政策

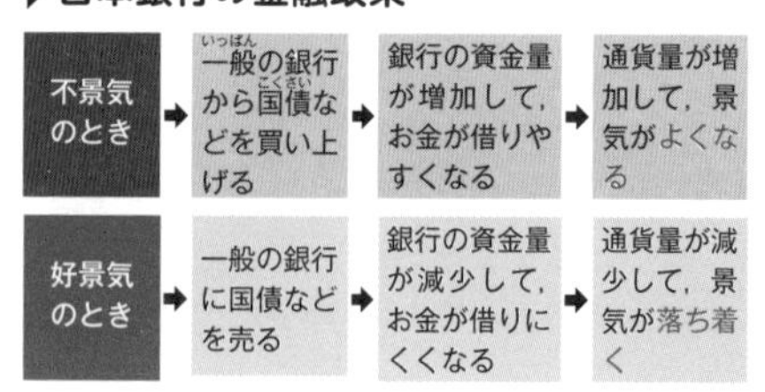

▶福祉と財政の関係

高福祉高負担〈大きな政府〉	スウェーデンなど…税金は重いが福祉は手厚い
低福祉低負担〈小さな政府〉	アメリカなど…税金は軽いが福祉を絞り込む

日本は「中福祉低負担」といわれる。

入試データ　需要量・供給量と価格の関係，財政・金融政策がとくによく問われる。

実戦トレーニング

➡解答・解説は別冊22ページ

1 次の問いに答えなさい。 ↩1,2,3

お急ぎ！

(1) 次の**資料**は，あおいさんが株式会社のしくみについてまとめたノートの一部です。これを読んで，次の問いに答えなさい。

正答率 72.2%

① ノート中の［ a ］，［ b ］に当てはまる言葉の組み合わせとして正しいものを，あとの**ア**～**エ**から１つ選び，記号で答えなさい。 高知県

> 【株式会社のしくみ】
>
> ○株式を発行し，証券市場などを通じて家計や企業から資金を調達している。出資者である株主は，会社の利益を［ a ］として受け取ることができる。
>
> ○株式会社の経営は，多くの場合，株主自身が行うのではなく，［ b ］において選任された社長などの取締役（とりしまりやく）によって行われる。

ア a－賃金　b－労働組合　　**イ** a－配当　b－労働組合

ウ a－賃金　b－株主総会　　**エ** a－配当　b－株主総会

［　　　］

正答率 16.8%

② 下線部について，金融のしくみのうち，このような資金調達の方法を何といいますか。 長崎県・改

［　　　］

正答率 85.9%

(2) 一般に，物価が下がり続ける現象をデフレーションというのに対して，物価が上がり続ける現象を何というか，書きなさい。 高知県

［　　　］

正答率 68.6%

(3) 消費者保護のしくみについて述べた次のA，Bの文の正誤の組み合わせとして，正しいものをあとの**ア**～**エ**から１つ選び，記号で答えなさい。 長崎県

A 訪問販売（はんばい）で商品を購入（こうにゅう）した場合，クーリング・オフの制度では，一定の期間内でも正当な理由がなければ契約（けいやく）を解除することはできない。

B 商品の欠陥（けっかん）によって消費者が被害（ひがい）を受けた場合，製造物責任法により，企業の過失に関係なく損害賠償（ばいしょう）の責任を，製造企業に負わせることができる。

ア A－正　B－正　　**イ** A－正　B－誤

ウ A－誤　B－正　　**エ** A－誤　B－誤　　［　　　］

2 次の問いに答えなさい。 ➡2,3,4

正答率 65.2%

(1) 政府は次のような財政政策を行うことで，景気を安定させることができます。文中の［X］，［Y］に当てはまる言葉の組み合わせとして，最も適当なものをあとのア～エから1つ選び，記号で答えなさい。 鹿児島県

> 政府は不景気(不況)のときに財政政策として公共投資を［X］させ企業の仕事を増やし，［Y］を実施して企業や家計の消費活動を刺激する。

ア X－減少　Y－増税　　**イ** X－減少　Y－減税

ウ X－増加　Y－増税　　**エ** X－増加　Y－減税　　［　　　］

HIGH LEVEL

(2) 労働者の保護を目的とした法律の1つに，労働基準法がある。次の**ア**～**カ**のうち，労働基準法に定められている内容について述べた文として適しているものをすべて選び，記号で答えなさい。 大阪府

ア 労働組合を組織することができる。

イ 労働時間を原則として1日8時間以内とする。

ウ 育児や家族の介護のために休業することができる。

エ 労働協約の締結に関して使用者と交渉する権限をもつ。

オ 労働者に対して，毎週少なくとも1回の休日を与える。

カ 労働者が女性であることを理由に，賃金について，男性と差別的取り扱いをしてはならない。　　［　　　　　］

(3) 次の文は，高度経済成長期のできごとについて説明したものです。文中の［Z］に適切な語を補い，文を完成させなさい。 山口県 ［　　　　　］

> 経済が発展した一方で，企業の生産活動による大気汚染や水質汚濁などの［Z］が発生した。なかでも，イタイイタイ病，水俣病，四日市ぜんそく，新潟水俣病の患者らが起こした裁判は，四大［Z］裁判と呼ばれた。

(4) 次のA～Cのグラフは，日本の製造業における中小企業と大企業の割合を比較したものである。A～Cに当たるグラフの組み合わせとして正しいものを，次の**ア**～**エ**から1つ選び，記号で答えなさい。 山口県・改

	中小企業	大企業
A	99.0%	1.0
B	67.3%	32.7
C	47.4%	52.6

(2020年)　（2022/23年版「日本国勢図会」）

ア A－従業者数　B－事業所数　C－出荷額

イ A－従業者数　B－出荷額　C－事業所数

ウ A－事業所数　B－従業者数　C－出荷額

エ A－事業所数　B－出荷額　C－従業者数　　［　　　］

3 次の問いに答えなさい。 ⮌4

兵庫県・改

正答率 75.9%

(1) 右の**表**のA～Dと次に示す社会保障の内容の組み合わせとして適切なものを，あとの**ア～カ**から1つ選び，記号で答えなさい。

あ 生活環境(かんきょう)の改善や感染症(かんせんしょう)の予防などで国民の健康と安全を保つ。

い 高齢(こうれい)者や児童など社会的弱者に支援(しえん)サービスを提供する。

ア あ－A い－B　　**イ** あ－A い－C

ウ あ－B い－C　　**エ** あ－C い－B

オ あ－C い－D　　**カ** あ－D い－C

[　　　]

表 4つの柱

A	社会保険
B	公衆衛生
C	社会福祉(ふくし)
D	公的扶助(ふじょ)

(2) 社会保障について説明した次の文の [i]，[ii] に入る語句の組み合わせとして適切なものを，あとの**ア～エ**から1つ選び，記号で答えなさい。 [　　　]

> 社会保障には，介護保険制度のように加入が [i]，前もって保険料を納めることで社会全体でリスクを分担するしくみや，政府が税金等を財源として生活を保障する [ii] のしくみがある。

ア i－義務づけられており　ii－公助

イ i－義務づけられており　ii－共助

ウ i－義務づけられてはいないが　ii－公助

エ i－義務づけられてはいないが　ii－共助

HIGH LEVEL (3) 右のような総人口が常に100万人の国で，65歳(さい)以上の高齢者の生活を15～64歳の人々が支えることとした場合，このモデルを説明した**ア～オ**の文のうち，正しいものを2つ選び，記号で答えなさい。

【50年前】	
15～64歳人口	69万人
65歳以上人口	7万人
【現在】	
15～64歳人口	59万人
65歳以上人口	29万人

ア 50年前と比べて，現在は65歳以上の人口割合が高く，15～64歳の人々が約5人で65歳以上の高齢者1人を支えていることになる。

イ 50年前と比べて，現在は65歳以上の人口割合が高いが，15～64歳の人々が65歳以上の高齢者1人を支える割合に変化はない。

ウ 50年前は，現在と比べて15～64歳の人口割合が高く，15～64歳の人々が約2人で65歳以上の高齢者1人を支えていたことになる。

エ 50年前は，現在と比べて15～64歳の人口割合が高く，15～64歳の人々が約10人で65歳以上の高齢者1人を支えていたことになる。

オ 50年前と比べて，現在は15～64歳の人口割合が低く，15歳未満の人口割合も50年前と比べて約半分になっている。

[　　　][　　　]

4 次の表は，ある生徒が暮らしと経済についてまとめたものである。問いに答えなさい。

↩1,2,3

青森県

消費生活	私たちが消費する㋐商品は農家や工場，商店などで生産され，卸売業者や小売業者によって消費者に届けられる。
消費者主権	私たちが買い物をするときには，㋑企業の広告に頼ることが多い。
価格の決まり方	㋒商品の価格は，消費者の買う量と生産者の売る量との関係で変化する。
さまざまな税金	㋓消費税などの間接税は，所得が低い人ほど，所得に占める税金の割合が高くなるという逆進性がある。

正答率 66.1％

(1) 下線部㋐について，電車に乗ったり美容室で髪を切ったりといった，形のない商品をサービスというのに対して，食品や衣類といった，形のある商品を何というか，書きなさい。

[　　　　]

正答率 60.1％

(2) 下線部㋑が果たすべき社会的責任として適切でないものを，次の**ア**～**エ**から１つ選び，記号で答えなさい。

ア 法令を守り，情報を公開すること。

イ 公開市場操作を行い，景気を安定させること。

ウ 従業員の生活を安定させることや消費者の安全を守ること。

エ 教育や文化，環境保護などの面で社会に貢献すること。　[　　　]

正答率 73.9％

(3) 下線部㋒について，右の**資料**は，需要量・供給量・価格の関係を表しています。次の文中の A ～ C に当てはまる語句の組み合わせとして適切なものを，あとの**ア**～**エ**から１つ選び，記号で答えなさい。

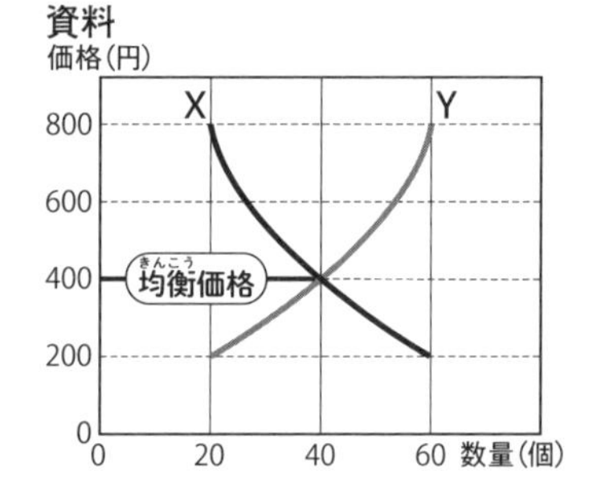

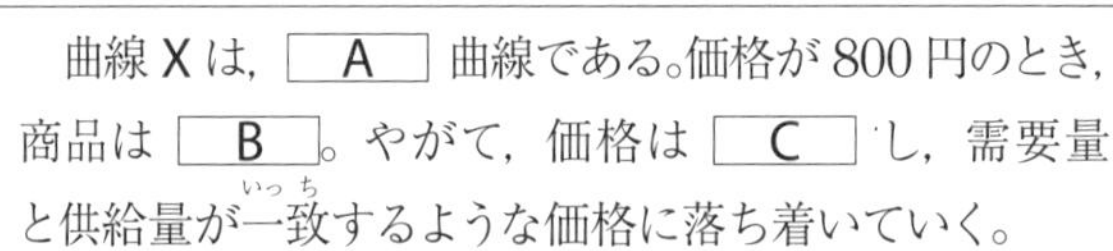

曲線Xは， A 曲線である。価格が800円のとき，商品は B 。やがて，価格は C し，需要量と供給量が一致するような価格に落ち着いていく。

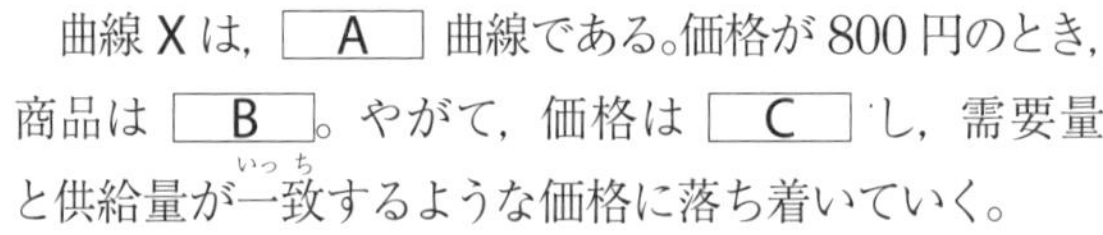

ア A－需要　B－売れ残る　C－下落

イ A－需要　B－売り切れる　C－上昇

ウ A－供給　B－売れ残る　C－上昇

エ A－供給　B－売り切れる　C－下落　[　　　]

HIGH LEVEL

正答率 19.7％

(4) 下線部㋓について，この理由を「すべての国民が，」に続けて，「所得」という語を用いて書きなさい。

[すべての国民が，　　　　]

5 次の問いに答えなさい。⮐2,3

(1) 次の文は，日本銀行が行う公開市場操作について述べたものです。文中の [あ] ～ [う] に当てはまる語として正しい組み合わせを，あとの**ア**～**ク**から1つ選び，記号で答えなさい。 静岡県

> 好景気(好況)のとき，日本銀行は国債を [あ]。それによって一般の銀行は手持ちの資金が [い] ために，企業などへの貸し出しに慎重になる。その結果，景気が [う]。

ア あ－買う　い－増える　う－回復する
イ あ－買う　い－増える　う－おさえられる
ウ あ－買う　い－減る　う－回復する
エ あ－買う　い－減る　う－おさえられる
オ あ－売る　い－増える　う－回復する
カ あ－売る　い－増える　う－おさえられる
キ あ－売る　い－減る　う－回復する
ク あ－売る　い－減る　う－おさえられる　[　　]

理由 正答率 60.2%

(2) 電気・ガス・水道などは，それぞれの地域で供給者が独占状態であることがほとんどです。これらは安定的に供給される必要があり，価格を自由に決めることが許されていません。電気・ガス・水道の料金のように，政府などが決定・認可する価格は何と呼ばれるか，その名称を書きなさい。また，この価格の決定・認可に政府などが関わり，価格の上昇などを規制する理由を，簡単に書きなさい。

静岡県　名称[　　]

理由[　　]

HIGH LEVEL 正答率 22.7%

(3) 右の**図**は，銀行を中心とした金融のしくみを模式的に表したものです。銀行の主な業務は預金の受け入れと，その預金をもとに行う貸し出しであり，預金や貸し出しの際の金利(元本に対する利子の比率)は各銀行がそれぞれで決めることができます。次の文は，**図**をもとに，銀行が具体的にどのようにして利潤を得ているかについて述べたものです。文中の [　　] に入れるのに適している内容を，「金利」の語を用いて簡潔に書きなさい。 大阪府

図

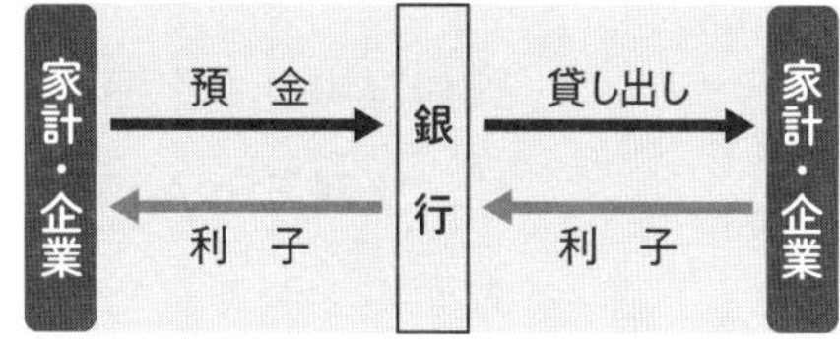

銀行は [　　] ことで，その2つの金利の差から利潤を得ている。

[　　]

6 次の資料を見て，問いに答えなさい。➡3

秋田県・改

HIGH LEVEL (1) 貿易に関して，**資料Ⅰ**の X と，Y に当てはまる内容の正しい組み合わせを，次の**ア**～**エ**から1つ選び，記号で答えなさい。

［　　　］

資料Ⅰ　為替相場の変動による影響

〈20ドルのシャツを1000枚輸入する場合〉

Ⅰ 1ドル=120円のとき　Ⅱ 1ドル=100円のとき

2400円×1000枚　2000円×1000枚

ⅠとⅡを比較すると，Ⅱのときにわが国の X には有利になる。これは，市場で円に対する需要が高まり，Y に替える動きが強まったことによる。

ア X－輸入企業　Y－円をドル

イ X－輸出企業　Y－円をドル

ウ X－輸入企業　Y－ドルを円

エ X－輸出企業　Y－ドルを円

正答率 76.5% (2) 日本企業の海外進出に関して，**資料Ⅱ**にみられる変化によって起きた国内の状況を，次の**ア**～**エ**から1つ選び，記号で答えなさい。

［　　　］

資料Ⅱ　日本の製造業の※海外生産比率

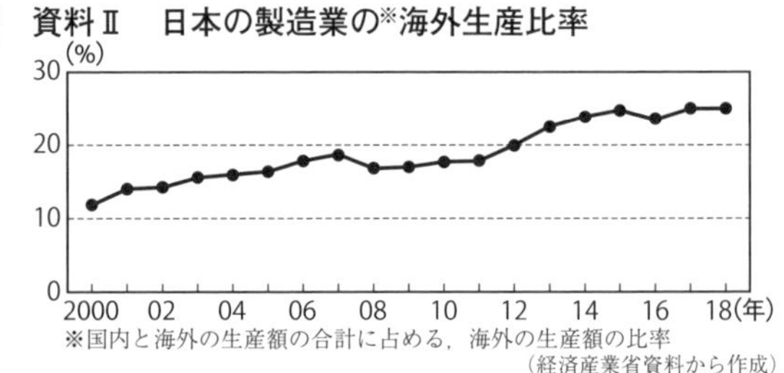

※国内と海外の生産額の合計に占める，海外の生産額の比率

（経済産業省資料から作成）

ア 市場の寡占化　**イ** 流通の合理化

ウ 都市の過密化　**エ** 産業の空洞化

HIGH LEVEL 正答率 61.1% (3) **資料Ⅲ**は，**資料Ⅳ**をもとに日本を基準として2つの「公平さ」の視点から生徒がまとめたものであり，A～Dは，それぞれ**資料Ⅳ**の日本を除く4か国を示しています。**資料Ⅲ**のAに当たる国名を，**資料Ⅳ**から1つ選んで書きなさい。

［　　　　　］

資料Ⅲ　「公平さ」の視点から見た各国の税制

A　B　日本　C　D

← 税の支払い能力に応じる，といった意味での公平さ

→ 全ての世代が負担する，といった意味での公平さ

資料Ⅳ　5か国の直接税と間接税の割合

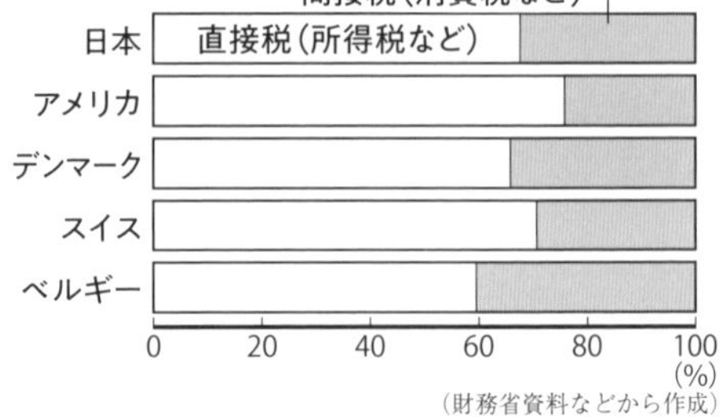

（財務省資料などから作成）

出題率 84%

2 現代の政治と社会

1 選挙と政党

1 選挙の4原則…**普通・秘密・平等・直接**選挙

2 政党…**与党**(政権を担当)と**野党**
└2つ以上の政党だと連立政権　└与党以外の政党

3 選挙の課題…**一票の格差**，棄権の増加
└投票率の低下

2 国会のはたらき

1 国会…国権の最高機関，国の**唯一の立法機関**

2 **衆議院の優越**
①**法律案の議決**…衆議院の再可決
　出席議員の3分の2以上の賛成
②予算，条約の承認，内閣総理大臣の指名
　└先議と議決の優越

3 **内閣不信任決議**…**内閣総辞職か衆議院の解散**
40日以内に総選挙，30日以内に特別会

3 内閣のはたらき

1 内閣…行政の最高機関，**閣議**で方針決定

2 **議院内閣制**…内閣が国会の信任の上に成立
└国会に連帯責任を負う

3 主な仕事
①最高裁判所長官の指名
　└その他の裁判官の任命
②天皇の**国事行為**に**助言**と**承認**を与える

4 裁判所のはたらき

1 **民事裁判**…個人などの利害対立を裁く
└原告と被告

2 **刑事裁判**…犯罪の**被告人**を裁く。黙秘権の保障

3 **裁判員制度**…国民が**裁判員**として裁判に参加
└刑事裁判

4 **三審制**…**控訴**・**上告**で裁判を3回まで受けられる

5 **違憲審査権**…**最高裁判所**に最終決定権
└「憲法の番人」

5 三権分立と地方自治

1 **三権分立**…権力の濫用防止で国民の権利を守る

2 **地方自治**…住民自治と団体自治。**地方分権**
└民主主義の学校　└国の業務を地方に移す

3 地方財政…**地方税**，**地方交付税交付金**など
└国が地方財政の格差を解消するための支出

4 **直接請求権**…議会の解散請求など

表・写真でつかむ！必出ポイント

▶小選挙区制と比例代表制

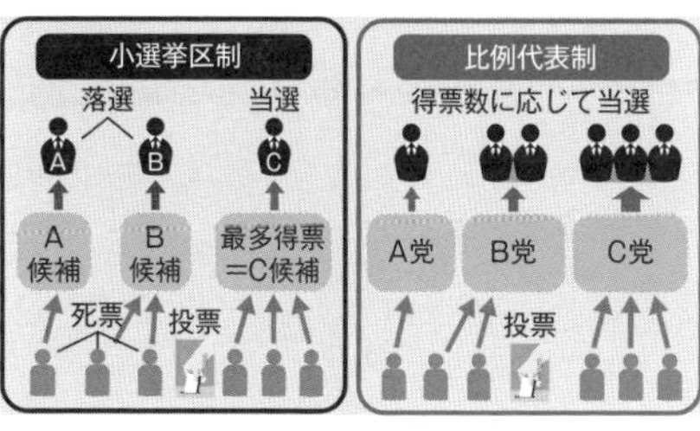

小選挙区制は1つの選挙区から1人を選ぶしくみ。比例代表制は各政党の得票数に応じて議席を配分するしくみ。

▶日本の三権分立(権力分立)

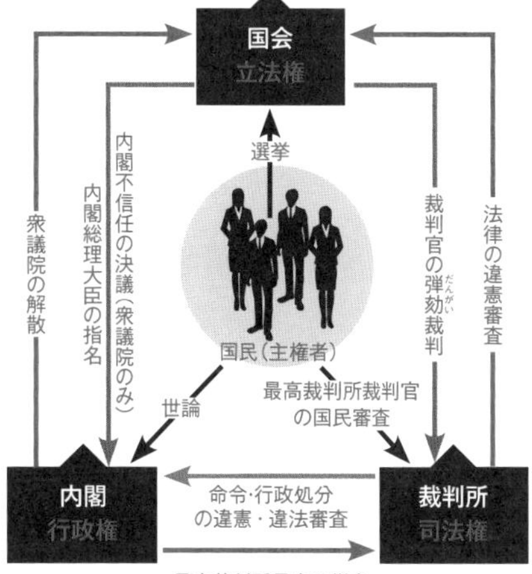

国家権力を立法権(国会)・行政権(内閣)・司法権(裁判所)に分け，相互に抑制し合う。

▶直接請求権の種類と内容

直接請求		法定署名数	請求先
条例の制定・改廃の請求		有権者の50分の1以上	首長
監査請求			監査委員
解職請求(リコール)	首長・議員	有権者の3分の1以上	選挙管理委員会
	その他の役職員		首長
議会の解散請求			選挙管理委員会

解職や議会の解散など人の地位を奪うことになる請求は署名数が多くなっていることに注目。

入試データ　衆議院の優越，裁判員制度に関する出題が非常に多い。

実戦トレーニング

➡ 解答・解説は別冊23ページ

1 次の問いに答えなさい。↱2, 3, 4

お急ぎ！

(1) 右の文は，法律案の議決について記した日本国憲法の条文の一部です。文中のa・bから適切なものを1つずつ選び，記号で答えなさい。

> 衆議院で可決し，参議院でこれと異なった議決をした法律案は，衆議院でa〔**ア** 総議員　**イ** 出席議員〕のb〔**ウ** 過半数　**エ** 3分の2以上の多数〕で再び可決したときは，法律となる。

大阪府　a[　　　]　b[　　　]

正答率 32.3%

(2) 内閣は国会の中で多数の議員数を占(し)める政党によって組織される。ただし，一つの政党だけで過半数に達しない場合などに，複数の政党によって内閣が組織され，その内閣が政権を担当することがある。このような政権を何というか，書きなさい。

高知県　[　　　　　]

正答率 71.8%

(3) 次の文は，法律などが憲法に違反(いはん)していないかどうかを判断する権限について述べたものです。文中の［　　］に当てはまる語を書きなさい。　大阪府

> 日本国憲法は，法律などが憲法に違反していないかどうかを判断する権限を裁判所に与(あた)えている。裁判所のうち［　　］裁判所は，違憲審査(いけんしんさ)について最終的に決定する権限をもち，「憲法の番人」と呼ばれている。

[　　　　　]

(4) 右は，刑事(けいじ)裁判の公判の様子を示した図です。この刑事裁判は，国民の中から選ばれた人たちが参加し，裁判官とともに，被告人(ひこくにん)が有罪か無罪か，有罪の場合はどのような刑罰にするかを決める制度の対象となっています。このような制度を何といいますか。　奈良県　[　　　　　]

(5) 次の文は，**図**中の**ア**～**ウ**のいずれかの役割について説明したものです。どの役割について説明したものですか。**図**中の**ア**～**ウ**から1つ選び，記号で答えなさい。

奈良県　[　　　]

> 警察と協力して犯罪の捜査(そうさ)をし，犯罪の疑いのある者を刑事裁判にかける。また，裁判ではさまざまな証拠(しょうこ)を出して，被告人が犯罪を行ったことなどを証明する。

2 お急ぎ！

次の表は，ある生徒が国会の1年の動き(2017年)についてまとめたものです。問いに答えなさい。↩1,2

青森県

正答率 87.5%
(1) 国会の議決のうち，いくつかの重要な点で，あの議決を優先させることを何というか，書きなさい。

[　　　　]

2017年	主な動き		
1月		1月20日	召集（しょうしゅう），平成29年度予算提出
2月		2月27日	あ衆議院で予算可決
3月		3月27日	参議院で予算可決 →平成29年度予算成立
4月	X		
5月			会期中に76件の法律案が成立
6月		6月18日	閉会
7月			
8月			
9月	Y	9月28日	召集，衆議院解散，閉会
10月		10月22日	い総選挙実施（じっし）
11月	Z	11月1日	召集，(　う　)の指名
12月		12月9日	閉会

正答率 65.1%
(2) X ～ Z に当てはまる国会の種類の組み合わせとして適切なものを，次のア～エから1つ選び，記号で答えなさい。

ア X－常会　Y－臨時会　Z－特別会
イ X－臨時会　Y－特別会　Z－常会
ウ X－特別会　Y－常会　Z－臨時会
エ X－常会　Y－特別会　Z－臨時会

[　　]

正答率 77.2%
(3) いについて，右の**資料**は，ある模擬（もぎ）選挙の投票結果を表しています。当選者4名を**資料**中のa～iから選び，記号で答えなさい。

資料　比例代表制：定数4名(ドント式による)

政党名	得票数	名簿（めいぼ）の順位		
		1位	2位	3位
けやき党	330	aさん	bさん	cさん
かえで党	270	dさん	eさん	fさん
いちょう党	180	gさん	hさん	iさん

[　　　　]

正答率 85.3%
(4) (　う　)に当てはまる語を書きなさい。

[　　　　]

正答率 35.1%
(5) 国会の地位について述べた，次の文中の [　　] に入る適切な内容を，「主権者」という語を用いて書きなさい。

国会は，[　　　　] によって構成されるため，国権の最高機関として，国の政治の中心的な地位を占める。

[　　　　　　　　]

3 次の問いに答えなさい。

➡2, 4, 5

正答率 39.1%

(1) **資料Ⅰ**中の下線部aに関して，次の文は，国会が衆議院と参議院からなる二院制をとっている目的について述べたものです。文中の [　　] に適する言葉を補い，これを完成させなさい。 鹿児島県

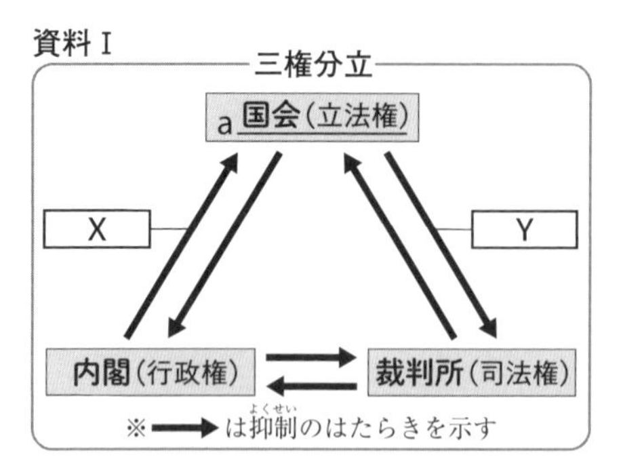

[　　　　　　　　]

> 定数や任期，選挙制度が異なる議院を置くことで，[　　]。また，慎重な審議によって一方の議院の行きすぎを防ぐこともできる。

正答率 67.6%

(2) **資料Ⅰ**中の [X]，[Y] に当てはまる言葉の組み合わせとして最も適当なものを，次の**ア**～**エ**から1つ選び，記号で答えなさい。 鹿児島県

ア X－衆議院の解散　Y－国民審査
イ X－法律の違憲審査　Y－弾劾裁判所の設置
ウ X－衆議院の解散　Y－弾劾裁判所の設置
エ X－法律の違憲審査　Y－国民審査

[　　　　]

正答率 65.9%

(3) **資料Ⅱ**はある地方裁判所の法廷の様子を模式的に示したものです。この法廷で行われる裁判について述べた文として最も適当なものを，次の**ア**～**エ**から1つ選び，記号で答えなさい。 鹿児島県

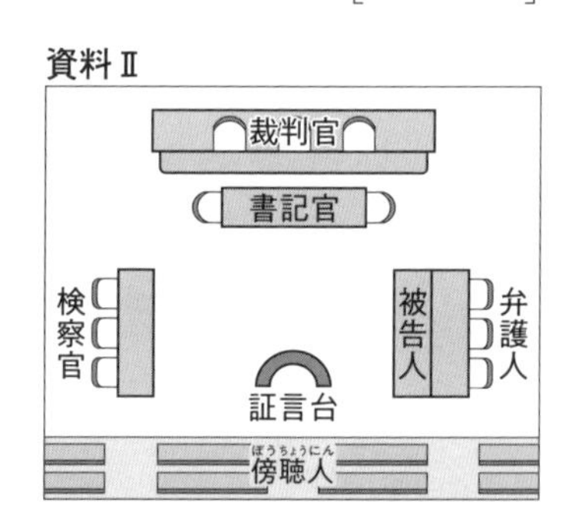

ア お金の貸し借りなどの個人と個人の間の争いを解決する。
イ 国民の中から選ばれた裁判員が参加する場合がある。
ウ 和解の成立によって裁判が途中で終わることがある。
エ 被害者が法廷に入り被告人に直接質問することはない。 [　　　　]

(4) 地方公共団体が議会の議決によって法律の範囲内で独自に制定する法(きまり)で，その地方公共団体にだけ適用されるものを何といいますか。 長崎県

[　　　　　　]

次の問いに答えなさい。⮎3,5

正答率 66.5%

(1) 次の文は，日本国憲法の，内閣に関する条文の一部です。文中の［あ］，［い］に当てはまる語として正しい組み合わせを，あとのア～エから1つ選び，記号で答えなさい。 静岡県

> 第65条 ［あ］権は，内閣に属する。
> 第66条① 内閣は，法律の定めるところにより，その首長たる内閣総理大臣及(およ)びその他の［い］でこれを組織する。

ア あ－立法 い－国務大臣　　**イ** あ－立法 い－国会議員

ウ あ－行政 い－国務大臣　　**エ** あ－行政 い－国会議員

［　　　］

(2) 国会の信任に基づいて成立し，国会に対して連帯して責任を負う内閣のしくみは何と呼ばれるか，その名称(めいしょう)を書きなさい。 静岡県 ［　　　］

(3) 衆議院による内閣不信任案の可決に対し，内閣が国民の意思を直接問おうとするとき，内閣が国会に対して行うことを，簡単に書きなさい。 静岡県

［　　　］

正答率 34.9%

(4) 地方公共団体の首長について述べた文として適切でないものを，次のア～エから1つ選び，記号で答えなさい。 青森県

ア 首長は，議会が議決した条例や予算を拒否(きょひ)して審議のやり直しを求めることができる。

イ 議会は，首長の不信任の議決をすることができる。

ウ 住民がリコールを求めて集めた署名に基づく住民投票で過半数の賛成があれば，首長は解職される。

エ 議会は，住民が直接選挙で選んだ議員の中から首長を指名することができる。

［　　　］

(5) 市議会を傍聴(ぼうちょう)した中学生が，地方自治の直接請求(せいきゅう)権に興味をもちました。有権者数が25,600人であるこの市において，条例の制定を請求する場合，何人以上の有権者の署名が必要ですか，書きなさい。 北海道 ［　　　］

(6) 地方税などでまかなえない分を補う依存(いそん)財源のうち，義務教育や道路整備など特定の費用の一部について国が負担する財源を，次のア～ウから1つ選び，記号で答えなさい。 岐阜県 ［　　　］

ア 地方交付税交付金　　**イ** 国庫支出金　　**ウ** 地方債(ちほうさい)

公民分野 2 現代の政治と社会 実戦トレーニング

5 次の資料を見て，問いに答えなさい。 ↩1, 5

HIGH LEVEL (1) 次の文は，同一の参議院議員選挙に関連した**資料Ⅰ**と**資料Ⅱ**をもとに，生徒が考えたことをまとめたものです。

資料Ⅰ　新聞の見出し（2014年11月27日付け）

参院選「違憲状態」
昨年4.77倍　最高裁2度連続

資料Ⅱ　議員一人あたりの有権者数の比較

最も多い選挙区		最も少ない選挙区	
選挙区	有権者数（人）	選挙区	有権者数（人）
北海道	1,149,739	鳥取県	241,096

（総務省資料から作成）

> 最高裁判所が「違憲（いけん）状態」と判断した理由は，選挙区によって［あ］があり，憲法に定める［い］と考えられるからである。

秋田県

正答率 70.3%
① ［あ］に当てはまる内容を，次の語を用いて簡潔に書きなさい。〔価値〕

［　　　　　　　　　　］

正答率 31.3%
② ［い］に当てはまる内容を，次の語を用いて簡潔に書きなさい。〔法〕

［　　　　　　　　　　］

(2) **資料Ⅲ**は地方公共団体と国の政治のしくみについて表したものです。地方公共団体と国の政治のしくみについて説明した文として適切なものを，次の**ア**～**エ**から1つ選び，記号で答えなさい。 茨城県

資料Ⅲ　地方公共団体と国の政治のしくみ

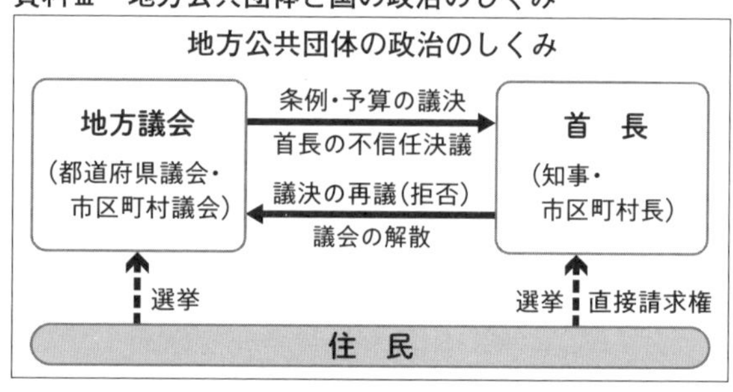

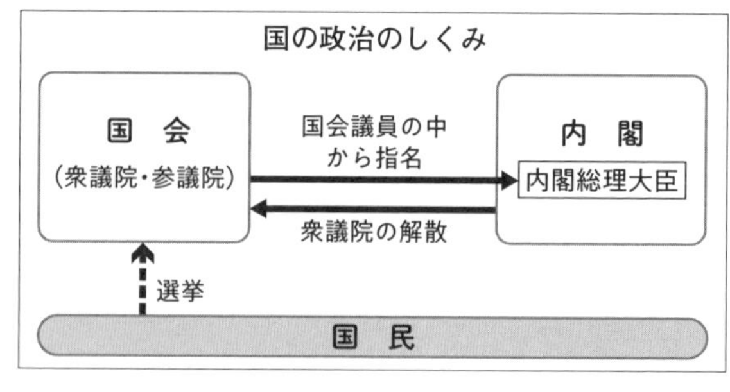

ア 地方公共団体の政治では直接請求（せいきゅう）権が認められているが，国の政治では認められていない。

イ 地方公共団体の住民は首長を，国民は内閣総理大臣を選挙で直接選ぶことができる。

ウ 地方議会も国会もともに二院制が採用されている。

エ 首長は地方議会の解散の権限はないが，内閣は衆議院の解散の権限がある。

［　　　］

6 次の資料を見て，問いに答えなさい。➡1,2,5

正答率 83.1%

(1) 選挙における４つの原則のうち，資料Ⅰの投票用紙の変化はどの原則を反映したものか，次のア～エから１つ選び，記号で答えなさい。

ア 直接選挙　イ 秘密選挙
ウ 平等選挙　エ 普通選挙

秋田県 [　　　]

資料Ⅰ 明治時代と現在の投票用紙の比較

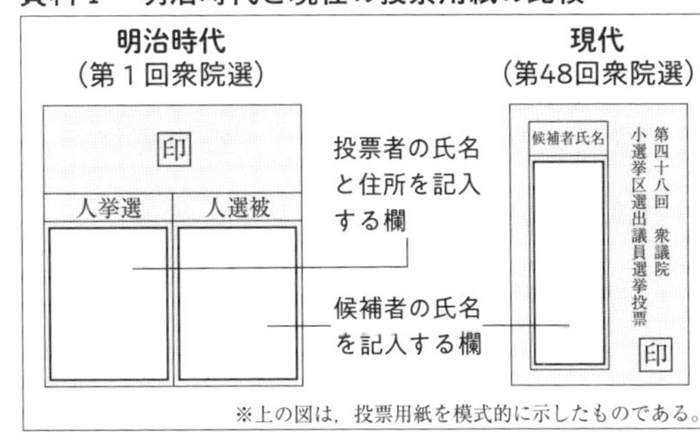

※上の図は，投票用紙を模式的に示したものである。

HIGH LEVEL (2) 下の文は，国会に関して作成した資料Ⅱについてまとめた内容の一部です。[X]に当てはまる内容を書きなさい。また，[Y]に当てはまるものを，資料Ⅱのア～エから１つ選び，記号で答えなさい。

福岡県

資料Ⅱ 2016年から2017年の期間に行われた選挙と開かれた国会（常会を除く）

選挙名	選挙期日
第24回参議院議員通常選挙	2016年7月10日
第48回衆議院議員総選挙	2017年10月22日

国会の種類	召集	閉会
ア	2016年8月1日	2016年8月3日
イ	2016年9月26日	2016年12月17日
ウ	2017年9月28日	2017年9月28日
エ	2017年11月1日	2017年12月9日

（衆議院ホームページ等から作成）

X[　　　　] Y[　　　]

2016年から2017年に開かれた国会のうち，[X]ことを主な議題として開催される特別会に当たるものは，[Y]である。

HIGH LEVEL (3) 地方自治に関して，国と比較した地方の行政事務の特徴を資料Ⅲから読み取り，簡潔に書きなさい。また，政令指定都市と比較した小都市の歳入の特徴を資料Ⅳから読み取り，地方交付税交付金の役割に触れ，簡潔に書きなさい。

栃木県

資料Ⅲ 主な行政事務の分担

	教育	福祉	その他
国	・大学	・医師等免許	・防衛 ・外交
地方（市町村）	・小中学校 ・幼稚園	・国民健康保険 ・ごみ処理	・消防 ・戸籍

（「総務省ウェブページ」により作成）

資料Ⅳ 歳入に占める割合と，人口一人あたり歳入額

	地方税（%）	地方交付税交付金（%）	一人あたり歳入額（千円）
政令指定都市	41.2	5.1	509
小都市（人口10万人未満）	27.1	23.3	498

（「総務省令和２年度版地方財政白書」により作成）

事務[　　　　]

歳入[　　　　]

出題率 66%

3 人権の尊重と日本国憲法

1 人権思想の発達

1 人権思想家…**ロック**，**モンテスキュー**，**ルソー**
　　└三権分立

2 **自由権**・**平等権**の確立…**独立宣言**，**人権宣言**
　　└アメリカ独立宣言 └フランス人権宣言

3 **社会権**の確立…**ワイマール憲法**で初めて保障

4 **国際的保障**…**世界人権宣言**，**国際人権規約**

2 日本国憲法の基本原理

1 **立憲主義**…憲法を**最高法規**とし，権力を分立
　　└法の支配に基づく

2 日本国憲法の基本原理
- **国民主権**…国の政治の決定権は国民にある
  天皇は日本国や国民統合の**象徴**，**国事行為**を行う
- **基本的人権の尊重**…人権は**不可侵**・**永久**の権利
- **平和主義**…日本国憲法**第9条**で①**戦争の放棄**　②**戦力の不保持**　③**交戦権の否認**を定める
  　　└国が戦争をする権利

3 基本的人権の種類

1 **平等権**…**法の下の平等**，両性の本質的平等

2 **自由権**…身体の自由，精神の自由，経済活動の自由
　　└生命・身体の自由 └精神活動の自由

3 **社会権**…人間らしい生活の保障を求める権利

4 人権を守るための権利
①**参政権**…選挙権と被選挙権など
②**請求権**…裁判を受ける権利など

5 人権の限界…**公共の福祉**のために利用する責任
　　└社会全体の利益

6 国民の義務
①(子どもに)**普通教育を受けさせる義務**
②**勤労の義務**　③**納税の義務**

4 新しい人権

1 **環境権**…住みやすい環境を求める権利

2 **知る権利**…国などに情報公開を求める権利

3 **プライバシーの権利**…私生活の情報を公開されない

4 **自己決定権**…医療におけるインフォームド・コンセントなどが重要視される
　　└十分な説明に基づく同意

表・写真でつかむ！必出ポイント

▶日本国憲法第９条

第９条　①日本国民は，正義と秩序を基調とする国際平和を誠実に希求し，国権の発動たる**戦争**と，武力による威嚇又は武力の行使は，国際紛争を解決する手段としては，**永久にこれを放棄する**。
②前項の目的を達するため，陸海空軍その他の**戦力は**，これを**保持しない**。国の交戦権は，これを**認めない**。

▶社会権の内容

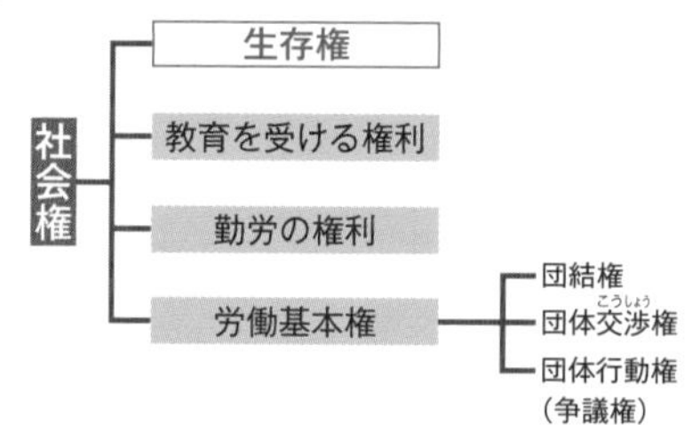

生存権は，日本国憲法第25条に定められている。

▶日本国憲法第 25 条

第25条　①すべて国民は，**健康で文化的な最低限度の生活**を営む権利を有する。

▶基本的人権の内容

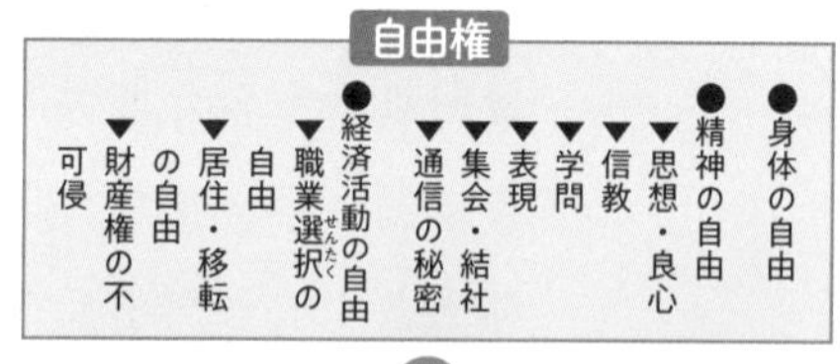

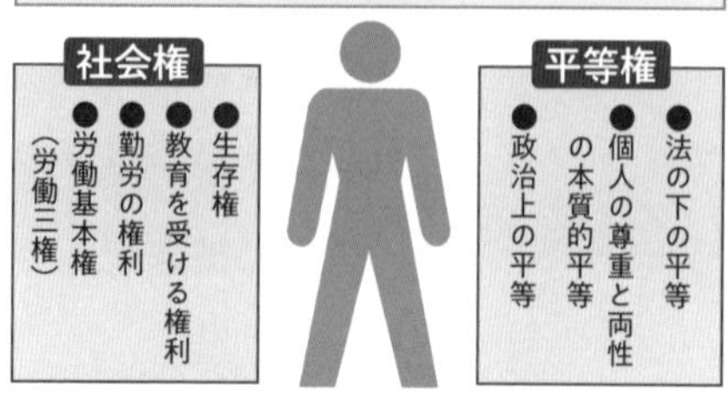

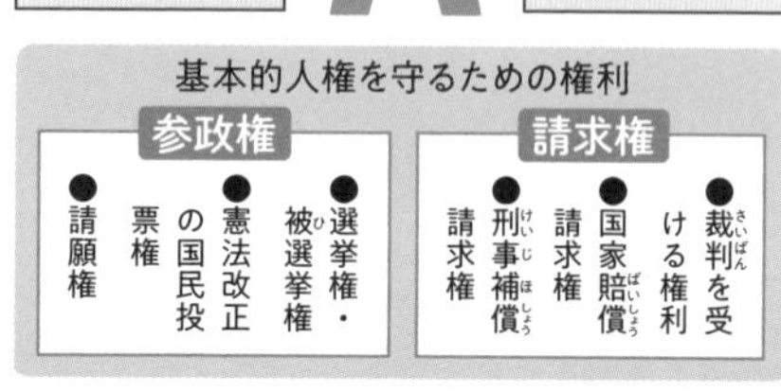

入試データ　自由権と社会権の分類，公共の福祉がよく問われる。

実戦トレーニング

➡ 解答・解説は別冊24ページ

1 お急ぎ！ 次の問いに答えなさい。 ↩1, 2, 3

(1) 18 世紀のヨーロッパで，政治のしくみとして権力の分立が主張されました。

正答率 80.4%

① 18 世紀,「法の精神」を著して，権力の分立を主張したフランスの思想家を，次のア～エから 1 つ選び，記号で答えなさい。 大阪府

ア ルター　**イ** ロック　**ウ** クロムウェル　**エ** モンテスキュー

[　　　]

② 次のア～エのうち，18 世紀に起こったできごとについて述べた文として正しいものを 1 つ選び，記号で答えなさい。 大阪府

ア 国王に対して国民の権利や議会の権限を認めさせる権利の章典(権利章典)がイギリスで発布された。

イ 国民の言論，集会，信教(信仰(しんこう))の自由を法律の範囲(はんい)内で保障することを記した大日本帝国(ていこく)憲法が発布された。

ウ すべての人は平等につくられ，生命，自由及(およ)び幸福追求の権利が与えられているとするアメリカ独立宣言が発表された。

エ すべての人に，人たるに値する生存(生活)を保障することを初めて憲法で保障したワイマール憲法がドイツで制定された。 [　　　]

(2) 日本国憲法について，右の表の ＿＿ に共通して当てはまる語句を漢字 2 字で書きなさい。 北海道 [　　　]

大日本帝国憲法	日本国憲法
天皇(君主)が定める	＿＿ が定める
主権者は天皇	主権者は ＿＿

(3) 自由権の内容の具体的な例として適当なものを，次のア～オからすべて選び，記号で答えなさい。 北海道

ア 宗教を信仰すること。　**イ** 生活のために働くこと。

ウ 職業や住む場所を選ぶこと。　**エ** 経済について研究すること。

オ 小学校や中学校などで教育を受けること。 [　　　]

正答率 32.3%

(4) 次の文は日本国憲法の一部です。文中の ＿＿ に当てはまる語を書きなさい。

すべて国民は，個人として尊重される。生命，自由及(およ)び幸福追求に対する国民の権利については，＿＿ に反しない限り，立法その他の国政の上で，最大の尊重を必要とする。

栃木県 [　　　]

2 次の問いに答えなさい。 ➡2, 3

お急ぎ！

正答率 14.1%

(1) 日本国憲法に，勤労は国民の権利であり，義務であることが記されています。次の文は，基本的人権に関わることについて記されている日本国憲法の条文の一部です。文中の □ の箇所(かしょ)に当てはまる語を書きなさい。 大阪府

「何人(なんぴと)も，公共の福祉(ふくし)に反しない限り，居住，移転及(およ)び □ の自由を有する。」

[ ]

(2) 日本国憲法では，自由権，平等権，社会権，参政権などの基本的人権が保障されています。日本国憲法で保障されている社会権として適切なものを，次の**ア**～**エ**から2つ選び，記号で答えなさい。 群馬県 [ ][ ]

ア 財産権　**イ** 生存権　**ウ** 選挙権　**エ** 教育を受ける権利

(3) 次の日本国憲法条文と前文を読んで，問いに答えなさい。

B 正答率 25.7%

① 文中の A ， B に当てはまる語句を，それぞれ書きなさい。

青森県 A[ ]

B[ ]

Y 正答率 87.2%

② 第12条中の公共の福祉により，人権の制限が認められる場合があります。あとのX，Yの人権が制限される例を，次の**ア**～**カ**から1つずつ選び，記号で答えなさい。 青森県

> 前文　日本国民は，正当に A された国会における代表者を通じて行動し，…
>
> 第3条　天皇の国事に関するすべての行為(こうい)には，内閣の助言と B を必要とし，内閣が，その責任を負ふ。
>
> 第12条　この憲法が国民に保障する自由及び権利は，国民の不断の努力によって，これを保持しなければならない。又(また)，国民は，これを濫用(らんよう)してはならないのであって，常に公共の福祉のためにこれを利用する責任を負ふ。
>
> 第13条　すべて国民は， C として尊重される。生命，自由及び幸福追求に対する国民の権利については，公共の福祉に反しない限り，立法その他の国政の上で，最大の尊重を必要とする。

ア 他人の名誉(めいよ)を傷つける行為の禁止

イ 企業(きぎょう)の価格協定(カルテル)などの禁止

ウ 不備な建築の禁止　**エ** 無資格者による営業の禁止

オ 道路や空港建設のための土地の収用　**カ** 公務員のストライキ禁止

X 労働基本権[ ]　Y 表現の自由[ ]

正答率 27.3%

③ 国民の権利について， C に当てはまる語を書きなさい。 長崎県

[ ]

3 次は，ある中学生が社会科の授業で「日本国憲法の３つの基本原理」について学習した際の振り返りシートの一部です。これを見て，次の問いに答えなさい。⮐1,2

■学習を通してわかったこと

国民主権	基本的人権の尊重	平和主義
ⓐ日本国憲法では，主権者は私たち国民であり，国民が政治のあり方を決める力をもっていることが示されています。	私たちが自由に人間らしく生きていくことができるように，平等権，自由権，社会権などのⓑ基本的人権が侵すことのできない永久の権利として保障されています。	ⓒ第二次世界大戦での経験をふまえ，日本国憲法は，戦争を放棄して世界の恒久平和のために努力するというⓓ平和主義をかかげています。

正答率 39.7%

(1) ⓐに関して，次は日本国憲法の一部です。[　　　]に当てはまる最も適当な言葉を，**資料**を参考にして書きなさい。〔鹿児島県〕

第98条　この憲法は，国の[　　　]であって，その条規に反する法律，命令，詔勅及び国務に関するその他の行為の全部又は一部は，その効力を有しない。

[　　　　　]

資料　法の構成

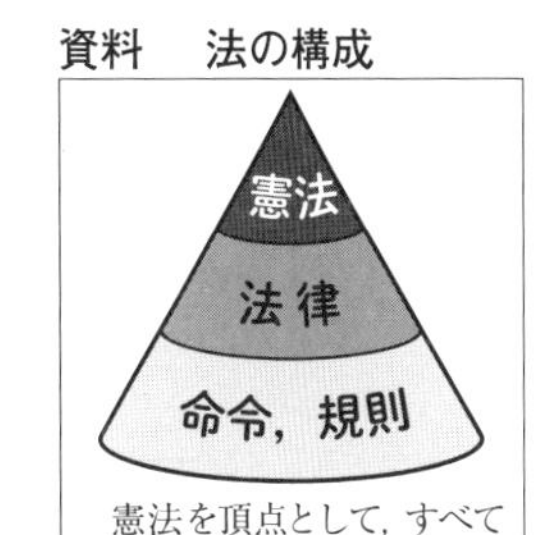

憲法を頂点として，すべての法が位置づけられている。

(2) ⓑに関して，次の**ア**～**ウ**は，人権保障の歩みの中で重要な事柄について説明したものです。**ア**～**ウ**を年代の古い順に並べなさい。〔鹿児島県〕

ア「人間に値する生存」の保障などの社会権を取り入れたワイマール憲法が制定された。

イ 人権を保障するために各国が守るべき基準を明らかにした世界人権宣言が採択された。

ウ 人は生まれながらに自由で平等な権利をもつことをうたったフランス人権宣言が出された。

[　　→　　→　　]

正答率 67.6%

(3) ⓒに関して，日本は，核兵器による被爆国として，非核三原則をかかげています。その三原則を，「核兵器を」の書き出しに続けて書きなさい。〔鹿児島県〕

[核兵器を　　　　　　　　　　]

(4) ⓓについて説明した①・②の正誤の組み合わせとして適当なものを，あとの**ア**～**エ**から１つ選び，記号で答えなさい。〔沖縄県〕

① 第９条は，戦争の放棄，戦力の不保持，交戦権の否認を定めている。

② 政府は，自衛隊について「自衛のための必要最小限度の実力」を保持することは，憲法に違反しないという見解にたっている。

ア ①－誤　②－誤　　**イ** ①－誤　②－正

ウ ①－正　②－誤　　**エ** ①－正　②－正

[　　　]

4 次の問いに答えなさい。↩1,2,3,4

正答率 78.0%

(1) 政治にはさまざまな原則がありますが，近代になると政治力も民主的に定められた法に従わなければならないという考えが発達しました。下線部を説明した右の**資料**の［ i ］～［ iii ］に入る語句の組み合わせとして適切なものを，次の**ア**～**エ**から１つ選び，記号で答えなさい。

資料

［ i ］
↓制限
［ ii ］
↓↓↓
国民

［ iii ］の支配

ア i－国王・君主・政府　ii－法　iii－法

イ i－国王・君主・政府　ii－法　iii－人

ウ i－法　ii－国王・君主・政府　iii－法

エ i－法　ii－国王・君主・政府　iii－人

兵庫県 [　　　　]

正答率 60.5%

(2) 1948年に国際連合で採択(さいたく)された，各国が保障すべき人権の共通の基準を示し，人権保障の模範(もはん)となっているものを次の**ア**～**エ**から１つ選び，記号で答えなさい。

ア 女子差別撤廃(てっぱい)条約　**イ** 世界人権宣言

ウ 子どもの権利条約　**エ** 国際人権規約

長崎県 [　　　　]

正答率 79.8%

(3) 日本の社会保障制度は，日本国憲法第25条に保障されている権利に基(もと)づいています。この権利を説明した次の文の［ i ］，［ ii ］に入る語句の組み合わせとして適切なものを，あとの**ア**～**エ**から１つ選び，記号で答えなさい。 兵庫県

この権利は，［ i ］の中の最も基本的な権利である生存権で，［ ii ］を保障している。

[　　　　]

ア i－自由権　ii－奴隷(どれい)的拘束及(こうそくおよ)び苦役からの自由

イ i－社会権　ii－健康で文化的な最低限度の生活を営む権利

ウ i－自由権　ii－健康で文化的な最低限度の生活を営む権利

エ i－社会権　ii－奴隷的拘束及び苦役からの自由

正答率 30.2%

(4) 基本的人権について述べたX・Yの文について，その正誤の組み合わせとして正しいものを，あとの**ア**～**エ**から１つ選び，記号で答えなさい。 高知県

X 日本国憲法では，プライバシーの権利や知る権利などの新しく主張されるようになった人権について，明確に定めている。

Y 日本国憲法では，国民は，自由や権利を濫用(らんよう)してはならないのであって，常に公共の福祉(ふくし)のために利用する責任を負うと定めている。

ア X－正　Y－正　**イ** X－正　Y－誤

ウ X－誤　Y－正　**エ** X－誤　Y－誤

[　　　　]

5 次の問いに答えなさい。

↩2, 4

(1) 日本国憲法は，国の理想や基本的なしくみ，政府と国民との関係などを定めています。国民の自由や権利を守るために憲法によって政治権力を制限し，憲法にのっとって国を運営することは，何主義と呼ばれますか。 香川県

[　　　　]

(2) 日本国憲法では，天皇は日本国の象徴(しょうちょう)として位置づけられており，国の政治について権限をもたず，国事行為(こうい)を行うと定められています。次の**ア**～**エ**のうち，日本国憲法で天皇の国事行為として定められているものを1つ選び，記号で答えなさい。 香川県 [　　　　]

ア 予算を作成すること　　**イ** 法律を公布すること

ウ 内閣総理大臣を指名すること　　**エ** 条約を承認すること

(3) 翔太(しょうた)さんは授業で「新しい人権」について学び，右のようにノートへまとめました。右図中の**A**・**B**に最も適する権利を，「□権利」に当てはまるように答えなさい。 沖縄県

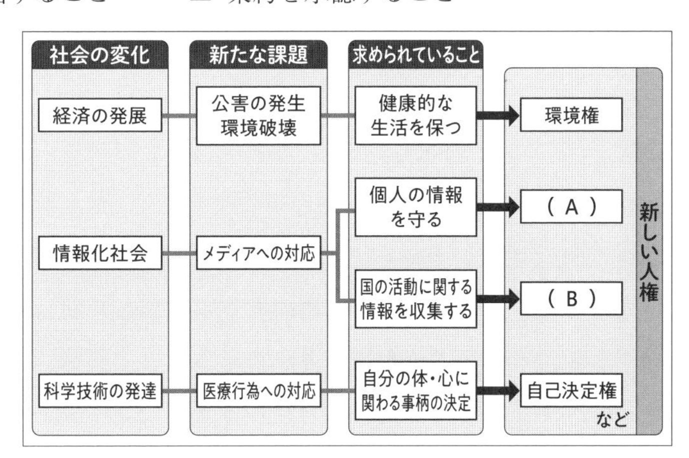

A[　　　　権利]　B[　　　　権利]

HIGH LEVEL (4) 右の写真の建物は，周りの建物の日当たりに配慮(はいりょ)して建てられています。この建物によって配慮されている権利を書きなさい。また，その権利を保障するために，この建物に施(ほどこ)されている工夫と，その工夫が周りの建物にもたらす効果について，「日当たり」という語句を用いて書きなさい。 北海道

権利　[　　　　]

工夫と効果[　　　　]

6 次の問いに答えなさい。➡3, 4

正答率 67.2%

(1) 右の事例は，権利の保障をめぐって行われた実際の裁判について説明したものです。この事例中の＝＝線で示した内容に最も関係が深いと考えられる日本国憲法の条文を，次のア～エから1つ選び，記号で答えなさい。 神奈川県

> 事例
>
> 企業Aは，新規の薬局を開設することを申請した。しかし，新規に開設する薬局と既存の店舗との距離を制限することを認める法律に基づいて，薬局の開設は認められなかった。企業Aは，この処分を不服として裁判を起こした。最高裁判所は，この法律が日本国憲法に違反し，無効であるとの判決を下した。

ア 賃金，就業時間，休息その他の勤労条件に関する基準は，法律でこれを定める。

イ 勤労者の団結する権利及び団体交渉その他の団体行動をする権利は，これを保障する。

ウ 何人も，公共の福祉に反しない限り，居住，移転及び職業選択の自由を有する。

エ 天皇は，内閣の指名に基づいて，最高裁判所の長たる裁判官を任命する。

[　　　]

(2) 花子さんは，社会の変化に対応した新しい人権が提唱されていることに興味をもち，**資料Ⅰ**を見つけました。インターネットを利用する際に，自分の人権や他人の人権を守るために注意しなければならないことを，**資料Ⅰ，Ⅱ**を参考にして，簡潔に書きなさい。

群馬県

資料Ⅰ　インターネットによる人権侵害件数

（法務省ホームページ）

資料Ⅱ

（法務省ホームページより）

[　　　]

正答率 77.1%

(3) 日本国憲法には国民の義務が3つ定められています。子どもに普通教育を受けさせる義務，勤労の義務と，あと1つは何ですか。 長崎県

[　　　]

出題率 51%

4 地球社会と私たち

1 国際社会のしくみ

1 国際社会…主権を持つ**主権国家**で構成

2 **排他的経済水域**…沿岸から**200海里**までの水域

3 国際法…**国際慣習法**や**条約**など
└内政不干渉，公海自由の原則など

2 国際連合

1 目的…**国際平和**と**安全の維持**が最大の目的

2 **総会**…全加盟国の代表で構成，1国1票制
└190か国以上が加盟

3 **安全保障理事会**(**安保理**)…常任理事国に**拒否権**
└米・露・英・仏・中

4 **専門機関**…**UNESCO**や**世界保健機関**(**WHO**)など
└国連教育科学文化機関

5 活動…**平和維持活動**(**PKO**)，**SDGs**，難民保護
└持続可能な開発目標

3 地域主義の動き

1 **グローバル化**…国境を越えて世界が一体化

2 自由貿易の取り組み…**WTO**，**FTA**，**EPA**
世界貿易機関┘ 自由貿易協定┘ └経済連携協定

3 **EU**…①EC から EU へ ②共通通貨**ユーロ**の導入
└ヨーロッパ連合 └本部ベルギー

4 国際問題

1 **南北問題**…**発展途上国**と**先進国**の経済格差
└先進工業国

2 **政府開発援助**…先進国が発展途上国へ援助
└ODA

3 **人間の安全保障**…生命や人権を大切にする

4 **非政府組織**(**NGO**)…世界各地で活動

5 地球環境問題

1 **地球温暖化**…**二酸化炭素**などの増加が原因
└温室効果ガス

2 **温室効果ガスの削減**
①**京都議定書**(1997年)
└先進国のみに削減義務
②**パリ協定**(2015年)
└すべての国に削減目標

3 その他の地球環境問題…大気汚染，**酸性雨**，オゾン層の破壊，砂漠化，**熱帯林の減少**

表・写真でつかむ！ 必出ポイント

▶**領域と排他的経済水域**

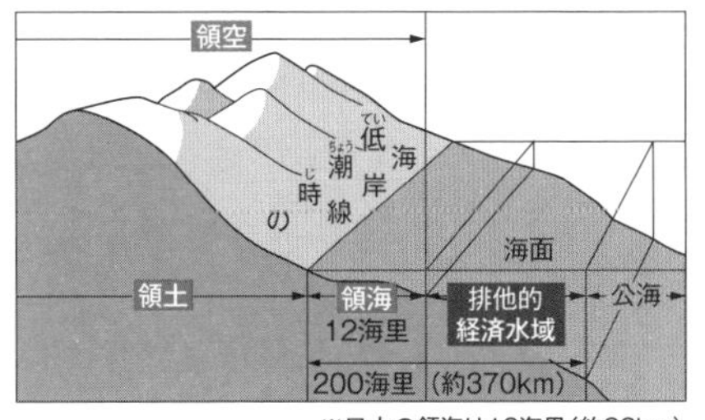

※日本の領海は12海里(約22km)

国家の主権がおよぶ範囲を領域といい，領土・領海・領空からなる。

▶**ASEAN，APEC，USMCA 加盟国**

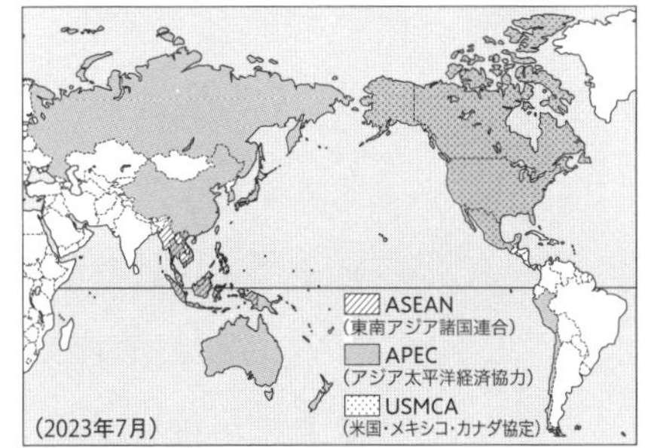

▶**地球環境問題への取り組み**

年	内容
1972	国連人間環境会議
1992	地球サミット（国連環境開発会議）
1997	地球温暖化防止京都会議
2002	持続可能な開発に関する世界首脳会議
2015	パリ協定

▶**世界の二酸化炭素(CO_2)の排出量**

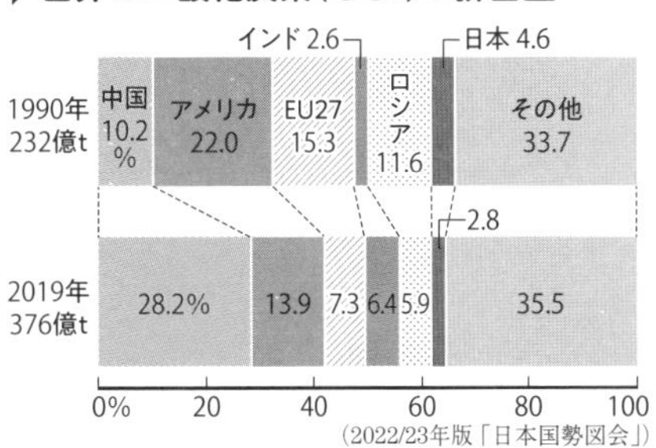

(2022/23年版「日本国勢図会」)

中国とアメリカで排出量全体の約40%を超える。EUの排出量の割合は大きく減っている。

入試データ 南北問題や地球温暖化について問われやすい。

実戦トレーニング

➡ 解答・解説は別冊26ページ

1 次の問いに答えなさい。 ↩1, 2, 4

お急ぎ!

正答率 18.1%

(1) 次の文中の あ に共通して当てはまる語句を漢字2字で書きなさい。また，い に当てはまる語句として最も適するものを，あとのA，Bから1つ選び，記号で答えなさい。 〔神奈川県〕

> 国際社会における あ とは，他の国が侵すことができない，それぞれの国がもつ権利のことであり，あ をもつ国家同士は対等である。あ が及ぶ領域には，領土・領海・領空があり，領海の外にある排他的経済水域では，い ことができる。

A 沿岸国以外の国が航海や漁業を自由に行う

B 沿岸国が漁業資源や鉱産資源を自国のものとする

あ[　　　　] い[　　　　]

(2) 日本による国際貢献について説明した次の文X，Yの正誤の組み合わせとして最も適するものを，あとのア～エから1つ選び，記号で答えなさい。 〔神奈川県〕

X 戦争や内戦で生活がこわされた地域の人々に対する支援として，政府開発援助(ODA)による経済援助や非政府組織(NGO)による開発協力が行われてきた。

Y 日本の自衛隊は，法律に基づいて国際連合の平和維持活動(PKO)に参加するとともに，21世紀のはじめには，イラクに派遣され活動した。

ア X－正　Y－正　　イ X－正　Y－誤

ウ X－誤　Y－正　　エ X－誤　Y－誤

[　　　　]

S 正答率 89.5%

T 正答率 66.4%

(3) 右の文は，先生と生徒の間で交わされた会話の一部です。S，T に当てはまる語を書きなさい。 〔長崎県〕

> 先生：「地球上の誰一人として取り残さない」をスローガンに，国連が定めた「持続可能な開発目標」は，英語での表記の頭文字をとって S と呼ばれています。
>
> 生徒：S には，17の目標がありますよね。
>
> 先生：そうですね。例えば，「貧困をなくそう」という目標達成のために，途上国で生産されたコーヒー豆を先進国の人々が公正な価格で取り引きする取り組みが注目されています。
>
> 生徒：そのような取り引きは T と呼ばれていますね。私も，お店でコーヒーを買うときに，T の商品を買うようにしています。

S[　　　　] T[　　　　]

2 次の問いに答えなさい。↪4,5

(1) 発展途上国の中には，工業化が進んだ国や産油国など，豊かになった国がある一方で，経済発展から取り残されて貧困から抜け出せない国があります。このような発展途上国間の経済格差の問題を何といいますか。 岡山県

[　　　　　]

(2) 温室効果ガスについて，2組では〈メモ〉を作成し，**資料Ⅰ，Ⅱ**を見ながら話し合いました。[あ]～[う]に当てはまる語を，次の**ア**～**カ**から1つずつ選び，記号で答えなさい。 茨城県

〈メモ〉
・[あ]の採択(1997年)…先進国に温室効果ガス削減を義務づける。
・[い]の採択(2015年)…途上国を含む各国が，温室効果ガス削減目標を自ら定めて取り組む。

良子：温室効果ガスの削減のために，国際的な取り組みがされていることがわかったよね。でも，二酸化炭素の総排出量の状況は国によって異なるよ。
太郎：中国，アメリカの二酸化炭素の総排出量が多いことがわかるね。
次郎：一人あたりで考えると，アメリカは中国と比べて，二酸化炭素の排出量が[う]ことがわかるよ。
花子：削減目標達成のために，それぞれの国や地域は責任をもって取り組む必要があるよね。

ア パリ協定
イ 気候変動枠組条約
ウ ベルサイユ条約
エ 京都議定書
オ 少ない
カ 多い

資料Ⅰ　二酸化炭素の総排出量が多い国・地域

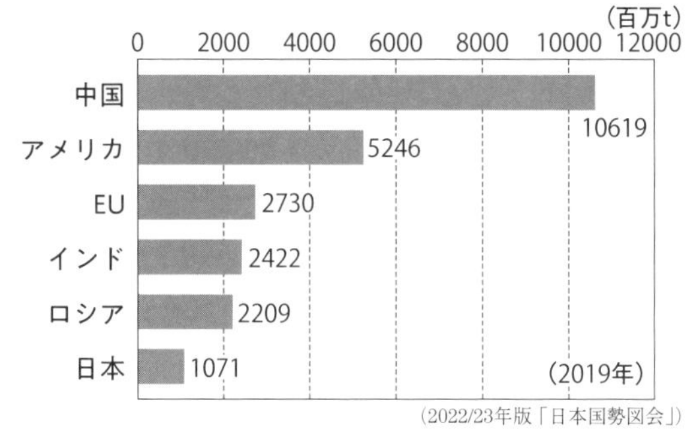

(2022/23年版「日本国勢図会」)

資料Ⅱ　二酸化炭素総排出量が多い国・地域の人口(2021年)

国名	人口(万人)
中国	144,421
アメリカ	33,291
EU	44,530
インド	139,340
ロシア	14,591
日本	12,605

(2022/23年版「日本国勢図会」より作成)

あ[　　　] い[　　　] う[　　　]

3 次の問いに答えなさい。⮐2, 4

正答率 78.5%

(1) **資料**は，2018年6月に国連の安全保障理事会で決議できなかった，ある重要な決議案に賛成した国，反対した国，棄権(きけん)した国の内訳を示したものです。この決議案が決議できなかった理由を示した右の文中の [a] に当てはまる国名と [b] に当てはまる語の組み合わせとして適切なものを，次の**ア**～**エ**から1つ選び，記号で答えなさい。2箇所の [a] には同じ国名が入ります。

資料　国連の安全保障理事会におけるある重要な決議案の投票結果

賛成(10)	反対(1)	棄権(4)
クウェート，フランス，ロシア，中国，ペルー，コートジボワール，カザフスタン，赤道ギニア，ボリビア，スウェーデン	[a]	イギリス，オランダ，ポーランド，エチオピア

決議できなかった理由

常任理事国としての [b] をもつ [a] が反対したからである。

ア a－アメリカ　b－司法権　　**イ** a－ドイツ　b－司法権

ウ a－アメリカ　b－拒否権(きょひけん)　　**エ** a－ドイツ　b－拒否権

茨城県　[　　　]

(2) 真紀さんが書いた学習の振(ふ)り返りを見て，次の問いに答えなさい。　岡山県

> 今回の学習を終え，私は「持続可能な開発目標(SDGs(エスディージーズ))」についての授業を思い出しています。目標の達成に向け，c 国際連合(国連)や各国の政府だけでなく，d 非政府組織や企(き)業(ぎょう)，そして私たち市民が協力して取り組むことが重要だと学習しました。公正な社会の実現に向けても，一人ひとりが自分に何ができるのかを考え，実際に行動していくことが大切なのだと思います。

正答率 67.5%

① 下線部 c について述べた文として最も適当なものを，次の**ア**～**エ**から1つ選び，記号で答えなさい。

ア 各国の保護貿易の強化を主な目的として設立された国際機構である。

イ 総会で加盟国が投票できる票数は，国連予算の分担の割合によって異なる。

ウ 日本は常任理事国として安全保障理事会に参加し，重要な役割を担っている。

エ 国際法上の問題に関する紛争(ふんそう)についての裁判を行う機関が設置されている。

[　　　]

正答率 61.0%

② 下線部 d をアルファベットの略称(りゃくしょう)で書きなさい。

[　　　]

4 次の文を読んで，問いに答えなさい。 ➡2,3,5

G20サミットは，金融(きんゆう)や世界経済を主要な議題とする国際会議で，財務大臣や日本銀行などの中央銀行の総裁が集まるG20から，首脳が参画する会議に格上げされたものです。これまでのG20のメンバー国に加えて，招待国やⓐ国際機関の代表が参加しています。
近年のG20サミットでは，主要な議題に加え，気候やエネルギー，テロへの対策，移民やⓑ難民に関する問題などについても活発に議論が行われてきました。2019年に大阪で行われたG20サミットでは「大阪首脳宣言」を通じて，ⓒ自由貿易の推進や世界の経済成長と格差への対処，ⓓ環境(かんきょう)問題など地球規模で解決しなければならない課題への貢献(こうけん)など，多くの分野で力強い意志を世界に発信しました。

(1) 文中の下線部ⓐに関して，1948年に設立された，世界の各国民の健康の保持と公衆衛生の向上を目的とする国際連合の専門機関を何といいますか。 和歌山県

[ ]

HIGH LEVEL (2) 文中の下線部ⓑとは，どのような人々のことをいいますか。難民となるに至った理由も含めて，簡潔に書きなさい。 和歌山県

[ ]

(3) 文中の下線部ⓒに関して，右のX，Yの2つの立場がそれぞれ支持する貿易の自由化についての考え方として適切なものを，次のア～エから1つずつ選び，記号で答えなさい。 兵庫県・改

X 海外の商品を外国からできるだけ安く入手し，自国内で多く販売(はんばい)したい。
Y 海外の安価な商品の影響(えいきょう)を受けずに，自国の商品を国内で多く販売したい。

ア 海外から輸入する商品に高い関税をかけて，貿易の自由化を推進する。
イ 海外から輸入する商品に高い関税をかけて，貿易の自由化を抑制(よくせい)する。
ウ 海外から輸入する商品への関税を撤廃して，貿易の自由化を推進する。
エ 海外から輸入する商品への関税を撤廃して，貿易の自由化を抑制する。

X[ ] Y[ ]

HIGH LEVEL (4) 文中の下線部ⓓに関して，国際社会では，現在も地球温暖化を防ぎ，先進国と発展途上国(とじょうこく)が共存しながら持続可能な社会をつくっていくための議論が続けられています。温室効果ガスの削減(さくげん)を目指したしくみの1つとして考えられている「排出権(はいしゅつけん)取引」について，次の語を用いて，簡潔に説明しなさい。

目標　売買 和歌山県

[ ]

5 次の問いに答えなさい。↪3, 5

北海道

正答率 35.8%

(1) 貿易について，次の文の ① に共通して当てはまる語句を漢字2字で書きなさい。また，②，③の｛　｝に当てはまる語句を，ア，イから1つずつ選び，記号で答えなさい。

国＼項目	関税	産業の現状
A国	輸入品の関税をできるだけ減らす	国内産業が影響（えいきょう）を受けることもある
B国	輸入品の関税を高くする	競争力の弱い国内産業が守られている

> 関税など，貿易をさまたげるしくみを取り除くことを，貿易の ① 化といい，この貿易を ① 貿易という。
>
> この貿易の考え方に当てはまるのは，上の表の②｛ア A国　イ B国｝になる。また，この貿易を促進（そくしん）する協定を③｛ア NGO　イ FTA｝という。

①[　　　　] ②[　　　　] ③[　　　　]

HIGH LEVEL

正答率 14.7%

(2) 地球温暖化について，温室効果ガスの排出削減（はいしゅつさくげん）をめぐり，先進国と発展途上国（とじょうこく）の間には主張の対立が見られました。次の条件1～3にしたがって，パリ協定が採択されるまでの対立について，先進国または発展途上国の立場を選び，自分が選んだ立場から，相手がどうすべきと主張していたか説明しなさい。

グラフ　1990年から2015年までのCO_2排出量の推移

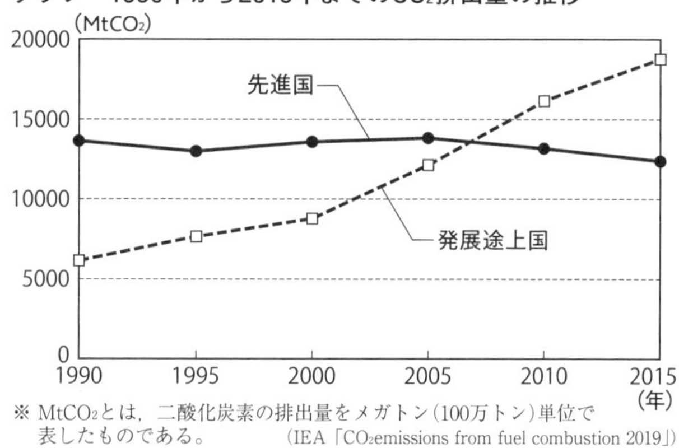

※ $MtCO_2$とは，二酸化炭素の排出量をメガトン（100万トン）単位で表したものである。　（IEA「CO_2emissions from fuel combustion 2019」）

条件1 選んだ立場を書くこと。

条件2 グラフをふまえること。

条件3 京都議定書の内容をふまえること。

立場[　　　　]

[　　　　]

5 現代社会と私たちの暮らし

1 世界の一体化

1 **グローバル化**…国境を越えて人・物が行き来➡**国際分業**の拡大，国際協調の必要性

2 **多文化共生社会**…文化の多様性，**ダイバーシティ**(多様性)の尊重，異文化理解

2 現代の日本社会

1 **情報社会**…情報が大きな役割を果たす社会
ビッグデータの活用，**人工知能**(**AI**)の発達

2 情報社会の課題…**情報モラル**を守る，**情報リテラシー**(メディアリテラシー)を養う
└プライバシーの侵害などに注意　└情報を活用する力

3 **少子高齢化**…総人口は減少へ➡労働力の不足，社会保障財源の不足
└合計特殊出生率の低下，平均寿命の延びが要因

4 家族の変化…**核家族世帯**が半数以上，晩婚化➡**単独世帯**の増加

3 生活と文化

1 **文化**…人々が形づくってきた有形・無形の財産
科学(暮らしをより便利にする)，**宗教**(心の支え)，**芸術**(感動を得る)

2 **伝統文化**…伝統芸能，伝統工芸，年中行事など

4 現代社会の中の私たち

1 社会の中の私たち…**社会集団**の中でともに生きる**社会的存在**

2 **対立**と**合意**…**社会集団**の中での対立を話し合いで合意に導く

3 **効率**と**公正**…対立を解消し合意を目指すための解決策を得るために必要なこと

4 きまり(ルール)…守る義務と責任がある

5 きまりの決め方
①**全会一致**…みんなが納得する
②**多数決**…少数意見の尊重が大切

表・写真でつかむ！ 必出ポイント

▶情報通信機器の保有率推移

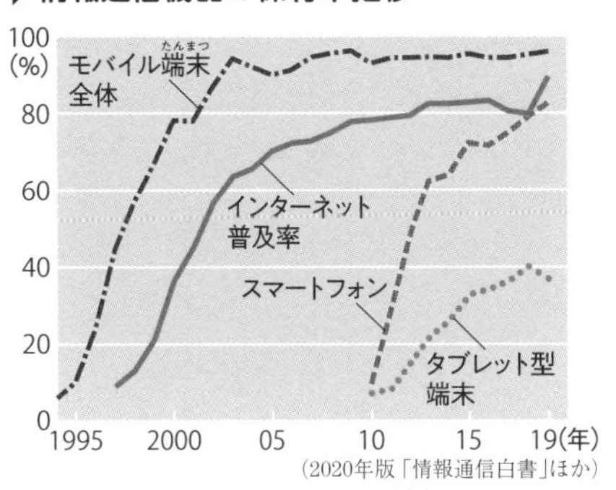

(2020年版「情報通信白書」ほか)

1990年代末からインターネットが普及した。

▶65歳以上の高齢者1人に対する生産年齢人口(15～64歳の人数)

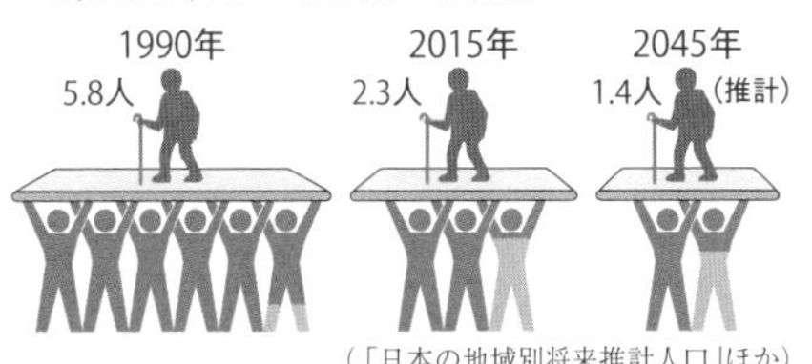

(「日本の地域別将来推計人口」ほか)

急速に高齢者の割合が増加している。

▶日本の主な年中行事

1月	2月	3月	4月	5月	7月	8月	9月	11月	12月
正月・初詣	節分・豆まき	桃の節句・ひな祭り お彼岸	花見	端午の節句	七夕	お盆(盂蘭盆会)	お彼岸	七五三	大晦日

季節の変化との関わりが深く，豊かな収穫や健康など人々の願いがこめられたものが多い。

▶対立と合意，効率と公正の関係

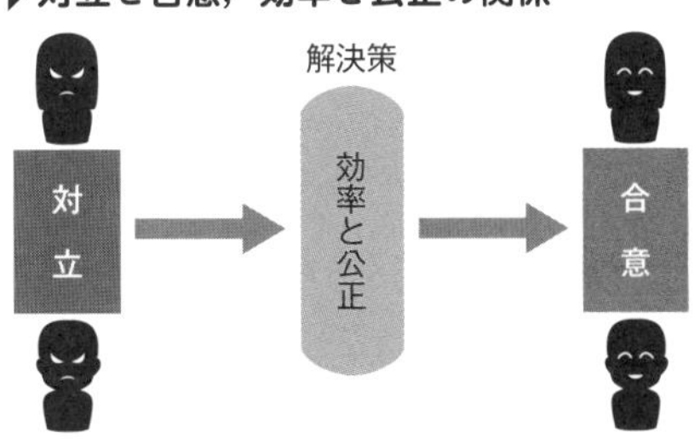

解決策が効率と公正の両方を満たすことで，対立が合意に導かれる。

入試データ 効率と公正の観点からの記述問題が多い。

実戦トレーニング

➡ 解答・解説は別冊27ページ

1 次の問いに答えなさい。 1,2,4

正答率 74.1%

(1) **資料**は，右の文中の A に関する取り組みの例です。A に当てはまる内容を，次の**ア**～**エ**から1つ選び，記号で答えなさい。 秋田県

社会の変化にともなって生じる課題の解決に向けて，身近なところでは，A を目的とした取り組みが見られる。

資料　身近な取り組みの例

一部の駅や空港などには，礼拝のために，静かに過ごせるスペースが設けられている。

ア 地域活性化

イ 防災管理

ウ 異文化理解

エ 環境(かんきょう)保全　[　　　]

正答率 96.5%

(2) インターネットによる大量の情報の送受信が可能となり，情報化が進展する一方で，知的財産を保護する重要性も増しています。下線部に関して，情報通信技術が発達する中で，情報を正しく判断して活用する力を何というか，次の**ア**～**エ**から1つ選び，記号で答えなさい。 兵庫県

ア 情報リテラシー　　**イ** マイクロクレジット

ウ バリアフリー　　**エ** クラウドファンディング　[　　　]

(3) 3班は，家族の形態の変化について調べ，1960年代以降に，核家族(かくかぞく)世帯が増加したことを知りました。次の**ア**～**オ**のうち，核家族世帯に当たるものをすべて選び，記号で答えなさい。 京都府

ア 単独(一人)世帯　　**イ** 夫婦のみの世帯　　**ウ** 夫婦と未婚(みこん)の子どもの世帯

エ 夫婦と未婚の子どもと夫婦の両親の世帯

オ 一人親(父または母のみ)と未婚の子どもの世帯　[　　　]

(4)「効率」の考え方について説明したものを，次の**ア**～**エ**から1つ選び，記号で答えなさい。 富山県

ア みんなが参加して発言の機会が与(あた)えられるなど，決め方が納得できるものになっているか。

イ 立場が変わっても，その決定を受け入れられるか。

ウ 得られる効果が，時間や労力，費用に見合ったものになっているか。

エ 他の人の権利や利益を不当に侵害(しんがい)していないか。　[　　　]

2 次の問いに答えなさい。 ↩1,3

(1) 多くの人，物，お金，情報などが国境を越(こ)えて移動することで，世界の一体化が進んでいます。これを何というか，最も適切な語句を次の**ア**～**エ**から1つ選び，記号で答えなさい。 長野県

ア インフォームド・コンセント　　**イ** グローバル化

ウ ユニバーサルデザイン　　**エ** バリアフリー　　[　　]

正答率 87.1%

(2) 次の文中の ① ～ ③ に入る語句の組み合わせとして適切なものを，あとの**ア**～**エ**から1つ選び，記号で答えなさい。 兵庫県

> 世界各国では，自国のみで商品を生産せずに， ① な商品を輸出して ② な商品を輸入する傾向にある。これを ③ という。

ア ①－不得意　②－得意　③－産業の空洞化(くうどうか)

イ ①－不得意　②－得意　③－国際分業

ウ ①－得意　②－不得意　③－産業の空洞化

エ ①－得意　②－不得意　③－国際分業

[　　]

(3) 右の**資料**は，日本で伝統的に行われている，主な年中行事についてまとめたものです。**資料**中のA～Cに当てはまる事柄(ことがら)を，次の**ア**～**ウ**から1つずつ選び，記号で答えなさい。 北海道

ア 端午(たんご)の節句　　**イ** 七五三

ウ 節分

A[　　] B[　　] C[　　]

資料

	主な年中行事
1月	正月，初もうで
2月	A
3月	ひな祭り，春の彼岸(ひがん)
5月	B
7月	七夕(たなばた)
8月	お盆(ぼん)
9月	秋の彼岸
10月	秋祭り
11月	C
12月	大晦日(おおみそか)

3 次の資料を見て，問いに答えなさい。⮐2，4

(1) 光さんは，**資料Ⅰ**，**Ⅱ**を使って，中学生のインターネットの利用について班で話し合いました。下の会話文中の［ア］には適切な記号を書き，［イ］には適切な内容を書きなさい。 〔宮崎県〕

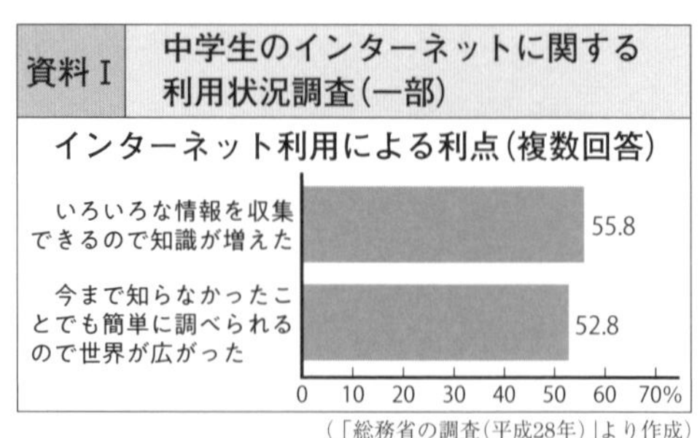

(「総務省の調査(平成28年)」より作成)

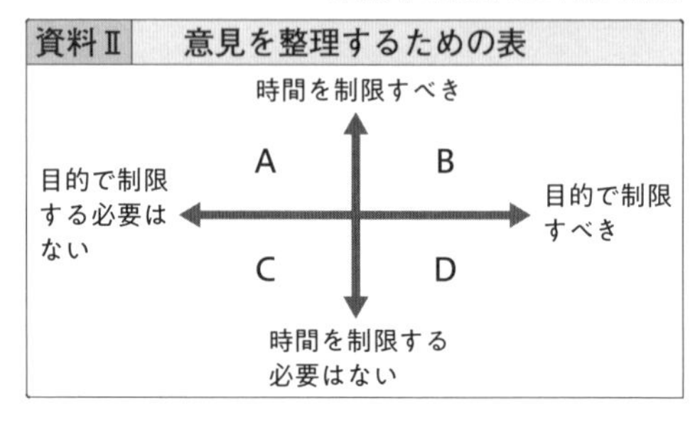

光：**資料Ⅰ**から，インターネットは何かを調べる時に便利であることがわかるけれど，利用する際に問題はないのでしょうか。

武史：私は，学力に影響(えいきょう)を与えることが問題だと思います。だから，各家庭で利用する時間についてのルールが必要になると思います。

恭子：私も同じ意見です。「何をするために利用するか」でルールを決めるよりも，「1日の中でどのくらい利用するか」でルールを決めた方がいいと思います。

光：恭子さんの主張するルールの決め方は，**資料Ⅱ**のA～Dでは，［ア］に分類されますね。また，2人の指摘(してき)する問題点をより明確にするためには，［イ］を示す資料が必要になりますね。

武史：確かにそうですね。みんなで調べてみましょう。

ア［　　　　］

イ［　　　　　　　　　　　　　　　　］

(2) B班は「効率」と「公正」が成り立っている身近な例として**資料Ⅲ**を作成し，説明しました。この**資料Ⅲ**では，「効率」は「空く日をつくらず，体育館と校庭をむだなく利用できている」という点で成り立っていますが，「公正」はどのような点で成り立っていますか，簡潔に書きなさい。 〔群馬県〕

資料Ⅲ　球技大会の練習割り当て表

曜日	月	火	水	木	金
体育館	1組	3組	2組	4組	球技大会
校庭	2組	4組	1組	3組	

［　　　　　　　　　　　　　　　　］

4 次の資料を見て，問いに答えなさい。 ↪2, 3, 4

(1) 伝統文化が受け継がれてきた地域にみられる課題を，**資料Ⅰ**，**Ⅱ**から読みとれることと関連づけて書きなさい。 秋田県

資料Ⅰ　日本の年齢別人口構成の変化

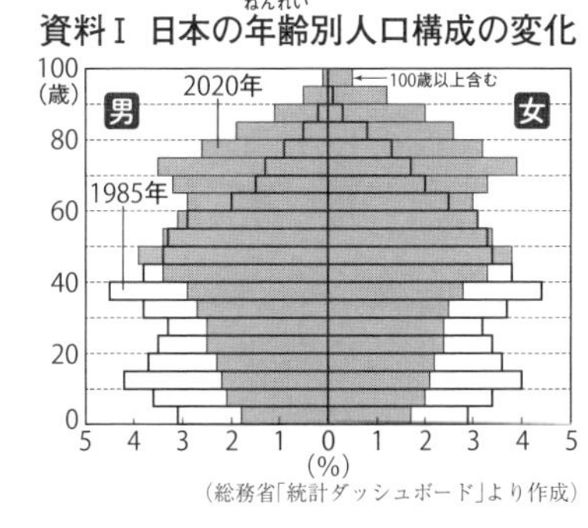

（総務省「統計ダッシュボード」より作成）

[　　　　]

(2) 私たちの生活を考えると，学校生活のきまりや会社の規則，スポーツのルールなどのように，身近なところにきまりがあります。きまりについて話し合うときに，民主主義の原理に基づいて多数決により集団の意思を決定することがあります。このとき多数決で結論を出すにあたって配慮すべきことについて，「少数」という語を用いて書きなさい。 茨城県・改

資料Ⅱ　祭りを実施するための取り組み例

名称	内容
根崎神社例大祭（北海道）	参加者を公募。域外から学生４人に山車引きをお願いした。
じじぐれ祭り（福井県）	県のホームページで応援隊員を募集。みこしの巡行等に参加してもらった。

（各自治体ホームページなどから作成）

[　　　　]

(3) トラブルを調整し，互いに納得できる解決策をつくっていく際には，効率や公正の面から検討することが大切です。あるスーパーマーケットでは，**資料Ⅲ**のように，客がレジに自由に並んでいましたが，客からの「出入口に近いレジだけがいつも混んでいる。」「混んでいないレジに並んだが，前の客の会計に時間がかかり，あとから他のレジに並んだ客のほうが早く会計を済ませていた。改善してほしい。」といった要望が多くありました。そのため，**資料Ⅳ**のように客が一列に整列したうえで順次空いたレジへ進む方法に変更した結果，客からも好評でした。どのような点が好評だったと考えられますか，「効率」，「公正」という言葉を使い，40字以上50字以内で書きなさい。 鹿児島県

資料Ⅲ

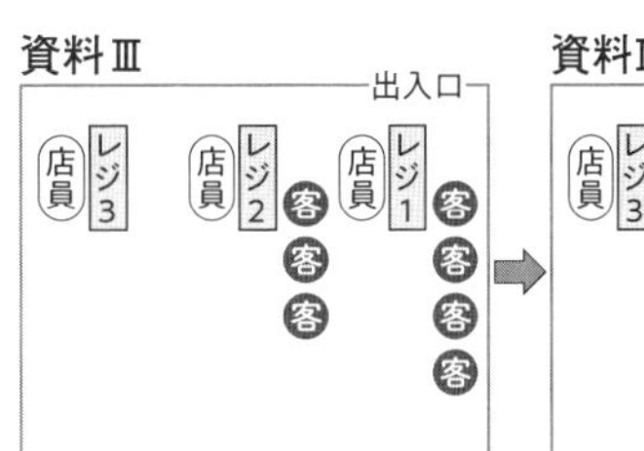

資料Ⅳ

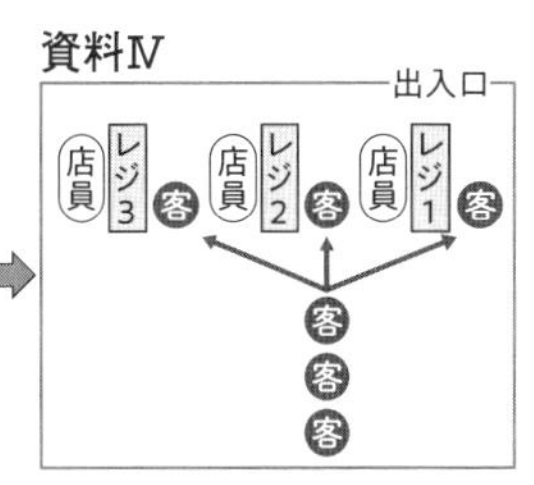

[　　　　]

DATA：3

【公民】テーマ別用語ランキング

公民分野は，用語の意味を押さえていないと解けない問題が特に多い分野。最近の社会の動きをもとにした，時事的な用語が問われることが多いのが特色だ。

基本的人権

基本的人権では，社会権に関する用語の出題が多い。

1 公共の福祉
2 生存権
3 プライバシーの権利
4 社会権 →
5 世界人権宣言
6 ワイマール憲法

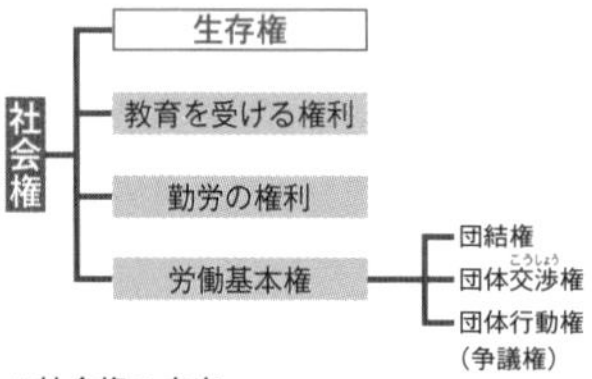

社会権
- 生存権
- 教育を受ける権利
- 勤労の権利
- 労働基本権
  - 団結権
  - 団体交渉権
  - 団体行動権（争議権）

▲社会権の内容

政治

政治分野では，地方自治や選挙に関する用語がよく出題される。

1 裁判員制度
2 衆議院の優越
3 地方交付税交付金
3 一票の格差
5 大きな政府
6 議員内閣制
7 直接請求権
8 民主主義の学校

法令

法令は，まとめて整理しておこう。

1 労働基準法
2 独占禁止法
3 製造物禁止法(PL法)
4 男女共同参画社会基本法
5 男女雇用機会均等法

生活・経済

市場経済や金融に関する用語が問われやすい。特に「為替相場」は関連する「円高」「円安」の意味と，その影響を押さえておこう。

1 為替相場(為替レート)
2 財政政策
3 金融政策
4 ワーク・ライフ・バランス
5 消費税
6 均衡価格
7 市場価格
8 社会保険
8 公正取引委員会

▼政府の財政政策

	公共事業	税率
不景気のとき	増やす	引き下げる
好景気のとき	減らす	引き上げる

▼日本銀行の金融政策

不景気のとき	→ 一般の銀行から国債などを買い上げる	→ 銀行の資金量が増加して，お金が借りやすくなる	→ 通貨量が増加して，景気がよくなる
好景気のとき	→ 一般の銀行に国債などを売る	→ 銀行の資金量が減少して，お金が借りにくくなる	→ 通貨量が減少して，景気が落ち着く

国際

世界情勢に基づいた時事的な用語が出題される傾向にある。「拒否権」や，安全保障理事会の常任理事国5か国も押さえておこう！

1 パリ協定
2 拒否権
3 難民
4 京都議定書
5 再生可能エネルギー
6 ODA

模擬試験

実際の試験を受けているつもりで取り組んでください。
制限時間は第1回, 第2回とも45分です。

制限時間がきたらすぐにやめ,
筆記用具を置いてください。

模擬試験［第1回］

時間45分 | 100点満点 点

➡ 解答・解説は別冊28ページ

次の地図を見て，問いに答えなさい。

［(6)9点，他2点，合計25点］

1

(1) 地図中の▨の地域に広がる植物・土壌の様子を，次の**ア**～**エ**から１つ選び，記号で答えなさい。

ア ツンドラ
イ ステップ
ウ サバナ
エ タイガ ［　　　］

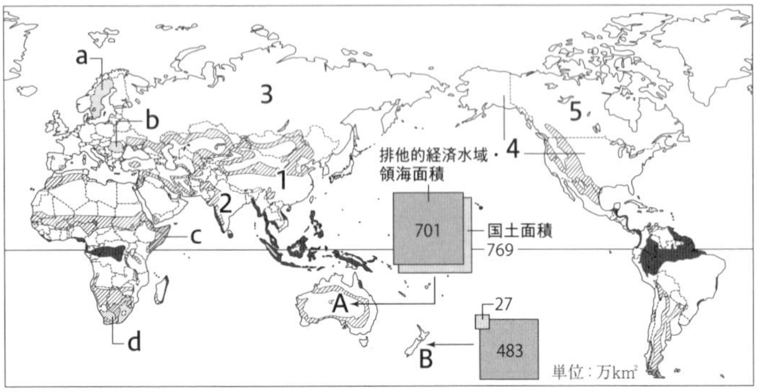

a
b
c
d
1
2
3
4
5
排他的経済水域・領海面積
国土面積
701
769
A
27
483
B
単位：万km²

(2) 地図中の■では，樹木や草地を焼き払い，その灰を肥料としていも類などを栽培する農業がみられます。このような農業を何といいますか。 ［　　　］

(3) 地図中の**1**～**5**は，ある農作物の生産量上位５か国とその順位(2020年)を示しています。この農作物を次の**ア**～**エ**から１つ選び，記号で答えなさい。 ［　　　］

ア 小麦　**イ** とうもろこし　**ウ** 米　**エ** オリーブ

(4) 地図中の**1**～**5**のうち，国際連合の安全保障理事会の常任理事国をすべて選び，番号で答えなさい(完答)。 ［　　　］

(5) 地図中の**1**～**5**のうち，ベンガルールという都市で情報通信技術産業が発達している国を１つ選び，番号で答えなさい。 ［　　　］

(6) 地図中の**A**・**B**国には，それぞれの国土面積と排他的経済水域・領海面積が示されています。**B**国には，**A**国と比べて，２種類の面積の比率にどのような特徴がありますか。「島国」という語を用いてその特徴と理由をもとに説明しなさい。

［　　　］

(7) 地図中の**A**・**B**国では，それぞれ先住民の文化を尊重する多文化主義の政策がとられています。それぞれの先住民の呼び名を次の**ア**～**オ**から１つずつ選び，記号で答えなさい。

A［　　　］ **B**［　　　］

ア ヒスパニック　**イ** マオリ　**ウ** メスチソ(メスチーソ)
エ ウイグル族　**オ** アボリジニ

(8) 南南問題とは，地図中の**a**～**d**の国のうち，□の国々の間にみられる経済格差をめぐる問題のことです。□に当てはまる国の正しい組み合わせを，次の**ア**～**エ**から１つ選び，記号で答えなさい。 ［　　　］

ア aとb　**イ** aとc　**ウ** cとd　**エ** aとd

次の地図を見て，問いに答えなさい。

［各3点，合計24点］

2

(1) **資料Ⅰ**の雨温図で気候を示した都市を，地図中の**ア**～**エ**から1つ選び，記号で答えなさい。

［　　　］

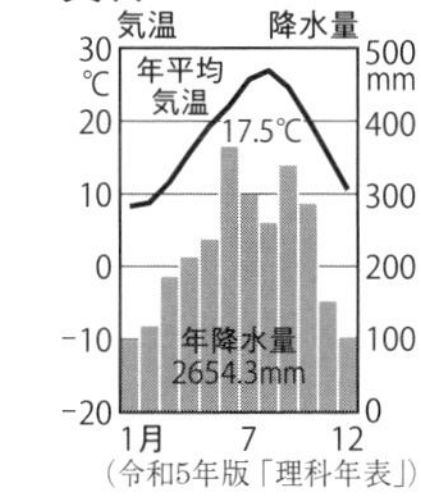

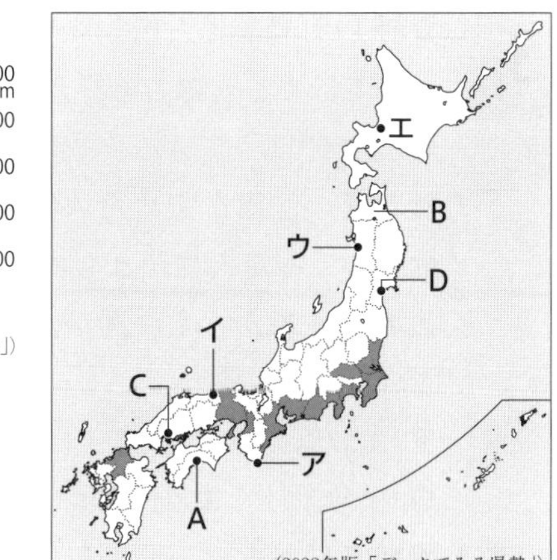

(2) 地図中の［網かけ］は，ある統計の上位10府県を示しています(2019年)。この統計を次の**ア**～**エ**から1つ選び，記号で答えなさい。［　　　］

ア 第3次産業人口の割合　　**イ** 人口密度

ウ 65歳以上人口の割合　　**エ** 工業出荷額

(3) 右の地形図は，地図中にAで示した都市の一部です。これを見て，次の問いに答えなさい。

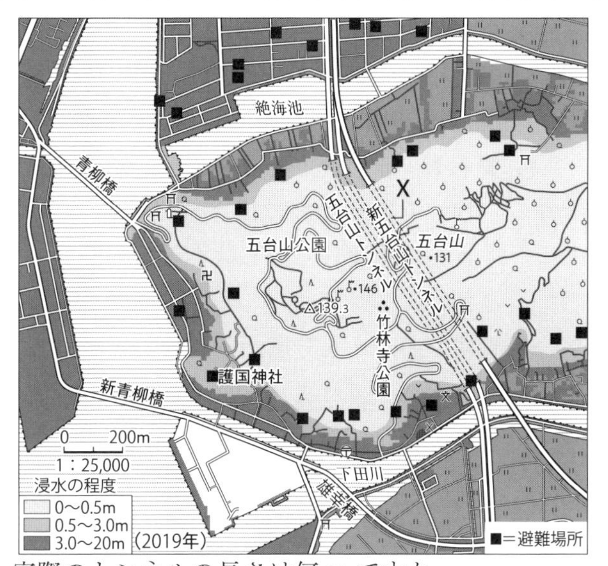

① この地形図には，海底で起こった地震(じしん)によって発生した高い波が陸地へ押し寄せる［　　］が起きた際の避難(ひなん)場所が示されています。［　　］に当てはまる語句を答えなさい。

［　　　］

② このような，自然災害の被害の予測や避難場所を示した地図を何といいますか。

［　　　］

③ Xで示した「新五台山(ごだいさん)トンネル」は，地形図上で2.8cmあります。実際のトンネルの長さは何mですか。

［　　　m］

(4) 地図中の**ア**～**エ**のうち，新幹線が通っているところを1つ選び，記号で答えなさい。

［　　　］

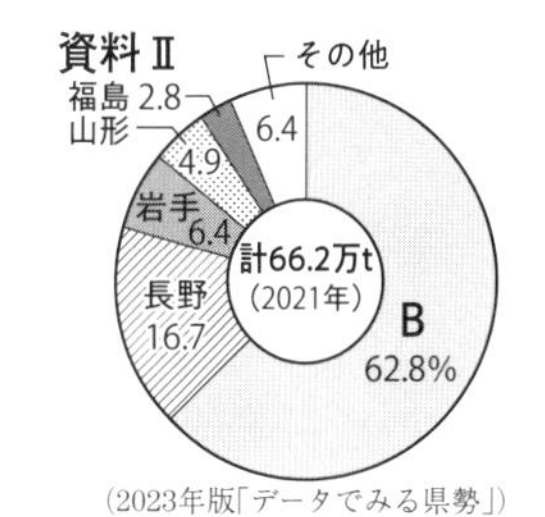

（2023年版「データでみる県勢」）

(5) **資料Ⅱ**は，地図中のBの県で栽培がさかんな農作物の生産量の割合を示しています。この農作物を次の**ア**～**エ**から1つ選び，記号で答えなさい。

［　　　］

ア りんご　　**イ** じゃがいも

ウ もも　　**エ** キャベツ

(6) 地図中のC・Dの都市の共通点を，次の**ア**～**エ**から1つ選び，記号で答えなさい。

ア 世界文化遺産(いさん)に登録された寺社がある。　　**イ** 人口が100万人を超(こ)えている。

ウ 電子部品の輸入が多い国際空港がある。

エ 街路の多くが碁盤(ごばん)の目のようになっている。

［　　　］

時代の古いものから順に並べた次の資料を読んで，問いに答えなさい。

［各2点，合計18点］

3

(1) **資料Ⅰ**は「魏志倭人伝」の一部です。[a]に当てはまる人物名を答えなさい。

［　　　　］

(2) **資料Ⅱ**の法律を定めた人物，**資料Ⅲ**の和歌をつくった人物がともに就いた地位を，次の**ア**～**エ**から１つ選び，記号で答えなさい。［　　　　］

ア 太政官　**イ** 執権
ウ 摂政　**エ** 征夷大将軍

(3) **資料Ⅲ**に最も近い時期につくられたものを次の**ア**～**エ**から１つ選び，記号で答えなさい。［　　　　］

ア 銀閣　**イ** 東大寺
ウ 大仙古墳　**エ** 平等院鳳凰堂

(4) **資料Ⅳ**は，元寇(蒙古襲来)で活躍した[b]を救うために出された法律です。[b]に共通して当てはまる語句を答えなさい。［　　　　］

(5) **資料Ⅴ**のような分国法を制定した戦国大名として当てはまらないものを，次の**ア**～**エ**から１つ選び，記号で答えなさい。

ア 蘇我氏　**イ** 今川氏
ウ 朝倉氏　**エ** 武田氏　［　　　　］

(6) **資料Ⅵ**は，下線部**c**の田沼意次の政治をなつかしんでいる狂歌です。この狂歌で批判されている老中はだれですか。

［　　　　］

(7) **資料Ⅶ**の命令はのちに改められ，外国船には薪や水が与えられるようになりました。そのきっかけとなったできごとを，次の**ア**～**エ**から１つ選び，記号で答えなさい。

［　　　　］

ア 南北戦争　**イ** 島原・天草一揆　**ウ** 朝鮮侵略　**エ** アヘン戦争

(8) 次のできごとが起こった時期を，**資料**「Ⅰ－Ⅱ」という形で答えなさい。

① 後醍醐天皇が武士の政治を否定して建武の新政を行った。［　－　］
② 鑑真が唐から来日し，仏教の正しい教えを伝えた。［　－　］

資料Ⅰ

倭ではもとは男を王としていたが，国内が乱れて戦いが何年も続くと，諸国は共同で女王を立てた。女王は[a]といい，神に仕え，夫はなく，弟が助けて国を治めている。

資料Ⅱ

一に曰く，和をもって貴しとなし，さからうことなきを宗とせよ。
二に曰く，あつく三宝を敬え。三宝とは仏・法・僧なり。

資料Ⅲ

この世をば　わが世とぞ思ふ
望月の　欠けたることも　なしと思へば

資料Ⅳ

領地の質入れや売買は，[b]の生活が苦しくなるもとなので，今後は禁止する。[b]以外の武士や庶民が[b]から買った土地については，売買後の年数に関わりなく，返さなければならない。

資料Ⅴ

一　けんかをした者は，いかなる理由によるものでも処罰する。
一　許可を得ないで他国へおくり物や手紙を送ることは一切禁止する。

資料Ⅵ

白河の清きに魚のすみかねて
もとのにごりのc田沼恋しき

資料Ⅶ

今後どこの海辺の村でも，外国船が乗り寄せてきたことを発見したならば，その場にいた者たちで，有無をいわさずただちに打ち払い，無理に上陸してきたら捕らえよ。

次の図を見て，問いに答えなさい。

［(1)9点，他3点，合計33点］

4

(1) 日本では，**図**のように主な権力は3つに分けて互いに抑制と均衡をとる工夫をしています。なぜこのような工夫をしているのか，「自由と権利」という語を用いて，簡単に説明しなさい。

［　　　　　　　　　　　　　　　　　］

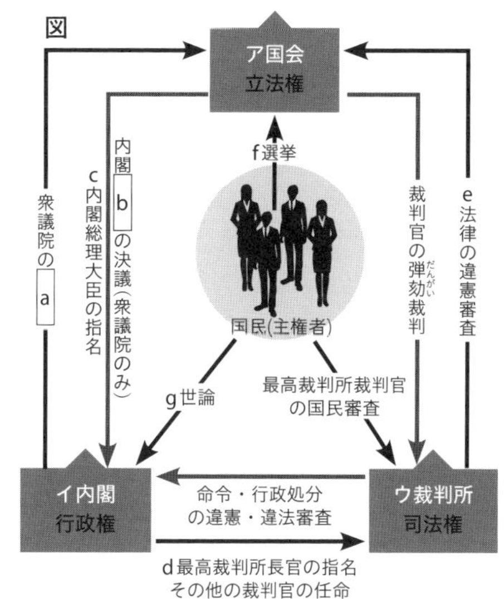

(2) **図**中の a ， b に当てはまる語句の正しい組み合わせを，次の**ア**～**エ**から1つ選び，記号で答えなさい。［　　］

ア a－不信任　b－解散
イ a－解散　b－総辞職
ウ a－解散　b－不信任
エ a－総辞職　b－解散

(3) **図**中のcを主な議題として召集される国会を何といいますか。［　　］

(4) **図**中のc・dのそれぞれの役職は，指名されたあと，誰によって任命されますか。正しい組み合わせを，次の**ア**～**エ**から1つ選び，記号で答えなさい。［　　］

ア c－天皇　d－内閣総理大臣　　**イ** c－天皇　d－天皇
ウ c－国民　d－国民　　**エ** c－衆議院議長　d－天皇

(5) **図**中の**ア**～**ウ**の機関のうち，［　　］は他の2つの機関から独立して存在し，良心と憲法・法律にのみ従って職務を行い，誰の指示や命令も受けません。［　　］に当てはまる機関を**図**中の**ア**～**ウ**から1つ選び，記号で答えなさい。［　　］

(6) 次の文は，最高裁判所が過去に**図**中のeを行使して違憲判決を下した例を示しています。それぞれの判決の根拠となった基本的人権を，あとの**ア**～**エ**から1つずつ選び，記号で答えなさい。

① 薬局を開業する際に他店との距離を制限することは，公共の利益のためとは認められず違憲である。［　　］

② 両親などの目上の親族を殺した際に，通常の殺人よりも重い刑を科す刑法の条文は違憲である。［　　］

ア 選挙権　**イ** 請求権　**ウ** 職業選択の自由　**エ** 法の下の平等

(7) **図**中のfについて，衆議院議員選挙で取り入れられている選挙制度を，次の**ア**～**エ**から1つ選び，記号で答えなさい。［　　］

ア 11のブロックに分けて行う比例代表制
イ 1つまたは2つの都道府県を単位とする選挙区制
ウ 全国を1つの単位とした比例代表制　**エ** 中選挙区制

(8) **図**中のgの形成に大きな役割を果たす新聞・テレビなどの媒体を何といいますか，カタカナ6字で答えなさい。［　　］

模擬試験 ［第２回］

時間45分 | 100点満点 | 点

➡ 解答・解説は別冊29ページ

次の地図を見て，問いに答えなさい。

［(7)7点，他2点，合計21点］

1

(1) 地図中に a～d で示した地域主義のうち，ユーロという共通通貨を導入しているものを1つ選び，記号で答えなさい。

［　　　］

(2) 地図中の a・d の加盟国の多くは，□という国際会議にも参加しています。□に当てはまる語句を次のア～エから1つ選び，記号で答えなさい。 ［　　　］

ア AU（エーユー）　　**イ** OPEC（オペック）

ウ APEC（エイペック）　　**エ** CIS（シーアイエス）

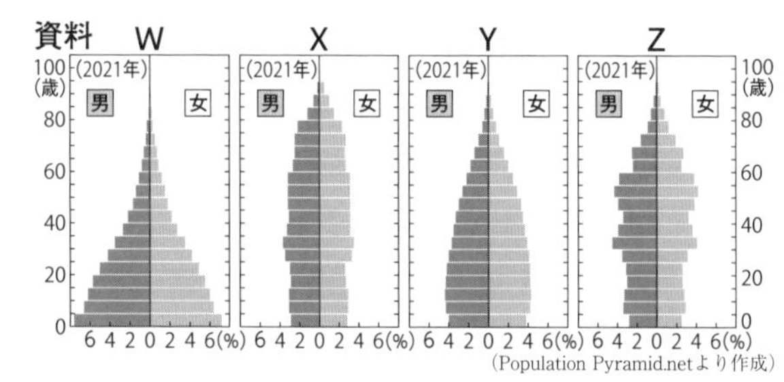

(Population Pyramid.netより作成)

(3) **資料**は，地図中の**ア**～**エ**の国々の人口ピラミッドを示しています。X のグラフに当てはまる国を地図中の**ア**～**エ**から1つ選び，記号で答えなさい。 ［　　　］

(4) 日本が地図中の A で示した地域の国々から大部分を輸入している鉱産資源を，次の**ア**～**エ**から1つ選び，記号で答えなさい。

ア 石油　　**イ** 鉄鉱石　　**ウ** 石炭　　**エ** 銅鉱 ［　　　］

(5) 沖縄県は地図中に★で示した次の**ア**～**エ**の地域と姉妹・友好都市提携（ていけい）を結んでいます。このうち，沖縄県に多くの軍事基地を置いている国の州（省）を1つ選び，記号で答えなさい。 ［　　　］

ア サンタクルス州（ボリビア）　　**イ** ハワイ州（アメリカ）

ウ マットグロッソ州（ブラジル）　　**エ** 中国福建省（ちゅうごくふっけんしょう）

(6) 地図中の**あ**～**え**のうち，日本と同じ造山帯に属する山脈を1つ選び，記号で答えなさい。

［　　　］

(7) 地図中の B の国は，日本固有の領土である北方領土を不法に占拠（せんきょ）しています。この領土問題の発端（ほったん）となったできごとを，「日ソ中立条約」の語を用いて簡単に説明しなさい。

［　　　　　　　　　　　　　　　　　　　　　　　　］

(8) 地図中の C の国の東部は，東経 150 度の経線で標準時を定めています。この地域が 1 月 11 日午前 8 時のときの日本の日時を答えなさい。 ［　　　　　］

次の年表を見て，問いに答えなさい。

［各3点，合計27点］

2

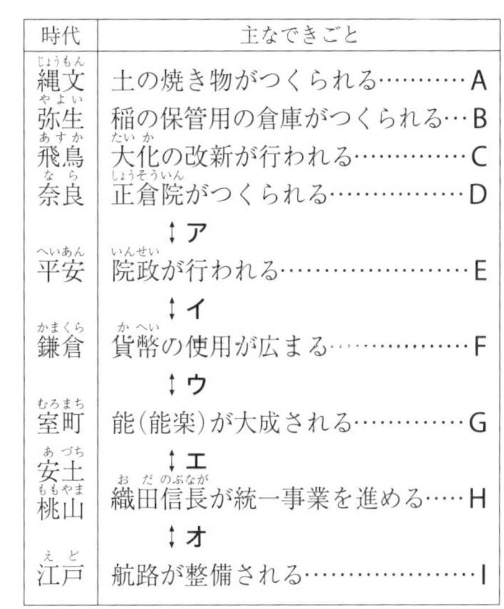

時代	主なできごと
縄文	土の焼き物がつくられる…………A
弥生	稲の保管用の倉庫がつくられる…B
飛鳥	大化の改新が行われる…………C
奈良	正倉院がつくられる……………D
	↕ア
平安	院政が行われる…………………E
	↕イ
鎌倉	貨幣の使用が広まる……………F
	↕ウ
室町	能(能楽)が大成される…………G
	↕エ
安土桃山	織田信長が統一事業を進める…H
	↕オ
江戸	航路が整備される………………I

(1) 年表中のAについて正しく述べたものを，次のア～エから１つ選び，記号で答えなさい。

ア 須恵器と呼ばれる。
イ 黒褐色で厚手の土器である。
ウ 埴輪と呼ばれる。
エ 赤褐色で薄手の土器である。　［　　　］

(2) 年表中のBとDの共通点を次のア～エから１つ選び，記号で答えなさい。　［　　　］

ア 書院造である。　**イ** 寝殿造である。
ウ 竪穴式である。　**エ** 高床式である。

(3) 年表中のCの改革の中心人物を，次のア～エから１つ選び，記号で答えなさい。

ア 大友皇子　**イ** 大海人皇子　**ウ** 中大兄皇子　**エ** 厩戸皇子

［　　　］

(4) 年表中のEの政治を初めて行った人物を，解答欄の形に合わせて答えなさい。

［　　　　上皇］

(5) 年表中のFについて述べた次の文中のa・bから正しい語句を１つずつ選び，記号で答えなさい(完答)。　a［　　　］　b［　　　］

a{**ア** 都の東西に置かれた市　**イ** 交通の要所で開かれた定期市}では，b{**ア** 宋　**イ** 明}から輸入された銅銭が使われた。

(6) 年表中のGについて，子の世阿弥とともに能(能楽)を大成した人物名を答えなさい。

［　　　］

(7) 右の地図は，年表中のHについてまとめたものです。［c］，［d］に当てはまる語句の正しい組み合わせを，次のア～エから１つ選び，記号で答えなさい。

信長の領国
1560年ごろ
1582年ごろ
→信長軍の進路
d
大阪
c の戦い
(1575年)

ア c：長篠　d：一向一揆
イ c：関ヶ原　d：国一揆
ウ c：関ヶ原　d：一向一揆
エ c：長篠　d：土一揆　［　　　］

(8) 年表中のIについて，地図中の⚓などの港を通って大阪へ物資を運んだ航路を，次のア～ウから１つ選び，記号で答えなさい。

ア 東廻り航路　**イ** 西廻り航路　**ウ** 南海路　［　　　］

(9) 次のできごとが起こった時期を，年表中のア～オから１つ選び，記号で答えなさい。

マゼランの率いるスペインの船隊が世界一周を達成し，地球は丸いことが確かめられた。

［　　　］

近世～現代の主な条約についてまとめた次のカードを見て，問いに答えなさい。

［(5)7点，他2点，合計21点］

3

Ⅰ　日米和親条約
下田・函館の２港を開くこと，アメリカ船に燃料・食料・水を補給すること，アメリカの領事が下田に駐在することなどを認めた。

Ⅱ　樺太・千島交換条約
ロシアに樺太の領有を認める一方，ウルップ島以北の千島列島を日本領にすることで，両国間の国境を確定した。

Ⅲ　下関条約
日清戦争の講和会議で結ばれ，清は朝鮮が独立国であることを認め，遼東半島・［ a ］などを日本に譲ることなどが決められた。

Ⅳ　ポーツマス条約
b日露戦争の講和会議で結ばれ，ロシアは旅順や大連の租借権を日本に譲り，［ c ］の南半分を日本の領土とすることを認めた。

Ⅴ　サンフランシスコ平和条約
d日本は資本主義陣営との間だけで講和を結んだ。ただし，e沖縄・奄美群島・小笠原諸島は，引き続きアメリカが統治することになった。

Ⅵ　日韓基本条約
韓国との間で国交を正常化し，日本は韓国政府を朝鮮半島にある唯一の合法的な政府と認め，f経済協力を推し進めることとなった。

(1) Ⅰの条約を江戸幕府との間で結んだアメリカ側の代表を，次の**ア**～**エ**から１つ選び，記号で答えなさい。　［　　］

ア ラクスマン　**イ** ペリー　**ウ** レザノフ　**エ** ビスマルク

(2) Ⅱが結ばれたのと同じ年に起こったできごとを，次の**ア**～**エ**から１つ選び，記号で答えなさい。　［　　］

ア 江華島事件　**イ** 義和団事件　**ウ** 五・一五事件　**エ** 生麦事件

(3) 右の地図中のA～Eのうち，Ⅲ中の［ a ］，Ⅳ中の［ c ］に当てはまる地域を正しく組み合わせたものを，次の**ア**～**オ**から１つ選び，記号で答えなさい。　［　　］

ア a－A　c－E　**イ** a－B　c－A
ウ a－E　c－C　**エ** a－C　c－D
オ a－E　c－A

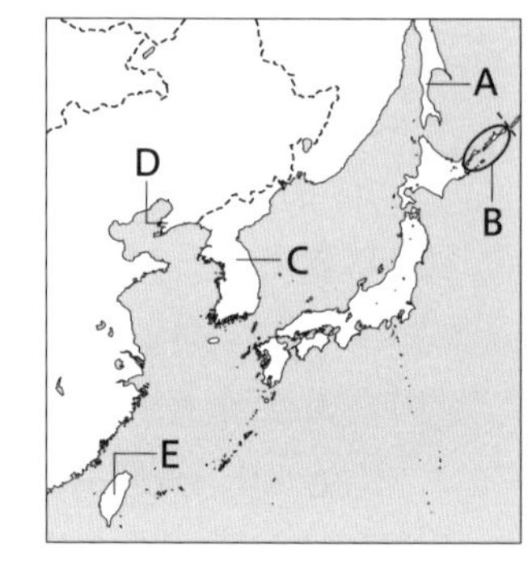

(4) Ⅳ中の下線部bのとき，「君死にたまふことなかれ」という詩を発表して反戦の意思を表した人物名を答えなさい。　［　　］

(5) Ⅴの下線部dについて，この条約は，アメリカが日本との講和を急いだため実現しました。アメリカはなぜ講和を急いだのか，「朝鮮戦争」の語を用いて簡単に説明しなさい。
［　　］

(6) Ⅴの下線部eが日本に返還された時期の経済の様子を，次の**ア**～**エ**から１つ選び，記号で答えなさい。　［　　］

ア バブル経済　**イ** 昭和恐慌　**ウ** 高度経済成長　**エ** 平成不況

(7) Ⅵの下線部fについて，以後，日本は韓国に対して多額の政府開発援助を行ってきました。政府開発援助の略称をアルファベットで答えなさい。　［　　］

(8) 次のできごとが起こった時期を，「Ⅰ－Ⅱ」という形で答えなさい。
　陸軍の青年将校が大臣などを殺傷し，東京の中心部を占拠した。　［　－　］

4 国の一般会計予算の内訳を示した次の図を見て，問いに答えなさい。

[(3)7点，他3点，合計31点]

(1) **図**中のAの大部分は，高齢者世代への□の給付，病院での治療費を国が負担する医療給付が占めています。□に当てはまる語句を答えなさい。

[　　　　]

図

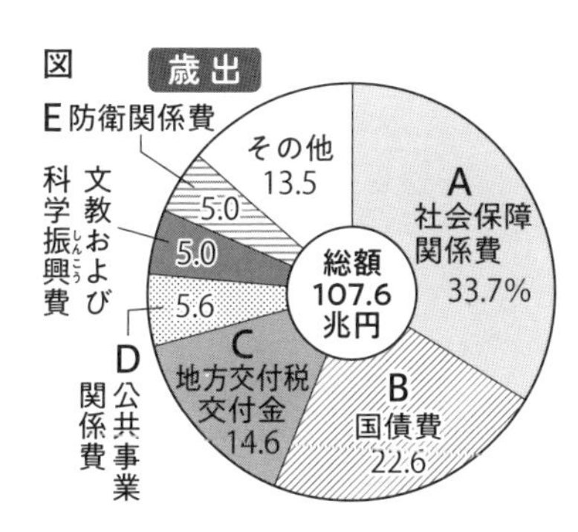

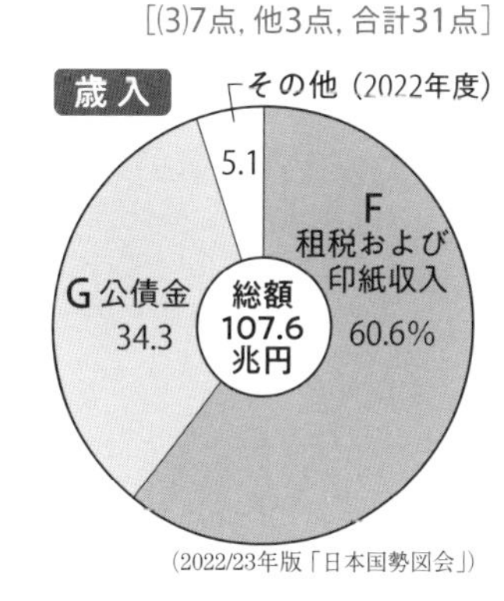

（2022/23年版「日本国勢図会」）

(2) **図**中のBについて，家計が国債を購入した場合，それは家計の支出・収入においてどこに含まれますか。次の**ア**～**エ**から1つ選び，記号で答えなさい。

ア 貯蓄　**イ** 事業収入　**ウ** 消費支出　**エ** 非消費支出　[　　]

(3) **図**中のCは，どのような目的で支出されるものですか。「格差」の語を用いて簡単に説明しなさい。[　　　　　　　　　　　　]

(4) **図**中のDの支出，Fの収入と財政政策の関係について正しく述べたものを，次の**ア**～**エ**から1つ選び，記号で答えなさい。[　　]

ア 不況時にDの支出は減り，Fの収入は増える傾向がある。

イ 好況時にDの支出は増え，Fの収入も増える傾向がある。

ウ 不況時にDの支出は増え，Fの収入は減る傾向がある。

エ 好況時にDの支出は減り，Fの収入も減る傾向がある。

(5) **図**中のEについて，わが国の国防の基本方針として当てはまらないものを，次の**ア**～**エ**から1つ選び，記号で答えなさい。

ア 専守防衛に徹する。　**イ** 自衛隊は自衛のための必要最小限度の実力である。

ウ 日米安全保障条約を堅持する。　**エ** 集団的自衛権は認めない。　[　　]

(6) **図**中のFについて，次の問いに答えなさい。

① 右の**表**は国税の内訳を示したものです。ⓐの税に取り入れられている，課税所得が増えるほど税率を上げる制度を何といいますか。[　　　　　]

表

	直接税	間接税
国税	ⓐ所得税 ⓑ法人税 相続税など	消費税 酒税　関税 揮発油税 たばこ税など

② **表**中のⓑについて，独立行政法人が含まれる企業の分類を，次の**ア**～**エ**から1つ選び，記号で答えなさい。[　　]

ア 非営利法人　**イ** 公企業　**ウ** 組合企業　**エ** 会社企業

③ 国民の所得を正確に把握して公正な税を実現するとともに，行政手続きを簡素化するために2016年より導入された制度を何といいますか。カタカナで答えなさい。

[　　　　　　制度]

(7) **図**中のGは何を意味しますか。次の**ア**～**エ**から1つ選び，記号で答えなさい。

ア 家計や企業からの借金　**イ** 国債に対する利子

ウ 家計や企業への貸し出し　**エ** 財政投融資による収入　[　　]

中学3年分の一問一答が無料で解けるアプリ

以下のURLまたは二次元コードからアクセスしてください。
https://gakken-ep.jp/extra/smartphone-mondaishu/
※サービスは予告なく終了する場合があります。

高校入試の最重要問題 社会 改訂版

デザイン ……… bicamo designs
本文イラスト … シモダアサミ
編集協力 ……… 菊地聡, 株式会社シー・キューブ
本文DTP ……… 株式会社 明昌堂

この本は下記のように環境に配慮して製作しました。
・製版フィルムを使用しないCTP方式で印刷しました。
・環境に配慮して作られた紙を使っています。

①

解答と解説

高校入試の
最重要問題
社会
改訂版

本体と軽くのり付けされているので、はずしてお使いください。

地理分野

弱点チェック

{P.8}

1 世界の諸地域
①経済特区　②ユーロ　③サハラ砂漠
④ヒスパニック　⑤アンデス山脈
⑥アボリジニ

2 日本の諸地域
①シラス(台地)　②本州四国連絡橋
③阪神工業地帯　④輪中　⑤近郊農業
⑥リアス海岸　⑦酪農

3 日本の地域的特色
①環太平洋造山帯　②季節風(モンスーン)
③冷害　④人口爆発　⑤名古屋大都市圏
⑥火力発電　⑦促成栽培　⑧加工貿易

4 世界各地の人々の生活と環境
①サバナ気候　②偏西風　③石(石灰)
④タイガ　⑤イスラム教　⑥牛

5 世界の姿
①赤道　②本初子午線　③太平洋
④オーストラリア大陸　⑤ロシア(連邦)
⑥内陸国

6 身近な地域の調査
①縮尺　②北　③等高線
④発電所(・変電所)

7 日本の姿
①領土　②200海里　③与那国島
④北方領土　⑤竹島

8 地域のあり方
①仮説　②構想　③文献調査

{P.11}

1 世界の諸地域

1 (1) ① アンデス　② エ
(2) さとうきび

解説 (1) ①**アンデス山脈**は環太平洋造山帯に属し，地震が起こりやすい。高山地域では先住民の伝統的な生活がみられる。
②北半球のアメリカとカナダの国境と同じくらいの緯度の緯線は，南半球では南アメリカ大陸の南端付近を通っている。
(2) 本来は砂糖の原料とされるさとうきびである。ブラジルではさとうきび，アメリカではとうもろこしが，**バイオ燃料**の主原料となっている。

2 (1) 経済特区
(2) ① ウ　② ア

解説 (1) 外国の資本や技術を導入するため，経済特区では海外企業を輸出入の税金などの面で優遇している。**シェンチェン，チューハイ，アモイ，スワトウ，ハイナン省**の5か所に設けられている。
(2) ①**東南アジア諸国連合**の略称がASEANである。結成当時は社会主義勢力への対抗が主な目的だったが，加盟国の経済成長に伴い，自由貿易を推進する共同体として発展した。**ア**はヨーロッパ連合，**イ**はアジア太平洋経済協力，**エ**は南米南部共同市場の略称。
②タイもマレーシアも，工業化が進む前は一次産品（原材料や食料品）が主要輸出品だった。Xはチャオプラヤ川流域などで栽培される米で，タイは現在も米の世界有数の輸出国である。Yは原油で，現在もマレーシアでは原油をもとにつくった石油製品が主要輸出品となっている。

3 (1) 例 石炭と鉄鉱石を得やすかった
(2) ア・イ・エ

解説 (1) ピッツバーグの北西には五大湖沿岸の鉄山が，南側には**アパラチア山脈**の炭鉱が分布する。これらの鉱産資源と五大湖やセントローレンス川の水運を利用してかつて鉄鋼業が発達した。「外国産の安い鉄鋼」とは主に日本をはじめとするアジア産の鉄鋼のことをさす。
(2) **ア**について，資料Ⅱからアメリカのカナダからの移民は82万人をこえ，メキシコからの移民は1140万人をこえている。アメリカからこれら2か国への移民はあまり多くない。**イ**について，資料Ⅱから国ごとの列を縦に合計すると，アメリカからの流出は103万人余り，カナダからの流出は83万人余り，メキシコからの流出は1150万人余りとなり，メキシコが最大である。**ウ**について，資料Ⅲでアメリカの失業率は低下し続けている。**エ**について，資料Ⅲでいずれの年もカナダの失業率が最大である。**オ**について，資料Ⅳでメキシコの労働賃金は3か国中最低となっている。

4 (1) イ
(2) ウ
(3) ア

解説 (1) 夏の**季節風**（**モンスーン**）は海洋から大陸へ吹くので，アフリカ東岸から南アジアへ向かうときは追い風となる。ハリケーンは北アメリカ大陸を襲(おそ)う熱帯低気圧。

(2) Aのサウジアラビアにはイスラム教の聖地**メッカ**，Bのインドにはヒンドゥー教の聖なる川である**ガンジス川**がある。Cのタイではインドからスリランカ，東南アジアへ広がった仏教の宗派が信仰(しんこう)されている。

(3) Xはインドでは英語が共通言語になっていることも，情報通信技術産業の発達の背景となっている。Yについて，インドは1990年代から外国企業(きぎょう)の受け入れを活発に行った。

5 (1) ウ
(2) エ
(3) 例 工業が発達しているドイツに仕事を求めるから。

解説 (1) 乳牛の成育に適した冷涼(れいりょう)な気候の地域で，**酪農**(らくのう)がさかんである。

(2) Xの側はオランダの低地で標高0m以下の土地も多い。Yの側には3000m級の山々がそびえる**アルプス山脈**がある。

(3) Aのルーマニア，Bのポーランド，Cのブルガリア，Dのクロアチアは，いずれも1人当たり工業出荷(しゅっか)額が10000ドル未満となっている。ドイツはこの数値が20000ドル以上と高く，工業がさかんな国へ労働者が移動していることが読み取れる。

6 (1) 例 さまざまな文化を互いに尊重しあう多文化社会を築こうとしている。

(2) 例 主な輸出品目は，農産物から天然資源へと変化した。また，主な貿易相手国は，イギリスからアジアの国々へと変化した。

解説 (1) 資料Ⅰから，1970年代以降，ヨーロッパだけでなくアジアやアフリカなどで生まれたオーストラリア人の数が増えていることが読み取れる。資料Ⅱのような社会を**多文化社会**という。

(2) 資料Ⅲから主要輸出品は羊毛・小麦から鉄鉱石・石炭へ変化したこと，資料Ⅳから中国や韓国(かんこく)との貿易が増えたことが読み取れる。1970年代に**白豪主義**(はくごう)を撤廃(てっぱい)したことにより，移民だけでなく貿易の面でも変化が生まれた。

7 (1) ア

(2) X-例 輸出の多くを農産物や鉱産資源に依存(いそん)しているため，天候や国際価格などの影響(えいきょう)を受けやすいこと　Y-例 生産量が上位ではないのに，輸出量が上位なのだろうか

解説 (1) 北アフリカや西アジアの人々は，豚(ぶた)肉を食べることやワインやビールなどの酒類を飲むことを禁止するなど，**イスラム教**のきまりを厳格に守って生活している。

(2) Xは資料Ⅰによると，輸出品の上位をカカオ豆・野菜・果実・天然ゴムなどの農産物，鉱産資源が占(し)めている。このことから**モノカルチャー経済**の特色が読み取れる。Yは資料Ⅱによると，ベルギーはカカオ豆生産量上位7位に入っていないが，輸出量では5位となっている。ベルギーは世界有数のチョコレート生産国で，カカオ豆の選別・焙煎(ばいせん)も行っている。

{P.19}

2 日本の諸地域

1 (1) 広島県

(2) 例 原油の多くを輸入しており，海外から船で運び入れるのに便利であるから。

(3) エ

解説 (1) 広島市には第二次世界大戦で**原子爆弾**が投下され，戦後の1949年に平和記念都市となった。

(2) **資料Ⅰ**から，日本は原油の生産が少なく，大部分を輸入にたよっていることが読み取れる。原油はタンカーで海上輸送されるので，輸入に便利な臨海部に石油化学工業の工場が集まっている。鉄鉱石や石炭を原料とする製鉄所も，似た分布を示している。

(3) 総人口から65歳以上の人口を引いた65歳未満の人口は，C1954千人，D877千人，E638千人，A436千人，B369千人となり，これは総人口の多い順と同じである。**ウ**は総面積はC・Aの順に大きいので，これは65歳未満の人口の順と異なる。**ア**は総面積はE・Bの順に小さく，**過疎地域**の面積の割合はE・Dの順に低いので誤り。**イ**は総人口はB・Aの順に少なく，これも過疎地域の面積の割合の順と異なる。

2 (1) あ-ウ　い-ア　う-カ

(2) え-エ　お-ア　か-イ

解説 (1) 郊外から東京都の23区へ，朝に多くの人々が通勤・通学し，夕方や夜に帰る。このため23区では昼間人口が夜間人口より多くなる（**昼夜間人口比率**は100以上）。また，23区の住宅地平均価格は，23区外より2倍以上高くなっていることがわかる。

(2) **え**について，東京都心を中心に鉄道や道路が放射状に広がっている。**お**について，毎日300万人を超える人々が，東京都心へ通勤・通学している。**か**について，横浜みなとみらい21，さいたま新都心などの開発により都市機能の分散が図られてきた。

3 (1) カルデラ

(2) ウ

(3) ①栽培漁業　②排他的経済水域

解説 (1) **あ**は**阿蘇山**で，カルデラ内には数万人の人々が住み，牧畜がさかんに行われている。

(2) Dの福岡県では官営の**八幡製鉄所**を基礎として全国に先がけて鉄鋼業が発達した。また，大気汚染などの公害問題の克服の歴史から，環境保全への取り組みがさかん。**ア**はBの長野県，**イ**はAの青森県，**エ**はCの愛知県に当てはまる。

(3) ①**栽培漁業**は，養殖業よりも自然な形で水産資源を増やすことができる。

②周辺の国々も**排他的経済水域**を設定したことで，漁ができる範囲が限られたため，遠洋漁業は衰退した。現在は「育てる漁業」の**養殖業**のほうが，遠洋漁業より漁獲量が多くなっている。

4 (1) 親潮（千島海流）によって冷やされる

(2) 記号-ア，県庁所在地名-仙台市

解説 (1) 釧路は太平洋側，札幌は日本海側に位置する。日本海側にも沖合いに寒流のリマン海流が流れているが，釧路では夏に海上を南東からの季節風がわたってくる点が異なっている。湿った風が寒流の親潮によって冷やされることで**濃霧**が発生し，日照時間が短くなる。同じ現象は東北地方の北東部でも起こり，深刻な**冷害**をもたらすことがある。

(2) 宮城県には東北地方の経済や政治の中心となる**地方中枢都市**の仙台市があり，人口・年間商品販売額とも東北地方最多である。このことから**ア**と判断できる。また，太平洋側の**リアス海岸**に漁港が発達して漁業産出額が多いので**イ**は岩手県。**エ**の福島県は宮城県よりも製造品出荷額等が多い。**ウ**は秋田県。

5 (1) 記号-ア　理由-例 北西の季節風の影響で，冬の降水量が多いため。

(2) 新潟県-ウ　長野県-イ

解説 (1) Aの高田（上越市）は**日本海側の気候**で，冬に大陸からの北西の季節風が，暖流の対馬海流の上をわたるときに水蒸気を含み，山地に当たって大雪をもたらす。**イ**はBの松本市（中央高地の気候），**ウ**はCの名古屋市（太平洋側の気候）の雨温図である。

(2) 新潟県は重化学工業があまり発達しておらず，金属製品や輸送用機械器具より食料品の出荷額のほうが多くなっている。また，**水田単作**が行われているため米が農業の中心となっている。このことから**ウ**と判断できる。**ア**は輸送用機械器具の出荷額が多いことから，自動車工業の発達した愛知県。**イ**は果実の産出額割合が高いことから，りんごなどの栽培がさかんな長野県。

6 (1) 例 歴史的な景観や町並みを守るため。

(2) 記号 - Y　大都市圏名 - 大阪(京阪神)大都市圏

(3) 例 丘陵地を切り開いてニュータウンを建設し，削って得られた土を沿岸の埋め立てに利用した開発が行われた。

解説 (1) 京都市では歴史的な町並みの保存にともなう建物不足で家賃が高騰し，都市部の人口が伸びなやみ，財政難におちいっている。このため，建物規制を緩和する動きもみられる。

(2) 京都市は**大阪（京阪神）大都市圏**に含まれる。三大都市圏の人口は東京・大阪・名古屋の順に多い。

(3) 平地の少ない神戸市では都市の発展につれて土地が不足するようになった。そこで，丘陵地を削って**ニュータウン**を建設し，そこから出た土砂で臨海部を埋め立てて**ポートアイランド**や六甲アイランドをつくった。

{P.26}

3 日本の地域的特色

1 (1) 記号 - ア　理由 - 例 人口爆発が続くと予想されているから。

(2) ① ア　② イ

解説 (1) アフリカ州には「**人口爆発**」と呼ばれる急速な人口増加が生じている発展途上国が多い。このことから，将来に向けて最も激しく人口が増加すると予想されている**ア**に当てはまる。**イ**は南アメリカ州，**ウ**はヨーロッパ州。

(2) 高い出生率はグラフ下部の年少人口割合の増加に，高い死亡率は上部の高齢者割合の減少につながる。この結果，人口ピラミッドは富士山型になる。日本はつぼ型を示している。

2 (1) ① リアス　② ウ

(2) ① イ　② ア　③ イ

解説 (1) ①若狭湾に面した舞鶴市，三陸海岸に位置する宮古市には，山地の沈降により生まれた**リアス海岸**がみられ，波がおだやかな湾内に漁港がある。

②岡山市は季節風の影響の少ない**瀬戸内の気候**に属する。そのため，年降水量の少ないBが岡山市と判断する。さらに，日本海側の気候に属するCの舞鶴市は冬に多くの雪が降るため，Yが1月とわかる。

(2) ①日本列島やロッキー山脈，アンデス山脈，ニュージーランドなど，太平洋を取り囲むように連なる**造山帯**。

②**扇状地**は扇状に広がるなだらかな傾斜地で，果樹園がみられることが多い。

③**三角州**は河川が海や湖に出るところにつくられる平坦な地形で，都市が発達しやすい。

3 (1) ウ

(2) 記号 - A　理由 - 例 電子部品などの軽量の品目を運んでいるから。

解説 (1) 島国である日本では，重くかさばる工業製品・鉱産資源の輸送には，安く大量に運べる大型船による海上輸送が利用される。Aは貨物輸送が非常に少ない航空，Cは現在の旅客・貨物輸送の主役となっている自動車である。Dの鉄道も旅客・貨物とも割合が減少しているが，貨物における役割が著しく低下した。

(2) **あ**は成田国際空港，**い**は関西国際空港。航空機は一度に運べる量が少なく，運賃も高い。このため，軽くかさばらないわりに高価な電子部品・科学光学機器などの輸送に利用されることが多い。**う**は名古屋港，**え**は横浜港で，自動車など大型の工業製品が中心となっている。

4 (1) **国内生産量 - イ　輸入量 - ウ**
(2) **記号 - ウ　理由 - 例 バイオ燃料として使われる量が増えているから。**

解説 (1) 資料Ⅰによると，野菜の自給率は80%以上で果実の約2倍あるので，野菜は生産量が輸入量を大きく上回っていると考えられる。また日本の食料自給率は全体的に低下傾向なので，資料Ⅱ中で増加傾向にある**ウ・エ**が輸入量である。現在の量が最も多い**ア**が野菜の生産量，最も少ない**エ**が野菜の輸入量。資料Ⅰで果実は自給率が50%を下回っているが，これは生産量が輸入量を下回っていることを意味する。よって資料Ⅱの**イ**が果実の国内生産量，**ウ**が輸入量とわかる。
(2) □は米，△は小麦で，大きな変化はみられない。2005年以降Ⓐのとうもろこしは米と小麦の生産量を上回り，その後も高い増加率を示している。これは再生可能エネルギーの需要の高まりから，**バイオ燃料**（**バイオエタノール**）の原料として利用されるようになったためである。ほかにバイオ燃料の原料としての需要が高まっている作物として，さとうきびがあげられる。

5 (1) **エ**
(2) **エ**

解説 (1) 火山活動で生じる地熱を利用して電力を生み出す発電なので，火山の分布と関連づける。**アルプス・ヒマラヤ造山帯**に属するイタリアには火山が分布するが，**ア・イ・ウ**の国々にはみられない。
(2) **ア**オーストラリアは太平洋とインド洋に面している。**イ**オーストラリアとインドネシアにも日本の標準時子午線である東経135度の経線が通っている。**ウ**輸入量合計に占めるオーストラリアの割合は，ともに50%を超えている。

6 (1) **近畿地方，関東地方**
(2) **例 出生数が死亡数を上回っている**

解説 (1) 近畿地方は和歌山県を除く6府県が人口増加を示している。また，大阪市・神戸市・京都市の3つが人口100万人を超えている。関東地方は全7都県が人口増加を示している。また，東京（23区）・横浜市・川崎市・さいたま市の4つが人口100万人を超えている。以上の点から，大都市圏への人口集中の傾向が読み取れる。
(2) 総人口が増加していた原因について読み取る。Xの1955〜1995年には出生数が死亡数を常に上回っている。出生数から死亡数を引いた分が人口増加となる。2005年以降は死亡数が出生数を上回るようになり，総人口は減少傾向に転じた。

7 (1) **あ - イ　い - ウ　う - ア**
(2) **例 寒流の親潮（千島海流）と暖流の黒潮（日本海流）がぶつかる潮目（潮境）があるから。**
(3) **ウ**

解説 (1) あの上越市（高田）は冬に多くの雪が降るので，日本海側の気候を示す**イ**が当てはまる。いの神戸市は季節風が南北の山地にさえぎられ，一年を通して降水量が少ないので，瀬戸内の気候を示す**ウ**が当てはまる。うの宮崎市は暖流の黒潮（日本海流）や南東からの季節風の影響で温暖で夏の降水量が多いので，太平洋側の気候を示す**ア**が当てはまる。
(2) 東北地方の太平洋沖では，寒流の親潮と暖流の黒潮が合流している。この**潮目**（**潮境**）と呼ばれる海域では海底の栄養分が巻き上げられてプランクトンが集まるため，好漁場となっている。
(3) **a**は製造品出荷額等が関東地方や近畿地方を上回っている。日本最大の製造品出荷額等をあげる愛知県があり，中京工業地帯が広がる中部地方が当てはまる。人口は関東・近畿地方に次ぐ3位。**c**は人口と製造品出荷額等が最小であるが農業産出額が比較的多いことから，広大な土地で大規模な農業が行われている北海道地方である。残る**b**は中国・四国地方となる。

{P.34}

4 世界各地の人々の生活と環境

1 (1) A- い　B―う

(2) イ

(3) 例 出る熱が永久凍土を解かし

解説 (1) A はヒンドゥー教徒にとって「聖なる川」とされるガンジス川での，沐浴の様子である。ヒンドゥー教徒の大半は，いのインドに分布している。B はアンデス山脈の標高が 4000m を超える高地で飼育されているアルパカとリャマ。うのペルーなどの高地では，平地より気温が低く農作物が育たないため，寒さに強いアルパカやリャマなどの家畜を放牧している。

(2) X 島は南太平洋に位置するフィジー。人々は熱帯産のタロいもやバナナなどの栽培や伝統的な漁業で暮らしてきた。アはアンデスの高地，ウ・エはメキシコでみられる。

(3) シベリアには，一年中解けない凍った土（永久凍土）が広がっている。建物から出る熱で永久凍土が解け，建物が傾いてしまうのを防ぐため，床を高くつくって地面から浮かせている。

2 (1) タイガ

(2) ウ

(3) A- ア　B- ウ　C- イ

解説 (1) タイガはもみやからまつの仲間の針葉樹からなる。木材はロシアの主要な輸出品となっている。

(2)「強い日差しや砂ぼこり」の語句から，砂漠が広がるアラビア半島でみられる伝統的な衣服と判断する。雨温図は降水量が著しく少なく，夏の気温が高くなるウ（乾燥帯）が当てはまる。アはオセアニア州のダーウィン（熱帯），イは北アメリカ州のバロー（寒帯），エはヨーロッパ州のマドリード（温帯）の雨温図。

(3) アは降水量が多く一年を通して気温が高い熱帯の A，イは一年を通して温和で降水量は少なめの温帯の C，ウは冬の気温が 0℃を下回り降水量は少ない亜寒帯の B。

3 (1) 例 その地域で手に入りやすいもの

(2) イ

解説 (1) カナダ北部の伝統的な住居には雪や氷が使われている。これには寒帯に属し，雪や氷におおわれた風土が関係している。東南アジアなどでは熱帯雨林からとれる木材や葉が伝統的な住居に用いられている。いずれも地域の自然がもたらす資源が材料となっている点をおさえる。

(2) 西アジアでおこったキリスト教は，この地域を支配するローマ帝国の国教となったことからヨーロッパに広まり，ヨーロッパ諸国が植民地を広げると南北アメリカやオセアニアなどに布教された。キリスト教の習慣としては日曜日の礼拝があげられる。説明文の a はイスラム教について述べている。

4 (1) 例 降水量が少なく，樹木が育ちにくい

(2) エ

(3) 右の図

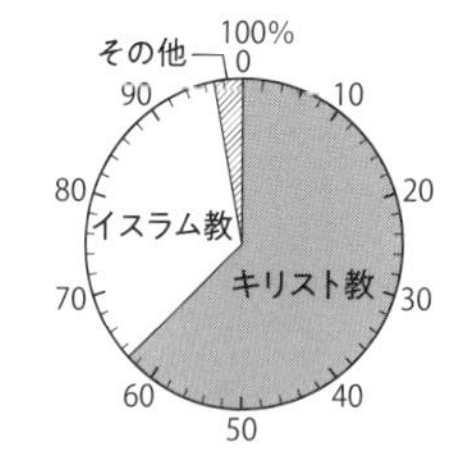

解説 (1)「木や葉」を材料とする地域をもとに考えると，空欄には気候の特色を答える必要がある。地域の気候に合わせた材料が日干しれんがであるので，乾燥して樹木が育たない，日差しが強くれんがを乾燥させやすい，といった説明が考えられる。その上で指定された語句を含めて書く。

(2) a はキリスト教が半数近くを占めるのでドイツ。トルコなどからの移民が信仰するイスラム教も多い。b は仏教が大半を占めることからタイ。残る c は韓国で，キリスト教が最多であるが仏教も多い。

(3) キリスト教は（4629 ÷ 7375）× 100 により 62.76…小数第 1 位を四捨五入すると 63%となる。イスラム教は（2504 ÷ 7375）× 100 により 33.95…小数第 1 位を四捨五入すると 34%となる。

{P.39}

5 世界の姿

1 (1) ユーラシア大陸
(2) ウ
(3) 太平洋
(4) B
(5) エ

解説 (1) ユーラシア(Eurasia)は「ヨーロッパ(Europe)」と「アジア（Asia）」を合わせた名称である。
(2) ⬭はアルゼンチンの北部で本初子午線より西（西経），赤道より南（南緯）に位置する。
(3) **太平洋**はユーラシア大陸，オーストラリア大陸，北アメリカ大陸などに囲まれ，三大洋のうちで最も面積が大きい。
(4) B のエクアドルは，国名がスペイン語で「**赤道**」を意味する。ほかに南アメリカ州ではブラジルとコロンビアに赤道が通っている。
(5) **エ**のエジプトとリビアとの間の国境は，経線を基準としているため直線である。**ア**はピレネー山脈，**イ**はアルプス山脈，**ウ**はドナウ川に沿った国境。

2 (1) ブラジル - 6　フランス - 1
(2) Z

解説 (1) **図**は0度の経線である**本初子午線**が左側に引かれていることに注目する。180度の経線は太平洋を通っている。a のブラジルは主に西経・南緯に位置するので，図中の 6 が首都ブラジリアの位置に当てはまる。f のフランスは東経・北緯に位置し，本初子午線のやや東に位置するので，図中の 1 が首都パリの位置に当てはまる。b のオーストラリアの首都は 4，c の中国の首都は 3，d のアメリカの首都は 5，e のエジプトの首都は 2 に当たる。
(2) 世界の人口の約6割を占める W は**アジア州**である。2位の X のアフリカ州と面積はあまり変わらないので，アジア州の人口は密集していることがわかる。人口・面積とも最小の Z はオセアニア州で，b のオーストラリアとその周辺の島々が当てはまる。

3 (1) 海洋名 - 大西洋　記号 - う
(2) F
(3) エ
(4) オーストラリア大陸

解説 (1) A のヨーロッパ州や C のアフリカ州の西に広がるのは大西洋である。地図中では D の北アメリカ州と E の南アメリカ州の東に広がっている。
(2) Y のイギリスから見た地球の裏側は，F の**オセアニア州**である。かつてイギリスは地球上の最も遠くに位置する地域まで**植民地**を広げていたことになる。
(3) 経線と経線の間隔は緯度が高くなるにつれ狭くなり，北極と南極の地点でゼロになる。よって，同じ経度の幅を示した3つの線は，低緯度から高緯度の順に長くなる。地図はすべての経線と緯線が直角に交わっている点に着目する（経線は北極と南極で合流しない）。この図法の地図では，緯度が高くなるにつれ実際より面積が大きく表される。
(4) **オーストラリア大陸**は，六大陸のうち面積が最小である。

4 (1) 例 赤道から離れる
(2) C → A → B → D
(3) あ
(4) 南極大陸
(5) ウ

解説 (1) 地図中には経線や赤道以外の緯線は引かれていないが，赤道から離れるほど（緯度が高くなるほど）面積が大きく表されている。**メルカトル図法**などがこの図法に当てはまる。
(2) **地図Ⅰ**の都市の位置を，中心(東京)からの距離と方位が正しい**地図Ⅱ**に書き込んで，東京からの距離を比べる。**地図Ⅱ**は**正距方位図法**と呼ばれ，航空図などに用いられる。
(3) 東京と A（ロンドン）を**地図Ⅱ**上で結んだ直線が，陸地のどの部分を通っているかを読み取る。2地点間の最短コースを**大圏航路**といい，東京とロンドンの間ではロシア北部を通っている。2022年のロシアによるウクライナ侵攻が原因で，この航路は長い期間にわたり使えなくなった。
(4) 南極点を中心に広がる**南極大陸**である。東京からの距離は南アメリカ大陸より近い。
(5) **地図Ⅱ**中で東京の真上にある北極海に位置する北極点から，東京と，X の真ん中当たりに位置する南極点を結んだ線が，東京を通る経線となる。

5 (1) 右の図

(2) a

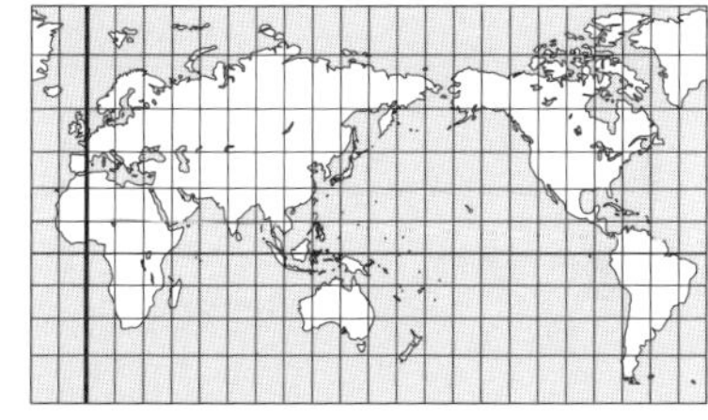

(3) 北緯45度，東経105度

(4) A-ウ　B-ア　C-イ

解説 (1) イギリスの首都ロンドン郊外にある旧グリニッジ天文台を通る経線が本初子午線である。

(2) **写真**は夏に太陽が地平線深くまでしずまず，明るいままの夜となる**白夜**（びゃくや）。c が赤道で a の緯線は北極圏（けん）に含まれる。

(3) Q は赤道から数えて下に2本目の緯線，本初子午線から左に数えて10本目の経線なので緯線・経線とも15度おきであることがわかる。P点の緯度は15×3，経度は15×7で求められる。

(4) A は北半球のみに広がるのでユーラシア大陸，B は北半球と南半球にまたがるアフリカ大陸，C は南半球のみに広がるのでオーストラリア大陸である。

{P.45}

6 身近な地域の調査

1 (1) 4000

(2) ア

(3) ア

解説 (1) 3.9（cm）× 25000 = 97500（cm）により，縦（たて）は975mとなる。4.1（cm）× 25000 = 102500（cm）により，横は1025mとなる。975 + 975 + 1025 + 1025 により，周囲は4000mとなる。

(2) 消防署（ Y ），老人ホーム（ 㑹 ），交番（ X ）の地図記号はみられるが，寺院（ 卍 ）はない。

(3) 土地の起伏（きふく）は**等高線**で読み取れる。**イ**の中学校の場所は 文 の地図記号でわかるが，生徒数は読み取れない。**ウ**のバス停留所の地図記号はない。**エ**の果樹園は ♁ で表されるが，果樹の種類は読み取れない。

2 (1) エ

(2) ウ

解説 (1) **ア**は「軽井沢駅（かるいざわ）」の北（上）に交番の地図記号がみられる。**イ**は「矢ヶ崎山（やがさき）」の山頂（南東）から左上（北西）へ向かってスキー場の斜面が広がっている。**ウ**は駅の東（右）側に変電所の地図記号（ ☼ ）がみられる。**エ**は**実際の距離＝地図上の長さ×縮尺の分母**で計算すると，4（cm）× 25000 = 100000（cm）により，1000mとなる。

(2) P の近くには943m，Q の近くには850mの標高の表示がある。地形図の右側の方が等高線が密で標高が高いように見えるが，P−Q の間に「碓氷峠（うすいとうげ）」を含む尾根がそびえて，東側は下りとなっている。

3 (1) 記号-X　理由-[例] 海から離（はな）れることができ，標高が高いから。

(2) X-Ⓘ　Y-[例] 経路Ⓘは浸水（しんすい）予想地域の外に出るまでの距離（きょり）が短く，河川の近くを通らずに避難（ひなん）することができる

解説 (1) 2011年3月の大災害は**東日本大震災（しんさい）**である。●にいる海水浴客に**津波（つなみ）**からの避難をうながすには，等高線が密集し標高の高いXの方向へ誘導（ゆうどう）すべきである。東日本大震災の津波の最高到達（とうたつ）地点は約40mといわれているので，地形図中の太い等高線（標高50m）のあたりは当

面の安全地点となる。

(2) ………の境界で分けたとき，河川に近くて避難場所のない南側が浸水予想地域と考える。経路㋐は………の南側を通る距離が経路㋑より長い。また，経路㋐は河川の近くを通っているので，より被災の危険が高い。

4 (1) ア

(2) ③

解説 (1) **ア**の左側の海岸にみられる┴┴┴┴の地図記号は防波堤を表しているので，人工の海岸だとわかる。**イ**の**扇状地**は扇状に等高線が広がるゆるやかな傾斜地であり，地形図中の河岸にはみられない。**ウ**のリアス海岸は出入りの複雑な海岸地形。港の地図記号（⚓）もみられない。**エ**は等高線の密な斜面が海岸近くまでせまっており，平地は狭い。

(2) 土砂災害は大雨により山肌が崩れる災害で，②の尾根や④の谷の地形は危険が高い。高潮は海側から海面が盛り上がって押し寄せる災害で，①の海岸沿いが危険である。洪水は川があふれる災害。③は川から離れたゆるやかな斜面で最も避難に適している。

{P.50}

7 日本の姿

1 (1) 2つ

(2) エ

(3) ウ

(4) ウ

解説 (1) 近畿地方で海に面していない内陸の府県は奈良県と滋賀県。他の5府県は海に面している。

(2) A−Bは関東地方7都県に山梨県を加えた範囲を示している。**エ**の福島県は東北地方，栃木県は関東地方の県で，A−Bの線で接している。

(3) 山梨県は東京都と県境を接しており，鉄道で東京都へ通う人も多い。**ア**は内陸県である。**イ**は中部地方に含まれる。**エ**の県庁所在地は甲府市で，県名と異なる。

(4) 九州地方，中国・四国地方，近畿地方の3地方が含まれる地図**ウ**が最多である。地図**ア**には中部地方と関東地方，地図**イ**には東北地方と北海道地方が含まれる。

2 (1) ア

(2) 北方領土

(3) ア，イ，オ

(4) ① イ　② 排他的経済水域

解説 (1) Aは択捉島，Cは佐渡島，Dは淡路島を示している。択捉島より面積の広い島は4位四国，3位九州，2位北海道，1位本州と続く。

(2) **北方領土**のもと島民らによるロシアとの「ビザなし交流」は，2022年のロシアのウクライナへの軍事侵攻に対して日本が制裁を科したことにロシアが反発して停止されている。

(3) **ア**の宮城県の県庁所在地は仙台市，**イ**の石川県の県庁所在地は金沢市，**オ**の沖縄県の県庁所在地は那覇市である。**ウ**は佐賀県，**エ**は鹿児島県。

(4) ①南端の沖ノ鳥島は，北回帰線よりも南に位置する。**ア**は日本の東端，**ウ**は西端，**エ**は北端にあたる。

②**沖ノ鳥島**は外周約11kmの環礁の中にある小さな無人島。島が水没すると，日本は排他的経済水域を40万km^2以上も失うことになるため，日本政府は，周囲をブロックとコンクリートで固めて島を波の侵食から守っている。

3 (1) ウ

(2) ウ

(3) 本州

(4) ロシア(連邦)

解説 (1) Qは，**排他的経済水域**が領土面積のわりに大きいため日本とわかる。アメリカとブラジルではアメリカの方が国土面積が大きく，ハワイ諸島のような離島もあるので，2つの統計の数値がともに高いPがアメリカである。

(2) 日本は，**兵庫県明石市**を通る**東経135度**線を標準時子午線と定めている。西端の**与那国島**はおよそ東経123度，東端の**南鳥島**はおよそ東経154度に位置するため，経度差は約30度。時差は経度15度につき1時間生じるので，30 ÷ 15 = 2により日の出の時刻は2時間ずれる。

(3) 本州の面積は約23万km^2で，日本の国土面積の約6割を占める。

(4) 東経135度線に沿って日本の北側にはロシア，南側にはインドネシア，オーストラリアが位置する。

4 (1) 8月2日午後6時

(2) ア

(3) B

解説 (1) ⓐは東経，ⓑは西経に位置するため，ⓐの方が時刻が進んでいる。8月3日午前10時の16時間前なので，前日の午後6時となる。

(2) ⅰ東経と西経の都市間の時差は，両者の経度を足して15で割る。(135 + 90) ÷ 15 = 15により，シカゴは東京の15時間前。東京の出発時刻の1月29日午前10時40分の15時間前は前日の午後7時40分。これに所要時間の11時間55分を足すとシカゴの到着時刻は1月29日午前7時35分となる。

ⅱシカゴの出発時刻の1月31日午前10時30分の15時間後は翌日の午前1時30分。これに所要時間の13時間25分を足すと東京の到着時刻は2月1日午後2時55分となる。

ⅲ東京→シカゴの便は東へ，シカゴ→東京の便は西へ向かう。東へ向かう便の方が所要時間が短いということは，西から吹く風（**偏西風**）により追い風を受けているということ。

(3) 12月1日の午前6時は12月1日の正午の6時間前。15 × 6 = 90により，東京より90度分西に位置する都市となる。東経45度線を標準時子午線とするBのリヤドである。

{P.55}

8 地域のあり方

1 (1) 例 農家数の減少と自営農業従事者の高齢化が進む中，広大な耕地で農業を営む北海道の農家が，自動運転やロボットなどの技術を導入することで，農作業の負担軽減や効率化を図ることができるから。

(2) ア

解説 (1) 農業の分野でIT化が必要な背景として，**資料Ⅱ**の経営耕地面積の広さに加え，**資料Ⅰ**にみられる農家数の減少と高齢化があげられる。農業従事者が減少し，かつ体力のない高齢者が中心となっているため，ロボットなどを利用した省力化・効率化を図っている。

(2) 単年における全体に占める割合を表すには，帯グラフや**ア**の円グラフが適している。

2 (1) ウ

(2) 課題 - 例 人口減少や高齢化が進行している。
特徴 - 例 ゆず加工品の開発・生産・宣伝に取り組んだ。

解説 (1) **グラフ**で関東地方と近畿地方はバス・鉄道による旅客輸送人数が多い点に着目する。公共交通機関が整備されているため，乗用車の必要性が低いことがわかる。

(2) **資料Ⅰ**から人口の減少と高齢化，**資料Ⅱ**から特産品を利用した**地域おこし**（**村おこし**）の様子が読み取れる。

3 (1) ア - 例 最も人口が多い　イ - 例 反応や流行を探る

(2) 例 道路の開通により観光客が増加し，自然環境が損なわれたため，自然環境の保全と観光の両立を目指す取り組みをしてきた。

解説 (1) **資料Ⅰ**から東京圏の人口割合が最大であること，**資料Ⅱ**からアンテナショップで宣伝，情報提供，市場調査が行われていることがわかる。

(2) **資料Ⅳ**の1980年の知床横断道路の開通を機に，**資料Ⅲ**の1980年代から観光客数が急増していることがわかる。取り組みに関しては「**エコツーリズム**」の意味をもとに考える。

歴史分野

{P.60}

弱点チェック

1 近世の日本

①(マルティン・)ルター　②バスコ＝ダ＝ガマ
③(フランシスコ＝)ザビエル
④楽市・楽座　⑤刀狩
⑥徳川家康　⑦参勤交代　⑧菱川師宣
⑨解体新書　⑩松平定信
⑪株仲間

2 古代までの日本

①くさび形文字　②磨製石器
③高床倉庫　④卑弥呼
⑤十七条の憲法　⑥大化の改新
⑦大宝律令　⑧墾田永年私財法
⑨聖武天皇　⑩摂関政治　⑪紫式部

3 開国と近代日本のあゆみ

①人権宣言　②南北戦争
③日米和親条約　④廃藩置県　⑤文明開化
⑥伊藤博文　⑦下関条約　⑧八幡製鉄所

4 中世の日本

①院政　②平清盛　③源頼朝
④御成敗式目(貞永式目)　⑤親鸞
⑥北条時宗　⑦勘合　⑧応仁の乱

5 二度の世界大戦と日本

①第一次世界大戦　②米騒動　③世界恐慌
④満州事変　⑤五・一五事件　⑥第二次世界大戦
⑦ポツダム宣言

6 現代の日本と私たち

①(満)20歳　②安全保障理事会(安保理)
③冷戦(冷たい戦争)　④サンフランシスコ平和条約
⑤高度経済成長　⑥ドイツ
⑦地球温暖化

{P.63}

1 近世の日本

1 (1) ① 南蛮貿易　② 例 プロテスタントが広まったが，カトリックを信仰していたから。(宗教改革に対抗し，カトリックを守ろうとしたから。)
(2) 刀狩(令)
(3) 藩
(4) イ→ア→ウ

解説 (1) ①資料は「南蛮屏風」。この当時，ポルトガル人やスペイン人は南蛮人と呼ばれたため，この貿易を南蛮貿易という。
②**宗教改革**を進めた人々は「抗議する者」という意味でプロテスタントと呼ばれた。ポルトガルやスペインなど，ヨーロッパ南部の国々は，現在もカトリックの信者が多い。
(2) 一揆を防ぎ，農民を耕作に専念させようとした。
(3) 幕府と藩が全国の土地と人々を支配した体制を，**幕藩体制**という。
(4) **イ**は17世紀末，**ア**は18世紀後半，**ウ**は19世紀後半。

2 (1) エ
(2) エ
(3) 例 新しく城を築くことを禁止する。(城を修理するときは，必ず幕府に申し出よ。)

解説 (1) 通行税を取ることを目的とした関所の増加は，流通経済の妨げになっていた。**織田信長**は自由な商工業を推進した。**ア**は水野忠邦，**イ**は源頼朝，**ウ**は豊臣秀吉について。
(2) 金地の背景に唐獅子が歩く様子を描いた「唐獅子図屏風」である。雪舟は室町時代に水墨画を描いた。
(3) **資料**は幕府が大名の反抗を警戒して定めた**武家諸法度**である。城に関する内容なので，築城の制限と考える。

3 (1) オ
(2) ア
(3) イ
(4) イ

解説 (1) 1498年，ポルトガルの**バスコ＝ダ＝ガマ**が大西洋を南下し，アフリカ南端を回ってインドに着く航路を開いた。ポルトガルは南アメリカでは現在のブラジルに植民地を築いた。

(2) ドイツでは**ルター**，スイスではカルバンが宗教改革を進めた。**イエズス会**のザビエルは日本に初めてキリスト教を伝えた人物。

(3) スペイン人が経営したボリビアなどの銀山では，先住民が過酷な労働を強いられた。やがて先住民の人口が減ると，アフリカの人々を奴隷としてアメリカ大陸に連れてきた。

(4) **朱印船貿易**はSのアユタヤなど東南アジアで行われ中国産の生糸・絹織物などが輸入された。

4 (1) イ

(2) ① オランダ　② ア

(3) 例 将軍が代わるとき。

解説 (1) Xの期間は世界では大航海時代に当たり，**イ**などの新航路が開拓された。**ア**は19世紀初め，**ウ**は13世紀後半，**エ**は7世紀初め。

(2) ① 1639年にポルトガル船の来航が禁止された後，1641年にオランダ商館が**出島**に移された。オランダはキリスト教の布教を行っていなかったため，貿易を許された。

② A **新井白石**は貿易額を制限して金銀の国外流出を防ぐことで，財政を再建しようとした。B **田沼意次**は海産物を詰めた俵物を金銀にかわる輸出品とした。

(3) **資料Ⅱ**は「朝鮮通信史来朝図」。豊臣秀吉による朝鮮侵略の後，朝鮮との国交はとだえていたが，**徳川家康**が国交を回復させた。朝鮮通信使は新将軍の就任を祝うことが主な目的で，外交使節として日本の学者などとも交流が行われた。

5 (1) 千利休

(2) ア

(3) 例 一揆の中心人物がわからないようにする

(4) エ

解説 (1) わび茶は静かな茶室で素朴な茶道具を用いて茶をたてる「わび・さび」を重んじる芸能である。千利休は堺の豪商で，政治にも関わった。

(2) ルターによる宗教改革は1517年から。これによりカトリック側でも改革が行われ，1549年のキリスト教伝来につながった。**イ**は18世紀後半，**ウ**は7世紀初め，**エ**は10世紀初め。

(3) 普通の書状のように署名すると，右端に位置する人物が中心であると判断され，重い処罰を受けてしまう。一揆の参加者は円形に署名することで連帯して責任を取る意思を表した。

(4) **資料Ⅱ**は**葛飾北斎**がさまざまな富士山の姿を描いた「富嶽三十六景」の神奈川沖浪裏である。19世紀前半の化政文化のころの作品。

6 (1) ウ

(2) T - 鎖国政策を実施して，ヨーロッパの国々との通商をオランダに限定した　U - シーボルト

(3) イ

解説 (1) 元の襲来は13世紀後半，鉄砲の伝来は16世紀半ば，**コロンブス**の西インド諸島到達は1492年である。新航路発見とポルトガル人が日本まで来たことを結びつけて考える。**ア**は18世紀後半，**イ**は紀元前18世紀，**エ**は11世紀末。

(2) T 鎖国政策の下，ヨーロッパの学問は，主にオランダ語で学ばれたことから**蘭学**と呼ばれることとなった。蘭学の発展は，徳川吉宗が洋書の輸入禁止を緩めたことがきっかけである。U シーボルトが長崎に開いた鳴滝塾は，高野長英など多くの優れた人材を生んだ。

(3) B 三都と呼ばれた江戸・大阪・京都のうち，「**天下の台所**」は商業都市として発展した大阪である。江戸は「将軍のおひざもと」といわれた。京都は工芸や文化の中心地。

7 (1) 例 金貨に含まれる金の量を減らし，質を落とした小判。

(2) ① 参勤交代

② 例 商品作物を売って，必要な品物を貨幣で購入するという生活に変化していった。

(3) 例 馬に比べて，船のほうが1人あたりの運送量が多く，効率がよいから。

解説 (1) **徳川綱吉**が政治を行っていたころの元号を元禄という。そのころ使われていた**資料Ⅰ**中の元禄小判は，金の割合がその他の小判と比べて少ないことがわかる。綱吉は貨幣の質を落として数量を増やし，財政難を切りぬけようとしたが，物価の上昇を招いた。

(2) ①**資料Ⅱ**の「領地と江戸の往復にかかる費用」「江戸での滞在にかかる費用」が，藩の支出の4割以上を占めている。大名は1年おきに領地と江戸を往復する参勤交代を義務づけられていた。

②百姓に求められる役割は本来，米を年貢として納めることであるが，**商品作物**である菜種をつくっていること，銭で肥料を購入していることから貨幣経済の普及が読み取れる。

(3) 運送量を作業人数で割ると，陸は2俵，河川は50俵，海は約156俵となる。

{P.71}

2 古代までの日本

1 (1) ① ウ　② 口分田　③ イ
(2) ウ

解説 (1) ①現在の奈良市に710年につくられた**平城京**である。
②人々には，口分田の面積に応じて稲を納める**租**が課せられた。
③**鑑真**の来日は8世紀半ば。**ア**は室町時代，**ウ**は古墳時代，**エ**は鎌倉時代。
(2) **かな文字**による文学は国風文化の特色。**ア**は縄文文化，**イ**は天平文化，**エ**は桃山文化。

2 (1) ① 平安　② エ　③ ウ　④ イ
(2) イ

解説 (1) ①**平安京**への遷都で平安時代が始まる。
②**エ**調は租の誤り。
③**桓武天皇**は都を移すことで律令制の立て直しを図った。
④朝廷が東北地方へ支配の拡大を図ると，**蝦夷**との間で対立が激しくなっていった。**源義家**は11世紀に東北地方の戦乱をしずめた。
(2) **ア・ウ・エ**は奈良時代の書物。

3 (1) ウ
(2) ア
(3) 絹
(4) ① エ　② 空海

解説 (1) **ア**エジプト文明はメソポタミア文明の誤り。**イ**メソポタミア文明はエジプト文明の誤り。**エ**くさび形文字は甲骨文字の誤り。
(2) 殷では占いの結果が亀の甲や牛の骨に**甲骨文字**で記録された。
(3) **シルクロード**ともいう。漢の時代に開かれたこの交通路を通って，西アジアの工芸品などが奈良時代の日本にもたらされ，正倉院に収められた。
(4) ①防衛の拠点は**大宰府**で，九州北部の防衛と外交に当たった。
②比叡山に延暦寺を建てて天台宗を広めた**最澄**と区別する。

4 (1) 例 食料を煮炊きすること。
(2) エ
(3) エ
(4) イ
(5) イ

解説 (1) **縄文土器**を示している。縄文時代は木の実などを土器で調理することで食生活が充実し，人口も増えていった。
(2) **銅鐸**をはじめ銅剣・銅矛などの青銅器は祭器で，墓に副葬されることも多かった。
(3) 天智天皇の死後，その子と弟が皇位を争って**壬申の乱**が起こった。
(4) **聖武天皇**は仏教の力で社会の不安をなくすため，東大寺と大仏をつくった。**ア**は鎌倉時代，**ウ**は室町時代，**エ**は平安時代。
(5) 藤原氏の摂関政治が行われたのは，**国風文化**が栄えた時期である。**ア**は桃山文化，**ウ**は飛鳥文化，**エ**は室町文化。

5 (1) イ
(2) 天平文化
(3) 枕草子
(4) ウ

解説 (1) a アレクサンドロス大王の東方遠征をきっかけに，**ヘレニズム**文化が生まれた。
(2) 聖武天皇の時代の元号が天平である。
(3) 紫式部が書いた長編小説の「**源氏物語**」と区別する。
(4) 藤原頼通が阿弥陀堂の**平等院鳳凰堂**を建てたことと，浄土信仰の広まりを結びつける。**ア**は飛鳥時代，**イ**は奈良時代，**エ**は鎌倉時代。

6 (1) ① 前方後円墳　② 例 3世紀に大和地方を中心に分布していた古墳が，5世紀には国内各地に広がっており，埼玉県や熊本県の古墳で大王の名が刻まれた鉄剣や鉄刀が出土していることから，大和政権(ヤマト王権)の勢力が関東地方や九州地方にも拡大したと考えられる。
(2) 調
(3) ウ

解説 (1) ①3世紀後半から現れた大型の古墳。
②3世紀には九州北部と近畿を結ぶ帯状の地域に前方後円墳が分布した。5世紀には九州南部や中部・関東・東北に至る範囲に広がっている。鉄剣には，地方の豪族が**大和政権**の大王に仕えたことが記されている。
(2) **調**は特産物や絹・糸・布などを納めた。**庸**は都での労役のかわりに布を納めた。
(3) 「平城京」とあるので奈良時代に編さんされた「**万葉集**」を選ぶ。**ア**は鎌倉時代，**イ**は古墳時代，**エ**は鎌倉時代。

7 (1) ア

(2) ① 〔例〕男子には，調や庸，雑徭があり，女子より負担が重かったから。（調・庸・雑徭の負担から逃れようとしたから。） ② 口分田（班田）を返したくなかったから。

(3) 〔例〕（孫の）後一条天皇の祖父として，摂政に就こうとした。

解説 (1) 中央から派遣された**国司**が，地方豪族から任命された郡司や里長を監督した。

(2) ①②男子の数が異常に少ないということは調・庸などの負担を逃れようとしたこと，高齢者が異常に多いということは**口分田**を返したくないということを意味する。平安時代半ばになると，有力な農民が貧しい農民の手放した口分田の管理も請け負うようになった。彼らは，口分田を人に貸し付けて耕作させて地代を得たうえ，調・庸の負担を逃れて富を蓄えていった。

(3) **藤原道長**が娘の彰子を一条天皇と結婚させ，その子が後一条天皇として次の次の天皇に即位していることが読み取れる。このように，藤原氏は幼い天皇の摂政となることで政治の実権を握った。

{P.79}

3 開国と近代日本のあゆみ

1 (1) イ，エ
(2) 大政奉還
(3) 領事裁判権(治外法権)

解説 (1) 世界最初の万博が開かれた1851年のころのイギリスは，安価な製品を世界中に輸出して「**世界の工場**」と呼ばれていた。これは**エ**の**産業革命**の成果である。17世紀には**イ**の**名誉革命**が起こり，議会政治の基礎が確立していった。**ア**はアメリカ，**ウ**はフランス。
(2) 15代将軍**徳川慶喜**は，江戸幕府だけで政治を行うことは難しいと判断し大政奉還を行った。倒幕の動きを進めていた薩摩藩はこのころ，幕府に対抗してパリ万博に独自に出品していた。
(3) **陸奥宗光**外相は，東アジアにおいてロシアと利害の対立するイギリスに相手をしぼって交渉を重ねた結果，領事裁判権（治外法権）の撤廃に成功した。

2 (1) 八幡製鉄所
(2) 日米和親条約
(3) 例 アヘンを生産して，清に輸出した
(4) イ→ア→ウ

解説 (1) 下関条約で得た賠償金の一部を使って八幡製鉄所がつくられた。
(2) 2港の開港のほか，燃料や水のアメリカ船への供給が決められた。
(3) イギリスは麻薬であるアヘンを清へ密輸することで，銀を回収しようとした。資料にはイギリスの蒸気船が清の帆船を撃沈する様子が描かれている。
(4) **イ** は1873年，**ア** は1890年，**ウ** は1905年。**エ**は1915年で大正時代。

3 (1) エ
(2) あ - カ　い - ウ　う - イ

解説 (1) **エ**には，1789年にパリの民衆によって，王政を批判した人々が収容されていた**バスチーユ牢獄**が襲われている様子が描かれている。この襲撃のあった7月14日は現在，フランス革命の記念日となっている。**ア**は産業革命後の紡績工場の様子，**イ**はドイツ皇帝の即位式，**ウ**はインド大反乱の様子。
(2) **あ**「燃料とする」「製鉄に必要」から，蒸気機関の燃料で鉄の原料でもある石炭が当てはまる。**い**水力にかわって，**蒸気機関**が紡績機や織機の動力となった。**う**生産手段や土地を所有する資本家と，低賃金長時間労働を強いられた労働者の間に，対立が生まれるようになっていった。

4 (1) イ
(2) い
(3) ア→ウ→イ

解説 (1) 金貨と銀貨の交換比率は日本では1：5，外国では1：15と差があった。外国人は外国の銀貨を日本で金貨に交換し，外国に持ち出して銀貨に交換してもうけを得ていた。
(2) 江戸湾（東京湾）の入り口に当たる**浦賀**である。
(3) **ア**は1877年，**ウ**は1880年，**イ**は1885年。

5 (1) 伊藤博文
(2) ウ
(3) ア
(4) 樋口一葉
(5) ア

解説 (1) 伊藤博文は近代的な内閣制度をつくり上げた当人である。
(2) **ア** は1867年，**イ** は1854年，**ウ** は1873年，**エ**は1889年。
(3) 津田梅子は帰国後，女子英学塾（のちの津田塾大学）をつくった。
(4) 樋口一葉は，都市に生きる貧しい女性のすがたを小説に書いた。
(5) P1911年制定の工場法で労働者の保護が図られた。Q足尾銅山鉱毒事件もXの時期。

6 (1) イ
(2) 地図 - イ　国名 - フランス・ドイツ(順不同)
(3) 1899年 - A　理由 - イ

解説 (1) 1872年に学制が公布された。**ア**は1932年，**ウ**は1911年，**エ**は1922年。
(2) **資料Ⅰ**は1895年の**三国干渉**についての説明である。ロシア・フランス・ドイツは日本が下関条約で得た**イ**の**遼東半島**を清（中国）へ返還することを求めた。
(3) 紡績業など軽工業中心の産業革命が進展した後の1899年には，原料の綿花を輸入し製品の綿糸を輸出する貿易の形に変化している。綿糸の生産量は1890年代に綿糸の輸入量を上回った。

7 (1) 〔例〕兵庫と比べて神戸は住居が少なく，外国人と日本人の交流を制限しやすかったから。

(2) a - アメリカ　b - イギリス　c - 南北戦争

解説 (1) **資料Ⅱ**の**出島**は，江戸時代初期の長崎で外国人が日本人と接触しないように設けられた人工島である。これをふまえて，日本人が多く住む兵庫から離れた場所に外国人居住区をつくった意図を読み取る。

(2) **資料Ⅲ**には安政の五か国条約を結んだ国々が示されている。開国は1853年に来航したアメリカの**ペリー**の要求による。しかし1861年に**南北戦争**が始まると，国内の混乱からアメリカ船の入港は減少し，イギリスが最大の貿易相手国となった。

{P.87}

4 中世の日本

1 (1) a - 地頭　b - 承久
(2) イ
(3) エ
(4) ア

解説 (1) a 国ごとの軍事･警察に当たった**守護**と区別する。
b **後鳥羽上皇**は源氏の将軍が3代で絶えたのを見て，朝廷に政治の実権を取り返そうとした。
(2) 鎌倉幕府の**執権**は北条時政→北条義時→北条泰時へと北条一族で受け継がれた。**御成敗式目**（**貞永式目**）は武家法の手本とされた。
(3) **法然**は阿弥陀仏の救いを信じることを説いた。**ア**は時宗，**イ**は曹洞宗，**ウ**は日蓮宗の開祖。
(4) **定期市**での売買には宋銭が使われた。**イ**飛鳥時代に初めての国産銅銭がつくられた。**ウ・エ**は江戸時代のこと。

2 (1) ⅰ群 - イ　ⅱ群 - ク
(2) エ
(3) ウ

解説 (1) ⅰ **一遍**は，性別や身分の違いに関係なく，念仏を唱えれば極楽往生できると説いた。**ア**は栄西や道元，**ウ**は法然，**エ**は日蓮である。
ⅱ **カ**は室町時代，**キ**は奈良時代，**ケ**は平安時代。
(2) **資料**は後醍醐天皇の**建武の新政**を批判した落書であり，京都では**エ**のような治安の乱れがみられた。**ア**は鎌倉時代の承久の乱，**イ**は平安時代の院政。**ウ**足利尊氏が後醍醐天皇に対して挙兵したことで朝廷が南北に分裂した。
(3) 鎌倉幕府の将軍の補佐役である執権の位置に，室町幕府では**管領**が設けられ，京都の支配と御家人統制を役割とした侍所の長官とともに細川氏などの有力な守護大名が任命された。**ア**は江戸幕府，**イ**は鎌倉幕府，**エ**は律令国家について。

3 (1) ①金剛力士像　② 〔例〕 輸入した品物を他の国や地域へ輸出
(2) c - ア　d - イ
(3) 書院造

解説 (1) ①金剛力士像は，武士の気風が反映された力強い彫刻である。
②日本からの輸入品である刀剣を中国へ輸出し，東南アジアから輸入した香辛料を日本へ輸出するなどしている。こうした，他国からの輸入品を別の国に輸出する貿易を中継貿易という。
(2) c **惣**では寄合が開かれて村のおきてを定めた。座は商工業者の同業者組合である。d **狂言**は当時の話し言葉を使った喜劇である。連歌は和歌の上の句と下の句を別々の人がつくって連ねていく文芸。
(3) 禅宗寺院から武士へ広がった，質素で落ち着いた建築様式である。

4 (1) 〔例〕 天皇が位を譲って上皇となったあとも，政治を行うこと。
(2) 県名 - 岩手県　位置 - イ
(3) マルコ゠ポーロ
(4) 国 - 明　理由 - 〔例〕 正式な貿易船であるということを証明するため。
(5) 石見銀山

解説 (1) 摂政や関白をおさえ，皇族に政治の実権を取り戻す流れの中で**院政**が始まった。上皇やその住まいである御所のことを「院」と呼んだので，その政治を院政と呼ぶ。
(2) 平泉の**中尊寺金色堂**に代表される華やかな仏教建築は現在，世界文化遺産に登録されている。
(3) **モンゴル帝国**(元をはじめいくつかの国からなる)はヨーロッパの東側まで支配し，東西の文化が交流していた。
(4) **明**は正式な貿易船を，当時東アジアの沿岸を荒らしていた海賊の倭寇と区別するため，**勘合**という証明書を日本の船に与えた。
(5) 16世紀に**石見銀山**が発見されると，大内氏による開発が進められた。日本の銀産出量は，戦国時代の終わりには世界の約3分の1を占めていたといわれる。

5 (1) ウ
(2) A - イ　B - ウ
(3) 〔例〕 元寇で戦ったことに対し，領地が十分にもらえなかったこと。(28字)

解説 (1) c（10世紀半ば）→a（11世紀末）→b（12世紀後半）→d（12世紀末）の順である。aは源氏が東日本で勢力を強めるきっかけとなった。
(2) **ア・エ**は応仁の乱の原因・結果である。1156年の**保元の乱**，1159年の**平治の乱**を経て平氏が政治の実権を握った。
(3) **資料Ⅱ**のような戦いの経費は**御家人**自ら負担したが，元の撤退後に鎌倉幕府から恩賞を十分与えられなかったため，御家人は幕府に不満をもつようになった。これは文永・弘安の役の2度の元の襲来（元寇）が外国との防衛戦であり，戦後に新たな領地を奪うことができなかったためである。

6 (1) ⅰ - ア　ⅱ - イ
(2) 例 住民による自治が行われていた。
(3) 例 借金を帳消しにすること。

解説 (1) ⅰ **地頭**は御家人の中から任命された（将軍による御恩の一部）。ⅱ 女性の地頭も存在した。領地が一族の間で分割相続されたことで，御家人の領地は相続のたびに小さくなっていき，のちに生活苦におちいる原因となった。
(2) **資料Ⅰ**惣でおきてを定め，迷惑行為を取り締まっている様子が読み取れる。Ⅱ 堺では**町衆**と呼ばれる富裕な商工業者たちを中心とする自治が行われていた。産業や流通の発展，南北朝の動乱や応仁の乱などによる不安が，民衆による自治を生んだ。
(3)「負い目」は借金のこと。室町幕府に対して徳政令による借金の帳消しを要求した宣言である。この**正長の土一揆**（1428年）では，金融業者の酒屋や土倉が襲われた。

{P.94}

5 二度の世界大戦と日本

1 (1) ベルサイユ条約
(2) P - 普通選挙法　Q - 満25歳以上の男子
(3) イ→ウ→ア
(4) 満州

解説 (1) 敗戦国であるドイツは巨額の賠償金の支払いを義務づけられたうえ，すべての植民地と本国の領土の一部を失った。
(2) 1925年に，納税額による制限を設けず，一定の年齢以上の人に選挙権・被選挙権を与える**普通選挙法**が制定された。ただしこのときは，女性には参政権は与えられなかった。1945年の選挙法の改正によって満20歳以上の男女に参政権が与えられ，有権者数は倍以上に増えた。
(3) **イ**は1929年，**ウ**は1933年，**ア**は1939年。
(4) 第一次世界大戦後，遼東半島の租借地と南満州鉄道を警備するため，満州に関東軍が置かれていた。1931年に関東軍が軍事行動を起こし，中国東北部を占領した（**満州事変**）。

2 (1) イ
(2) エ
(3) エ

解説 (1) **Y** 官営模範工場や鉱山の民間への払い下げは，1880年代から進められた。**財閥**は第一次世界大戦のころには一段と事業を広げ，経済界を支配するようになった。
(2) 1911年に**平塚らいてう**が結成した青鞜社と区別する。1920年に結成された新婦人協会はこれと同様，女性の解放を主張する団体である。**ア**は1880年，**イ**は1900年に結成された。
(3) **エ** **資料Ⅰ**に「瓦斯（ガス）」とあるが，これは家庭の台所用の燃料である。ガス灯は文明開化のころ街灯として使われるようになった。

3 (1) ① a - フランス　d - イタリア　② ウ
(2) ウ
(3) ウ，エ

解説 (1) ①第一次世界大戦中に単独で講和を結んだのはドイツと，革命の始まったロシア。よって三国協商の一員のbはロシア，残るaはフランスとなる。cがドイツなので，三国同盟のdはイタリアとなる。
②1917年のロシア革命へ干渉するための**シベ**

リア出兵が決定すると，兵士の食料として米が買い占められ，米価が急上昇して1918年に**米騒動**が起こった。**ア**は1890年ごろから，**イ**は1901年，**エ**は1906年。

(2) **ウ**のサラエボ事件は第一次世界大戦のきっかけとなった1914年の事件なので誤り。**ア**は1929年，**イ**は1921～22年，**エ**は1939年。

(3) 第一次世界大戦の敗戦後のドイツで1919年，民主的な**ワイマール憲法**が制定された。

4 (1) ウ→エ

(2) a - 例 イギリス経済圏以外に対する関税を，イギリス経済圏よりも高く　b - ア

(3) ポツダム

解説 (1) 1914～1929年のできごとを選ぶ。1918年の**原敬**内閣成立→1925年の普通選挙法成立の順となる。**ア**は1940年，**イ**は1890年。

(2) 植民地と形成するイギリス経済圏内の貿易の関税を下げ，それ以外の他国の商品を締め出す**ブロック経済**の政策をしいた。その結果，輸入総額に占めるイギリス経済圏の割合が高まった。

(3) アメリカ・イギリス・ソ連の首脳がドイツのポツダムで会談を行い，アメリカ・イギリス・中国の名で日本軍への無条件降伏を求める**ポツダム宣言**を発表した。

5 (1) 例 閣僚の大部分が衆議院の第一党である立憲政友会の党員である。

(2) イ

(3) エ

解説 (1) **資料Ⅰ**から外務・陸軍・海軍大臣を除くすべての閣僚が立憲政友会の党員であること，**資料Ⅱ**から衆議院で多数を占める政党が立憲政友会であることがわかる。

(2) **資料Ⅲ**は労働者や農民，兵士の代表者による会議（ソビエト）を中心とする社会主義国家が成立した**ロシア革命**について表している。1925年の**治安維持法**は，天皇主権の体制を変えようとしたり，私有財産制度の廃止を主張したりする社会主義の動きを取り締まるために制定された。

(3) ソビエト社会主義共和国連邦の成立は1922年で，世界恐慌のころはすでに五か年計画を推進していた。

6 (1) 例 第一次世界大戦の反省から，国際協調が重視され，ワシントン会議などで世界的に海軍の軍備の縮小を進める動きが強まったため。

(2) 例 議会の承認なしに労働力や物資を動員する(19字)

(3) 年代 - カ　条約 - 日ソ中立条約

解説 (1) 1920年代は国際協調が進み，**ワシントン会議**では主要国の海軍の主力艦保有量が制限された。

(2) **国家総動員法**制定以後，戦時経済統制が強化され，1940年からは華美な風俗をいましめる**資料Ⅱ**のような標語が掲げられた。

(3) ⅲは1939年，ⅱは1941年，ⅰは1945年。

{P.101}

6 現代の日本と私たち

1 (1) サンフランシスコ
(2) ア
(3) イ
(4) ウ

解説 (1) **サンフランシスコ平和条約**により日本国と各連合国との間の戦争状態は終了し，占領軍の撤退が決定した。
(2) ソ連との間で，平和条約が締結されたあとに歯舞群島と色丹島を日本に返還することが合意されたが，今もソ連の継承国であるロシアが北方領土を不法占拠している。
(3) 日本の**高度経済成長**は1955～73年。この間にベトナム戦争へのアメリカの介入（1965年）が起こった。**ア**は1945年，**ウ**は1989年，**エ**は1991年。
(4) 佐藤栄作首相は，沖縄返還に際して核兵器を「持たず，つくらず，持ち込ませず」という**非核三原則**を国の方針として定めた。

2 (1) 教育基本法
(2) エ
(3) イ，エ
(4) ウ→ア→イ

解説 (1) 教育基本法で教育の機会均等や男女共学の原則が定められ，学校教育法で小学校6年，中学校3年，高等学校3年，大学4年の新しい学校制度が始まった。
(2) 終戦直後のインフレーションを抑えるための財政政策の反動で，日本経済は深刻な不況におちいった。しかし朝鮮戦争による**特需**（アメリカ軍からの物資の需要）により，景気が一気に回復した。
(3) 第四次中東戦争でアラブの産油国が石油の輸出価格を大幅に引き上げたことが，**石油危機**のきっかけである。**バブル経済**が崩壊したあとの1990年代には平成不況におちいった。
(4) **ウ**は1949年，**ア**は1978年，**イ**は1989年である。

3 (1) ウ→イ→ア
(2) ウ
(3) ① エ　② 安保闘争

解説 (1) **ウ**は1946年，**イ**は1955年，**ア**は1971年。
(2) a 川端康成はノーベル文学賞を受賞した小説家。
b インターネットの普及は1990年代。
(3) ①日本国憲法施行は1947年，**ウ**は1950年，**ア**は1951年，**イ**は1956年，東京オリンピックは1964年である。**エ**は1973年。
②アメリカとの関係を強化することに革新勢力が反対し，激しい反対運動が起こった。

4 (1) ア
(2) 例 高度経済成長によって収入が増加し，生活も便利で豊かになっていったが，大気汚染や水質汚濁などに関する苦情・陳情の数も増えるなど，公害問題が深刻化した。
(3) (第一次)石油危機(オイル・ショック)
(4) ウ

解説 (1) 特需景気は1950年から，大阪万国博覧会は1970年。この間に「三種の神器」と呼ばれたテレビ・電気洗濯機・電気冷蔵庫が普及した。
(2) **資料Ⅰ**から国民の所得の増加が，**資料Ⅱ**から公害の増加が読み取れる。いずれも工業生産の拡大によりもたらされた結果である。
(3) 先進国では，不況と物価上昇が同時に発生した。
(4) 1989年**ベルリンの壁**崩壊，**冷戦終結**宣言→1990年**東西ドイツ統一**→1991年**ソ連解体**の順番をおさえる。

5 (1) 例 政府が地主のもつ農地を買い上げ，小作人に安く売り渡したことで，自作農の割合が増えた。
(2) 例 満20歳以上の男女に与えられた
(3) エ→ア→ウ

解説 (1) 自作地と自作農の増加が読み取れる。**農地改革**で地主と小作人の関係が根本から改められた。
(2) 年齢が25歳から20歳に引き下げられたうえ，女性に参政権が与えられた。
(3) サンフランシスコ平和条約は1951年，**エ**は1964年，**ア**は1973年，**ウ**は1986年である。**イ**は1946年。

公民分野

{P.108} 弱点チェック

1 私たちの暮らしと経済

①流通 ②POS(販売時点情報管理)システム
③消費者基本法 ④上がる ⑤公共料金
⑥インフレーション(インフレ)
⑦配当(配当金) ⑧発券銀行
⑨金融政策 ⑩円高 ⑪労働基準法
⑫直接税 ⑬上がる ⑭累進課税
⑮社会保険

2 現代の政治と社会

①三権分立(権力分立) ②比例代表制
③立法権 ④特別会(特別国会)
⑤衆議院 ⑥連立政権(連立内閣)
⑦弾劾裁判所 ⑧議院内閣制 ⑨総辞職
⑩三審制 ⑪上告 ⑫刑事裁判
⑬満30歳以上 ⑭3分の1以上
⑮地方交付税交付金 ⑯地方分権

3 人権の尊重と日本国憲法

①国事行為 ②交戦権の否認
③子どもに普通教育を受けさせる義務
④公共の福祉
⑤精神(精神活動)の自由 ⑥生存権
⑦プライバシーの権利 ⑧自己決定権

4 地球社会と私たち

①領海 ②安全保障理事会(安保理)
③拒否権 ④平和維持活動(PKO)
⑤ヨーロッパ連合(EU)
⑥自由貿易協定(FTA)
⑦南北問題 ⑧ODA ⑨SDGs

5 現代社会と私たちの暮らし

①核家族 ②科学(科学技術) ③合意
④公正 ⑤多文化共生

{P.111}

1 私たちの暮らしと経済

1 (1) ① エ ② 直接金融
(2) インフレーション(インフレ)
(3) ウ

解説 (1) ① a **配当**を得ることは，株主が出資する主要な目的の一つである。b **株主総会**では持株数に応じて株主に議決権が与えられる。
②銀行などの金融機関が借り手と貸し手の間に入ってお金をやり取りするしくみは，**間接金融**という。
(2) 2020年代に入り，世界的に急速なインフレーションが進んだ。
(3) A 一定の期間内であれば，無条件に契約を解除できる。

2 (1) エ
(2) イ，オ，カ
(3) 公害
(4) ウ

解説 (1) 不況時には，世の中の資金の流れを活発にさせる必要がある。公共事業により政府から企業へ資金が流れ，減税により企業や家計の資金が増える。
(2) **労働基準法**は，労働条件の最低限の基準を定めた法律である。**ア**は労働組合法，**ウ**は育児・介護休業法，**エ**は労働関係調整法に定められている。
(3) 企業の生産活動などにより，人々の生活や健康が損なわれることを**公害**という。
(4) A の事業所の数は**中小企業**が圧倒的に多いが，C の出荷額は大企業が中小企業をわずかに上回っている。これは，大企業の生産規模が大きいことを示している。

3 (1) ウ
(2) ア
(3) エ，オ

解説 (1) **あ**公衆衛生には上下水道の整備，廃棄物処理なども含まれる。**い**社会福祉ではこのほか障がい者，母子・父子・寡婦も対象となる。
(2) 共助は地域内での介護が必要な高齢者へのサポートなどが含まれる。
(3) **ア，イ，ウ** 50年前の65歳以上人口割合は7%，現在は29%と高くなっている。50年前は15〜64歳の人々が約10人で65歳以上の高齢者1人を支えていた（69 ÷ 7)。現在は15〜64歳の人々が約2人で65歳以上の高齢者1人を支えている（59 ÷ 29)。

4 (1) 財
(2) イ
(3) ア
(4) 例 (すべての国民が,)所得に関係なく，同じ金額の商品の購入に対して同じ金額を負担するから。

解説 (1) サービスは第三次産業により提供される。

(2) 企業の社会的責任をCSRという。**公開市場操作**は日本銀行が行う金融政策である。
(3) 需要は価格と反比例するため，需要曲線は右肩下がりとなる。Yの供給曲線と交わる点の縦軸を見ると，400円が**均衡価格**となっている。
(4) 消費税の逆進性を軽くするため，食料品などに軽減税率が設けられている。

5 (1) ク
(2) 名称 - 公共料金　理由 - 〔例〕国民の生活に大きな影響を与えるから。
(3) 〔例〕預金の金利より貸し出しの金利を高くする

解説 (1) 逆に不況時には**ア**（国債を買う→銀行の資金増加→景気回復）の政策を行う。
(2) **公共料金**は主に，交通・エネルギー・通信などライフラインに関わる価格である。
(3) 銀行が利益を得るには受け取りとなる家計・企業からの利子を，銀行の支払いとなる家計・企業への利子より高くする必要がある。

6 (1) ウ
(2) エ
(3) アメリカ

解説 (1) 1ドル＝120円から1ドル＝100円への変化を**円高**といい，輸入代金は2,400,000円から2,000,000円へと安くなる。円高とは円の需要が高まり価値が大きくなることである。
(2) 製造拠点が海外へ移ると国内の雇用が失われ，産業が衰退する。1980年代後半からこの動きが強まった。
(3) 左側の「支払い能力に応じた公平さ」は，所得税などの累進性の高い税制で実現する。直接税の割合が最も高いアメリカがAに当たる。逆に右側へ行くほど逆進性の高い消費税などの間接税の割合が高い国となる。

{P.118}

2 現代の政治と社会

1 (1) a - イ　b - エ
(2) 連立政権（連立内閣）
(3) 最高
(4) 裁判員制度（裁判員裁判）
(5) イ

解説 (1) **衆議院の優越**のうち，衆議院での再可決が規定されているのは法律案の議決のみである。
(2) 1993年の**55年体制**崩壊以降は，基本政策に合意した政党が集まった連立政権が多くなっている。
(3) 最終決定権は最高裁判所にあるが，**違憲審査権**自体は下級裁判所ももっている点に注意する。
(4) 裁判官の両側に座っている6名が**裁判員**である。裁判員制度は，判決に国民の良識を反映させることなどを目的に導入された。
(5) 刑事裁判は**検察官**が，罪を犯したと疑われる人（被疑者）を被告人として**起訴**することで始まる。

2 (1) 衆議院の優越
(2) ア
(3) a，b，d，g
(4) 内閣総理大臣（首相）
(5) 〔例〕主権者である国民が直接選んだ国会議員

解説 (1) 衆議院は任期が短く解散もあるため，国民の意思をより的確に反映できると考えられているため，優越した権限が与えられている。
(2) 1月から約半年続くXは**常会**，総選挙後に開かれているZは**特別会**，残るYは**臨時会**とわかる。
(3) **比例代表制**では，次のように得票数を1，2，3…の整数で順に割っていき，商の多い順に当選となる。□の箇所が当選者。

	÷1	÷2	÷3
けやき党	330	165	110
かえで党	270	135	90
いちょう党	180	90	60

(4) 特別会は衆議院解散による総選挙の日から30日以内に召集される。
(5) 国会は，主権者である国民が直接選んだ議員からなるため，**国権の最高機関**とされる。国会が選んだ内閣総理大臣を中心に内閣が組織される。

3 (1) 〔例〕国民のさまざまな意見を政治に反映できる
(2) ウ
(3) イ
(4) 条例

解説 (1) 議員数や選挙区，任期などが異なる議院を置くことで，国民の多様な意見をくみあげることができる。
(2) X 内閣は**衆議院の解散**を決定することができる。Y 国会は不適任であると訴えられた裁判官を辞めさせるかどうかを決める**弾劾裁判所**を設けることができる。
(3) 検察官と被告人がいることから，**刑事裁判**とわかる。**ア**・**ウ**は民事裁判について。**エ**は刑事裁判において犯罪の被害者や遺族が被告人などに質問できる被害者参加制度が実施されている。

(4) その地方公共団体だけで適用されるルールであるため，地域の特色を大切にする内容の**条例**が多くみられる。

4 (1) ウ
(2) 議院内閣制
(3) 例 衆議院を解散する。
(4) エ
(5) 512人以上
(6) イ

解説 (1) あ**行政権**は法律や予算に基づいて政策を実行する権力で，国民生活に大きな影響力をもつ。い国務大臣は「文民」であること，**過半数は国会議員**であることが必要とされる。
(2) **議院内閣制**のもと，内閣総理大臣が国会議員の中から国会で指名される。国会は内閣の仕事に関する**国政調査権**をもつ。
(3) **内閣不信任案**が可決されると，内閣は**総辞職**するか，10日以内に**衆議院を解散**するかを選択する。近年では1993年に宮沢喜一内閣のときに不信任の決議案が可決された。
(4) 選挙の結果選ばれた議員から首長が選ばれるのは国政のしくみ。地方自治では，地方議会議員と首長は別々に，住民による直接選挙で選ばれる。
(5) 条例の制定を請求するには，有権者数の50分の1以上の署名が必要となる。25,600÷50で計算する。
(6)「特定の費用」という点に注意する。**国庫支出金**は国が進める事業を実施するための財源である。**ア**の地方交付税交付金は用途を指定せずに支給される。**ウ**は地方公共団体の借金。

5 (1) ① 例 一票の価値に格差　② 例 法の下の平等に反する
(2) ア

解説 (1) ①②**資料Ⅰ**は参議院議員選挙での「一票の格差」を示している。議員一人あたりの有権者数が最も少ない鳥取県の一票の価値は，最も多い北海道と比べて5倍近く高いといえる。この格差は，日本国憲法第14条「**法の下の平等**」を根拠に，是正を求めて何度も提訴されてきた。2015年には公職選挙法が改正され，参議院議員選挙で2つの県を合わせて1つの選挙区とする合区が設けられた。
(2) **イ**国の政治においては，国民は国会に対して選挙ではたらきかけるのみ。内閣に対しては世論による影響を与えるのみで法的に根拠のあるはたらきかけはできない。**ウ**地方議会は一院制である。**エ**地方公共団体の首長は議会を解散することができる。

6 (1) イ
(2) X - 内閣総理大臣を指名する　Y - エ
(3) 事務 - 例 地方は，生活により身近な行政事務を担っている。　歳入 - 例 小都市は，政令指定都市と比較して地方税による歳入が少ないため，地方公共団体間の格差を抑える地方交付税交付金に依存している。

解説 (1) 無記名で投票する**秘密選挙**の原則である。明治時代にあった投票者の氏名・住所を記入する欄が，現代は設けられていない。
(2) 特別会(特別国会)は，衆議院解散による総選挙後30日以内に召集される。総選挙から日付の近い国会は**エ**のみである。
(3) 地方では教育，ごみ処理といった身近な行政事務が多いことが**資料Ⅲ**からわかる。また，**資料Ⅳ**から小都市の地方税の割合は低く，**地方交付税交付金**の割合は高いことがわかる。

{P.125}

3 人権の尊重と日本国憲法

1 (1) ① エ　② ウ
(2) 国民
(3) ア，ウ，エ
(4) 公共の福祉

解説 (1) ①**ア**ルターは16世紀に宗教改革を始めた。**イ**ロックは「統治二論」を著し抵抗権などを主張した。**ウ**クロムウェルはピューリタン革命を指導した。
②**アメリカ独立宣言**はロックの思想に大きく影響を受けている。**ア**は1689年，**イ**は1889年，**ウ**は1776年，**エ**は1919年である。
(2) 日本国憲法は民定憲法であり，国民主権を基本原理としている。
(3) **ア**は信教の自由，**ウ**は職業選択の自由，居住の自由，**エ**は学問の自由で，いずれも自由権に含まれる。**イ**は勤労の権利，**オ**は教育を受ける権利で，いずれも社会権。
(4) 社会全体の利益を優先する必要がある場合，他人の人権を侵害するような場合は，公共の福祉により人権が制限される。

2 (1) 職業選択

(2) イ，エ

(3) ① A - 選挙　B - 承認

② X - カ　Y - ア

③ 個人

解説 (1) 自由権のうち，**経済活動の自由**に含まれる。

(2) **社会権**は人間らしい生活を営む権利で，20 世紀になって保障されるようになった。**イ・エ**のほかに勤労の権利，労働基本権がある。**ア**は自由権，**ウ**は参政権に含まれる。

(3) ① A 国民主権と民主政治の原則について述べている。B 天皇の**国事行為**(こうい)**に対する助言と承認**は，内閣の仕事の 1 つである。

② X 公務員のストライキ禁止は国家公務員法，地方公務員法に定められている。Y 他人の名誉(めいよ)を傷つける行為の禁止は刑法(けいほう)に定められている。**イ・ウ・エ・オ**は経済活動の自由を制限している。

③民主主義は**個人の尊重**を基本として成り立っている。

3 (1) 最高法規

(2) ウ→ア→イ

(3) (核兵器を)持たず，つくらず，持ちこませず

(4) エ

解説 (1) 立憲主義の考えに基づいて，憲法は国の最高法規とされている。その改正には国会による発議と国民投票という慎重(しんちょう)な手続きが定められている。

(2) **ウ**は 1789 年，**ア**は 1919 年，**イ**は 1948 年である。**イ**のような人権の世界的な保障は，第二次世界大戦後に行われるようになった。

(3) 1972 年の沖縄返還(へんかん)に先立ち，沖縄に核兵器(かくへいき)が存在しないことを明らかにするため，**非核三原則**が表明された。

(4) 政府は「自衛のための必要最小限度の実力」を保持することは，日本国憲法第 9 条で禁じている「戦力」ではない，という見解を示してきた。

4 (1) ウ

(2) イ

(3) イ

(4) ウ

解説 (1) ii の「国王・君主・政府」の政治力は i の「法」により制限されている。法は，国民の代表が集まる議会において制定される。

(2) **イ**に法的拘束(こうそく)力をもたせるため，1966 年に**エ**が採択(さいたく)された。**ア**は 1979 年，**ウ**は 1989 年に採択された条約。

(3) 日本国憲法第 25 条は「すべて国民は，健康で文化的な最低限度の生活を営む権利を有する。」と定めて，国民の**生存権**を保障している。奴隷(どれい)的拘束及(こうそくおよ)び苦役からの自由は第 18 条に定められている。

(4) X 新しい人権は日本国憲法の条文に規定されていないが，憲法改正によって条文化を求める動きがみられる。

5 (1) 立憲主義

(2) イ

(3) A - プライバシーの　B - 知る

(4) **権利** - 日照権(環境権(かんきょう))　**工夫と効果** -〔例〕建物を階段状にする工夫が施(ほどこ)されており，周りの建物の日当たりをさまたげないようにする効果がある。

解説 (1) 近代までは国王などが思うがままに権力を行使していたが，市民革命を経て，憲法により国家権力を制限し，国民の人権を保障しようとする**立憲主義**が確立した。

(2) **ア**は内閣，**ウ・エ**は国会の仕事である。

(3) A プライバシーの権利は個人情報保護法などにより保障されている。B 知る権利は情報公開法などにより保障されている。

(4) この建物は上階が斜(なな)めになった構造となっている。これは十分な日照の家に住むことのできる日照権に配慮(はいりょ)している。

6 (1) ウ

(2) 〔例〕自分の個人情報を安易に発信したり，他人のプライバシーを侵害(しんがい)したりしないようにすること。

(3) 納税の義務

解説 (1) これは 1975 年の薬事法違憲訴訟(いけんそしょう)で，薬局を開設する際に他店との距離(きょり)を制限することを，職業選択の自由を根拠(こんきょ)に違憲と判断した。

(2) **資料Ⅰ**はインターネットによる人権侵害の増加を示している。**資料Ⅱ**からは法務省が人権啓発(けいはつ)活動を行い，インターネット上の書き込みによる人権侵害を防ごうとしていることが読み取れる。

(3) 納税の義務は財政を支える重要な義務で，おこたった場合は罰則(ばっそく)が科せられる。国民の社会生活と国家を維持(いじ)するために，国民の三大義務が憲法に定められている。

{P.132}

4 地球社会と私たち

1 (1) あ - 主権　い - B

(2) ア

(3) S - SDGs　T - フェアトレード

解説 (1) **あ**主権をもつ国家は，**主権平等の原則**に基づき，内政に干渉されない権利をもっている。**い排他的経済水域**は海岸線を基線として 200 海里（約 370km）まで設定できる。すべての国が航海や漁業を自由に行うことができる海域は公海である。

(2) X 非政府組織を NPO（**非営利組織**）とまちがえないように気をつける。Y イラク復興支援特別措置法に基づいて，**自衛隊**がイラクに派遣された。

(3) S SDGs は Sustainable Development Goals の略称。

T フェアトレードは公正貿易（公正取引）の意味。フェアトレードの商品を選ぶことは，持続可能な社会の実現につながる。

2 (1) 南南問題

(2) あ - エ　い - ア　う - カ

解説 (1) 発展途上国の中でもアジア NIES や BRICS，産油国は，経済成長が進んでいる。一方で，サハラ砂漠より南のアフリカなどに最貧国が集中している。

(2) **あ**第 3 回気候変動枠組条約締約国会議（COP3）で採択された**京都議定書**では，先進 38 か国・地域のみに削減義務が課せられた。

い 2015 年の**パリ協定**では発展途上国を含む 196 か国・地域が対象となっている。

う資料Ⅰでは中国の二酸化炭素総排出量がアメリカを上回っているが，**資料Ⅱ**の人口で割ると一人あたりの排出量はアメリカの方が多くなる。

3 (1) ウ

(2) ① エ　② NGO

解説 (1) 安全保障理事会の**常任理事国**はアメリカ，ロシア，イギリス，フランス，中国の５か国で，このうち反対したのはアメリカ。重要な問題について，常任理事国のうち１か国でも反対すると決議できない（**拒否権**）。

(2) ①**ア**世界貿易機関（WTO）などを中心に自由貿易が目指されている。**イ**主権平等の原則に基づき，各国が平等に１票をもっている。**ウ**日本はこれまで，非常任理事国にはたびたび選出されている。

②利益目的ではなく，社会貢献のために活動する民間団体のうち，主に国際的な問題に取り組む団体が NGO に当てはまる。

4 (1) 世界保健機関（WHO）

(2) 例 紛争や迫害などにより，住んでいた国や土地を離れざるを得なくなった人々。

(3) X - ウ　Y - イ

(4) 例 温室効果ガスの排出量が目標を下回った国と，上回った国との間で，排出量の枠を売買するしくみ。

解説 (1) 世界保健機関は全ての人の健康を増進するために互いに協力することを目的とする国連の専門機関で，スイスのジュネーブに本部がある。

(2) 難民の保護には**国連難民高等弁務官事務所**（UNHCR）が当たっている。UNHCR は紛争などのため命の危険がありながらも国外に脱出できず，国内にとどまり避難する国内避難民も支援の対象としている。

(3) X 安く輸入するためには関税などの障壁を取り除いて貿易する必要がある。この考えを**自由貿易**という。Y 自国の商品を国内で多く販売するには，他国の商品に対して関税をかける必要がある。この考えを**保護貿易**という。

(4) 国ごとの温室効果ガスの排出削減量の目標が決まったら，それが各企業に割り当てられる。削減努力が実って排出枠に余裕が出た企業は，排出枠を超えてしまった企業に対して排出枠を売って経済的な利益が得られるので，各企業は温室効果ガス削減によりいっそう取り組むことになる。

5 (1) ① 自由　② ア　③ イ

(2) 例 **先進国** - 発展途上国は CO_2 排出量が増加しているので，京都議定書のように先進国にだけ排出削減義務を課すのではなく，発展途上国にも削減義務を課すべきである。**発展途上国** - 先進国はこれまで CO_2 を多く排出してきたので，京都議定書のように先進国にだけ排出削減義務を課し，先進国は排出削減し続けるべきである。

解説 (1) 貿易の自由化が進むと外国からの輸入も増えるため，国内の産業が打撃を受けることもある。B 国は貿易の障壁となる関税を高くしているので，保護貿易に当たる。

(2) 先進国の二酸化炭素（CO_2）排出量は高い水準で推移していたが，京都議定書の削減期間以降は少しずつ減少している。一方で削減義務が課せられなかった発展途上国のCO_2排出量が増え続け，先進国を上回るようになったため，2015年のパリ協定で発展途上国を含む削減に取り組むこととなった。

{P.138}

5 現代社会と私たちの暮らし

1 (1) ウ
(2) ア
(3) イ，ウ，オ
(4) ウ

解説 (1) **資料**はイスラム教徒のための祈祷室を示している。イスラム教では1日5回の礼拝がきまりとなっているため，公共の場でもこのようなスペースが必要となる。
(2) **イ**は貧しい人々が事業を始めるために，無担保で少額のお金を貸し出す金融。**ウ**は身体的，精神的，社会的な障壁を取り除く試み。**エ**はインターネットで呼びかけて資金を募る方法。
(3) 単独世帯または三世代世帯以外がすべて**核家族**というわけではない。夫婦と子どもからなる核家族だったのが，子どもが結婚して二組の夫婦が同居すると核家族世帯ではなくなる。
(4) **ア**は手続きの公正，**イ**は結果の公正，**エ**は機会の公正について説明している。

2 (1) イ
(2) エ
(3) A-ウ　B-ア　C-イ

解説 (1) 交通や通信の発達，金融の自由化などが**グローバル化**をもたらした。**ア**は十分な説明を受けた上で，医療行為を自分の責任において選択すること。**ウ**は誰もが利用しやすい施設や製品を設計すること。
(2) 各国が有利な条件で生産できるものを貿易によって交換し合うことで，ともに効率よく生産物を手に入れることができる。
(3) 節分は豆まきで邪気を追い払う。端午の節句はこいのぼりを上げて男の子の健やかな成長を願う。七五三は3歳，5歳，7歳になった子どもの健やかな成長を願う。

3 (1) ア-A　イ-[例] インターネットの利用時間と学力との関係
(2) [例] どのクラスも，体育館と校庭を1回ずつ利用できるようになっている点。

解説 (1) 恭子さんの主張するルールの決め方は，「何をするために利用するか」を重視していないため**資料Ⅱ**の左右の矢印の左側に位置する。また，「1日の中でどのくらい利用するか」を重視しているため上下の矢印の上側に位置する。したがって恭子さんの主張はAに分類される。
(2) 1～4組が体育館と校庭を1回ずつ利用しているうえに，1日おきに練習できるようにしている。1組と2組は球技大会前日には練習できないが，限られた施設数で最大限の**公正**が実現される割り当てとなっている。

4 (1) [例] 少子高齢化が進み，伝統文化を継承する人が少なくなっていること。
(2) [例] 少数意見を十分に聞いて尊重すること。
(3) [例] 空いているレジがないため，むだがなく効率がよく，また，並んだ順番に会計が済むため公正である点。(47字)

解説 (1) **資料Ⅰ**を見ると，日本では1985年と比べて2020年では子どもの割合が減り，高齢者の割合が増えていることがわかる。こうした**少子高齢化**に対応するため，**資料Ⅱ**のように地域外の学生などに祭りを手伝ってもらうなどの取り組みが行われている。
(2) **多数決**は一定の時間内にできるだけ多くの人の意見を反映して決定することができる。個人の尊重の観点から考えても，異なる意見をもつ人たちの考えをくみとる必要がある。議決は"白か黒か"の二者択一で行われるわけではなく，多くの場合，少数意見を部分的に取り入れた折衷案を作成して，より多くの人が賛成できる形を目指す。
(3) **資料Ⅲ**では，客の買い物の量などによって会計にかかる時間が異なり，列の解消に差が生じる。現在は大半のコンビニエンスストアで**資料Ⅳ**の方式が取り入れられているが，大規模なスーパーマーケットでは1本の行列が長大になって売り場までのびてしまうため，**資料Ⅳ**の方式はとりにくい。

模擬試験 第1回

{P.144}

1
(1) イ
(2) 焼畑農業
(3) ア
(4) 1，3，4
(5) 2
(6) 〔例〕島国であるため，国土面積がせまいわりに排他的経済水域・領海面積が広大である。
(7) A - オ　B - イ
(8) ウ

解説
(1) **ステップ**は乾燥帯の中でも少しだけ雨が降り，丈の短い草原が広がる地域。砂漠の周辺に分布する。
(2) 赤道直下のアマゾン川流域をはじめとする**熱帯雨林**の分布を示している。焼畑農業では数年耕作すると土地がやせるため，別の場所に移動して新しく木を切り倒す。
(3) 小麦の生産量は1位の中国，2位のインドに続き，欧米の国々が上位に入る。
(4) 1の中国，3のロシア，4のアメリカのほか，イギリス，フランスが**常任理事国**となっている。
(5) インドの**ベンガルール**はデカン高原の南部に位置し，ソフトウェア開発などの情報通信技術(ICT)産業が発達している。
(6) Aのオーストラリアでは国土面積が排他的経済水域・領海面積よりやや大きいが，Bのニュージーランドでは排他的経済水域・領海面積が国土面積を大きく上回っている。オーストラリアも周りを海に囲まれているが，国土が広大であるため，排他的経済水域・領海面積の比率は大きくならない。
(7) オーストラリアでは**アボリジニ**の昔からの土地に対する権利が認められるようになった。ニュージーランドでは**マオリ**の言語が公用語の1つとされている。
(8) aのスウェーデンとbのルーマニアの間にはEU加盟国間の経済格差をめぐる問題，aとcのソマリア，dの南アフリカ共和国の間には先進国と発展途上国の間の**南北問題**がある。発展途上国の中でもdの南アフリカ共和国は工業化が進んでおり，cなどの「最貧国」と呼ばれる国々との格差（南南問題）が広がっている。

2
(1) ア
(2) エ
(3) ① 津波　② ハザードマップ（防災マップ）
③ 700
(4) ウ
(5) ア
(6) イ

解説
(1) 夏の気温が高く冬も温暖である。また，年間の降水量が非常に多いことから，太平洋側の気候（潮岬）とわかる。
(2) 神奈川県や大阪府に加え，静岡県も上位に入っていることに着目する。**ア**や**ウ**では静岡県は上位とならない。また，**イ**では東京都が上位となる。**ア**は北海道や沖縄県，**ウ**は東北地方や中国・四国地方の県が上位となる。
(3) ①浸水程度が高い地域ほど濃く示されている。
②ハザードマップには，津波避難場所などが記されている。
③縮尺が2万5000分の1なので，2.8（cm）×25000＝70000（cm）。単位を直すと700mとなる。
(4) **ウ**の秋田市には秋田新幹線が通っている。**エ**の札幌市は北海道新幹線が今後延伸される予定となっている。
(5) 冷涼な気候に適したりんごで，Bの青森県が全国の60%以上を生産している。**イ**は北海道，**ウ**は山梨県，**エ**は群馬県が1位（2021年）。
(6) Cは広島市，Dは仙台市。**ア**は京都市，**ウ**は成田市，**エ**は京都市などが当てはまる。

3
(1) 卑弥呼
(2) ウ
(3) エ
(4) 御家人
(5) ア
(6) 松平定信
(7) エ
(8) ① Ⅳ - Ⅴ　② Ⅱ - Ⅲ

解説
(1) 中国の歴史書「三国志」のうち，倭（日本）の記述の部分を「魏志倭人伝」という。**資料Ⅰ**は**邪馬台国**の女王卑弥呼について記している。
(2) **資料Ⅱ**の十七条の憲法を定めた**聖徳太子**は，推古天皇の摂政となって政治を行った。**資料Ⅲ**の和歌をよんだ**藤原道長**は，娘を天皇のきさきとし，生まれた子の摂政となって政治の実権を握った。
(3) 藤原道長の子の頼通がつくらせた**平等院鳳凰堂**は，平安時代の浄土信仰の広まりを示している。

アは室町時代，**イ**は奈良時代，**ウ**は古墳時代。

(4) 御家人の活躍により元の侵攻を防いだが，鎌倉幕府からの恩賞はほとんど得られず，御家人の生活苦が深まった。幕府は**資料Ⅳ**の**徳政令**を出して御家人の借金の帳消しを命じた。

(5) 蘇我氏は飛鳥時代に反対派の豪族をおさえ，大和政権の実権を握った。

(6)「白河」は白河藩主であった老中の**松平定信**を示している。質素・倹約を強いる定信の政治改革は息苦しく，**田沼意次**の政治の方がましだった，と述べている。

(7) **アヘン戦争**でイギリスが清を破ると，欧米の軍事力を恐れた江戸幕府は**資料Ⅶ**の**異国船打払令**を緩和した。

(8) ①は 14 世紀前半，②は 8 世紀半ばである。

4

(1) 例 権力が 1 か所に集中すると，人々の自由と権利をおびやかすおそれがあるから。

(2) ウ

(3) 特別会(特別国会)

(4) イ

(5) ウ

(6) ① ウ　② エ

(7) ア

(8) マスメディア

解説

(1) 政治権力を立法権，行政権，司法権に分散し，互いに抑制し合うことで専制政治を防いでいる。このしくみを**三権分立**（権力分立）といい，**モンテスキュー**が「法の精神」の中で唱えた。

(2) 議院内閣制のもと，**内閣不信任**の決議が可決されると内閣は**衆議院の解散**か，**総辞職**かの選択をする。

(3) 衆議院の解散後の総選挙日から 30 日以内に召集される特別会（特別国会）では，内閣総理大臣の指名が行われる。

(4) いずれの任命も**天皇の国事行為**である。

(5) 司法権の独立と裁判官の独立について述べている。

(6) ①それまでは，すでにある薬局のそばに新たな薬局を開業すると，営業の妨げになるとして，規制されていた。②この判決を受け，刑法の尊属殺人罪の重罰規定はなくなった。

(7) 衆議院議員選挙は**ア**と小選挙区制，参議院議員選挙は**イ**と**ウ**を組み合わせて行われる。**エ**はかつての衆議院議員選挙で取り入れられていた。

(8) マスメディアは政治に対して大きな影響をおよぼすことから，立法・行政・司法に次ぐ「第四の権力」と呼ばれる。

模擬試験 第 2 回

{P.148}

1

(1) c

(2) ウ

(3) イ

(4) ア

(5) イ

(6) あ

(7) 例 ソ連が日ソ中立条約を破って日本に宣戦布告し，北方領土に侵攻したこと。

(8) 1 月 11 日午前 7 時

解説

(1) c の EU（**ヨーロッパ連合**）では，共通通貨ユーロの流通により国境を越えた買い物や貿易が活発になった。a は USMCA（米国・メキシコ・カナダ協定），b は MERCOSUR（南米南部共同市場），d は ASEAN（東南アジア諸国連合）である。

(2) **アジア太平洋経済協力**（APEC）はアジア・太平洋地域の経済協力を推し進める会議である。**ア**はアフリカ連合，**イ**は石油輸出国機構，**エ**は独立国家共同体の略称。

(3) X は高齢者の人口割合が高いつぼ型の人口ピラミッドで，少子高齢化の進んだ**イ**のスウェーデンが当てはまる。W は富士山型のエチオピア(**ウ**)，Y はつりがね型のメキシコ（**ア**），Z はつりがね型からつぼ型へ移行しつつある中国（**エ**）。

(4) 日本の石油の主な輸入相手国はサウジアラビアやアラブ首長国連邦などペルシア湾周辺の国々である。

(5) 第二次世界大戦末期に地上戦が行われた沖縄は，戦後にアメリカ軍の統治下に置かれ，1972 年に日本に復帰した。

(6) **あ**のロッキー山脈のほか，アンデス山脈，フィリピン，ニュージーランドなどが環太平洋造山帯に属する。**い**アトラス山脈，**う**ヒマラヤ山脈はアルプス・ヒマラヤ造山帯に属する。

(7) 1945 年 8 月に，ソ連は日ソ中立条約を破って満州や朝鮮，南樺太に侵攻し，ポツダム宣言受諾後には**北方領土**も占領状態に置いた。

(8) 日本の標準時子午線は**東経 135 度**なので，(150 − 135) ÷ 15 により 1 時間の時差が生じる。東経どうしの場合，経度の大きな方が時刻が進んでいる。

2
(1) イ
(2) エ
(3) ウ
(4) 白河(上皇)
(5) a - イ　b - ア
(6) 観阿弥
(7) ア
(8) イ
(9) エ

解説 (1) 各時代の焼き物として，縄文時代は縄文土器と**土偶**，弥生時代は弥生土器，古墳時代は**須恵器**や埴輪を押さえておく。
(2) 弥生時代の**高床倉庫**，奈良時代の**正倉院**はともに，湿気やねずみの害を防ぐため，床を地面から離した構造となっている。
(3) **ア・イ**は壬申の乱の中心人物，**エ**は聖徳太子の別名である。中大兄皇子はのちに即位して**天智天皇**となった。
(4) 白河天皇は，天皇の位を幼少の皇子に譲って上皇となったあとも，摂政や関白の力をおさえて政治を行った（**院政**）。
(5) 平安時代末に日宋貿易が行われていたことから，宋銭が使われていたと考える。明銭が使われるようになったのは室町時代。
(6) **足利義満**の保護を受けた観阿弥と世阿弥父子によって，**能**（**能楽**）が完成した。
(7) c は1575年に織田信長が鉄砲を用いて武田氏を破った**長篠の戦い**。d は加賀国（石川県南部）で起こった**加賀の一向一揆**。
(8) 日本海沿岸から下関，瀬戸内海を通って大阪へ運ぶ**西廻り航路**である。
(9) **マゼラン**船隊の世界一周は16世紀初め。大航海時代を経て，日本に鉄砲やキリスト教がもたらされた。

3
(1) イ
(2) ア
(3) オ
(4) 与謝野晶子
(5) 例 朝鮮戦争が起こり，日本の立場を資本主義陣営の一員として確立する必要があったから。
(6) ウ
(7) ODA
(8) Ⅳ - Ⅴ

解説 (1) 1853年と，条約を結んだ1854年に浦賀（神奈川県）に来航したアメリカの東インド艦隊司令長官である。**ア**は18世紀末に根室（北海道）に来航したロシア使節，**ウ**は19世紀初めに長崎に来航したロシア使節，**エ**は19世紀後半のドイツの首相である。
(2) 1875年に朝鮮で起こった江華島事件をきっかけに，翌年**日朝修好条規**が結ばれた。
(3) a の台湾は第二次世界大戦後に中華民国へ返還された。c の樺太の南半分は第二次世界大戦末期にソ連に占領された。
(4) 歌人の与謝野晶子が，**日露戦争**に出兵した弟を思ってつくった詩である。
(5) 1950年からの**朝鮮戦争**で，当時の冷たい戦争（冷戦）が実際の戦闘に発展したことから，アメリカは日本を資本主義陣営の重要な一員とするため，太平洋戦争の講和を急いだ。
(6) 沖縄の日本復帰は1972年。1955年から1973年まで，**高度経済成長**が続いていた。1973年の**石油危機**をきっかけに高度経済成長が終わり安定成長へ移行した。
(7) アジア諸国に対する政府開発援助（ODA）は，日本外交の重要な柱の1つとなった。
(8) 1936年の**二・二六事件**について述べている。

4
(1) 年金
(2) ア
(3) 例 地方公共団体間の収入の格差を減らすため。
(4) ウ
(5) エ
(6) ① 累進課税　② イ　③ マイナンバー(制度)
(7) ア

解説 (1) 一定の年齢に達した人などに対して，今働いている現役世代が支払った保険料を年金として支給する制度で，すべての国民とその家族が加入や給付の対象とされる（国民皆年金）。
(2) 所得の一部を現在の消費に使わずに，将来の消費に備えてためておくことを**貯蓄**といい，株式や国債などの投資も含まれる。
(3) 地方税収入の少ない地方公共団体ほど，歳入に占める**地方交付税交付金**の割合が高くなる。
(4) D 公共事業を増やすことで政府から民間へ資金が供給され，景気を刺激する。F 不況時には税収は減り，**公債金**が増える傾向がある。
(5) 2016年に施行された安全保障関連法により，限定された条件の下で日本も**集団的自衛権**が行使できるようになった。
(6) ①累進課税は低所得者の税負担を軽くして，**所得の再分配**を目的とする制度である。
②独立行政法人には造幣局，国立印刷局，国立科学博物館などが含まれる。

③年金データの消失などの事件をきっかけに，マイナンバー制度が導入された。

(7) 公債（国債，地方債）は国民からの借金であり，将来の税金によって返還されることになる。

①